Friedrich Wilhelm Murnau (1888–1931) war Deutschlands bedeutendster Stummfilmregisseur. Sein 1926 entstandener *Faust,* der letzte Film, den er in Deutschland drehte, ist die Summe seiner Inszenierungskunst. So sieht es der 1923 geborene französische Cineast Eric Rohmer, der in den fünfziger Jahren als Kritiker bei den *Cahiers du Cinéma* begann, Anfang der sechziger Jahre die Erneuerung des französischen Films mitbegründete und sich in seinen eigenen Werken, auf der Leinwand wie im Theater, mehrfach intensiv um die Inszenierung klassischer deutscher Sujets bemüht hat *(Die Marquise von O., Käthchen von Heilbronn).* Für ihn ist Murnaus Faustfilm eine visuelle Oper, die darauf baut, daß der mythisch-literarische Stoff – die Geschichte vom Teufelspakt des Doktor Faustus – jedermann vertraut ist, und die sich daher vom Zwang zu primärer Sinnvermittlung befreit sieht: souverän wie autonome Musik.

Im ersten Teil dieser Studie analysiert Rohmer die Organisation des Raums in Murnaus Faustfilm unter den drei Aspekten Bildraum, Architekturraum und Filmraum als ein komplexes Spannungsfeld statischer und dynamischer Strukturen. Im zweiten folgt ein ausführliches, Szene für Szene beschreibendes Protokoll des Films mit zahlreichen, direkt der Kopie des Münchner Filmmuseums entnommenen Originalphotos. Beide Teile, der erste analytisch, der zweite deskriptiv, dokumentieren in exemplarischer Weise die Wechselbeziehungen zwischen »modernem« und »klassischem« Kino.

# Eric Rohmer
# Murnaus Faustfilm

Analyse und szenisches Protokoll

Aus dem Französischen
von Frieda Grafe und Enno Patalas
Mit Photos von Gerhard Ullmann

Carl Hanser Verlag

Titel des Originals:
I. *L'organisation de l'espace dans le »Faust« de Murnau*
© 1977 Union Générale d'Editions, Paris
II. *Faust. Découpage intégral*
© 1977 L'Avant-Scène Cinéma N° 190/191 »Spécial Murnau«, Paris

Die Photos stammen von einer Kopie des Films in der Sammlung
des Filmmuseums im Münchner Stadtmuseum.
Das Umschlagphoto ist ein Phasenbild aus Einstellung 499.

ISBN 3-446-13105-1
Alle Rechte vorbehalten
© 1980 Carl Hanser Verlag München Wien
Umschlag: Klaus Detjen
Satz und Druck: Appl, Wemding
Printed in Germany

# Inhalt

Da nun das ganze Unheil, wenn wir es so nennen dürfen, bloß durch die einseitige Richtung Luzifers entstand; so fehlte freilich dieser Schöpfung die bessere Hälfte: denn alles, was durch Konzentration gewonnen wurde, besaß sie, aber es fehlte ihr alles, was durch Expansion allein bewirkt werden kann.

*Goethe*

# I. Die Organisation des Raums in Murnaus Faustfilm

# Einleitung

Kein anderer Regisseur hat den Raum seiner Filme so genau und erfindungsreich organisiert wie Murnau. Schon auf den ersten Blick vermitteln seine Werke den Eindruck, daß die ganze Leinwandfläche bis in die kleinsten Einzelheiten hinein und in jedem Moment belebt ist. Also den Eindruck einer absoluten Beherrschung aller Details, die zum bildlichen Ausdruck beitragen, und einer Erfindungskraft, die ständig neue Formen schafft und zusammenfügt.

Der Faustfilm bietet sich zu einer Studie seiner Raumorganisation ganz besonders an. In diesem Drama, dessen Handlung jeder Zuschauer kennt, hat die bildliche Ausdruckskraft eindeutig den Vorrang vor der Handlung. Die Zeitgenossen sahen es – und wir sehen es heute erst recht – als eine Art visueller Oper, in der die Inszenierung die Stelle der Partitur einnimmt.

Denn wie groß auch Kraft und Tiefe des Faust-Themas sind, an dessen überlieferte Fassung im sogenannten »Volksbuch« und in Goethes Tragödie der Film sich eng anlehnt – abgesehen von der Pestepisode[1] –, hier wiegt das »Sujet« zweifellos viel geringer als in den beiden voraufgehenden Werken Murnaus, *Der letzte Mann* und *Tartüff*, die von ihrem Drehbuchautor Carl Mayer geprägt sind. Daß Murnau beim *Faust* auf die Mitarbeit Mayers verzichtet hat, macht es uns möglich, seine Inszenierungskunst hier im Reinzustand zu erfassen. Das Drehbuch stammt von dem Dichter Hans Kyser.[2] Murnau hat es in vielen Punkten verändert, wie aus dem maschinengeschriebenen Original zu ersehen ist, das am Rande seine handschriftlichen Korrekturen trägt.[3]

Doch es geht hier nicht um die Qualitäten des Drehbuchs. Wie hervorragend es auch sein mag, es ist – um bei unserem Vergleich mit der Oper zu bleiben – nicht mehr als ein gutes Libretto. Es nimmt nichts von der Musik vorweg und erlaubt damit, daß man sich ganz ihrem Genuß hin-

---

1 Sie wird aber durch eine Stelle des Stücks (V. 1026-1055) nahegelegt. Wir kommen darauf in anderem Zusammenhang zurück (vgl. S. 42 ff.). Dagegen haben wir keinen Bezug auf Marlowes *Faust* gefunden, der aber im Vorspann genannt wird.

2 Er soll seinerseits durch ein Drehbuch von Ludwig Berger angeregt worden sein, vgl. Lotte H. Eisner, *Murnau*, S. 374 (zur Bibliographie s. S. 130).

3 Vgl. Eisner, a. a. O., S. 75 ff.

gibt. Man vergißt Hans Kyser und sogar Goethe – wie beim Hören der Musik von Berlioz, Gounod oder Schumann.

In seinem Faustfilm hat Murnau, auf dem Höhepunkt seiner Karriere, alle Mittel mobilisieren können, die ihm eine totale Beherrschung des Raums sicherten. Sämtliche Formen – die der Gesichter, der Körper, der Gegenstände wie die der Landschaften und der Naturerscheinungen, Schnee, Licht, Feuer, Wolken – sind nach seiner Vorstellung aus der genauen Kenntnis ihrer Wirkungsweise heraus gestaltet oder umgestaltet. Niemals sonst hat ein Film so wenig auf den Zufall gesetzt.

Der Terminus Raum kann im Film dreierlei bedeuten.

*Erstens den Bildraum.* Das auf das Rechteck der Leinwand projizierte Filmbild, wie flüchtig oder beweglich es auch ist, wird als mehr oder weniger getreue, mehr oder weniger schöne Darstellung eines Teils der Außenwelt wahrgenommen und beurteilt.

*Zweitens den Architekturraum.* Diesen – natürlichen oder künstlichen – Teilen von Welt, wie die Projektion auf die Leinwand sie mehr oder weniger getreu darstellt, eignet eine objektive Existenz, die selbst Gegenstand des ästhetischen Urteils sein kann. Mit dieser Realität setzt sich der Filmer, während er dreht, auseinander, ob er sie nun wiederherstellt oder verrät.

*Drittens den Filmraum.* In Wahrheit hat der Zuschauer nicht die Illusion des wirklich gefilmten, sondern die eines virtuellen Raums, den er mit Hilfe der fragmentarischen Einzelteile, die der Film ihm liefert, in seiner Vorstellung zusammensetzt.

Diesen drei Raumbegriffen entsprechen drei Wahrnehmungsweisen, mit denen der Zuschauer der filmischen Materie begegnet. Außerdem resultieren sie aus drei gemeinhin voneinander getrennten Verfahrensweisen des Filmers und aus drei Etappen seiner Arbeit, in denen er sich jeweils einer anderen Technik bedient. Der Photographie im ersten Fall, der Bauten im zweiten, der eigentlichen Inszenierung und Montage im dritten. Bei jedem dieser drei Schritte vergewissert er sich der Mitarbeit von Fachleuten, deren individuelle Fähigkeiten er in Einklang bringen muß, damit sein Werk ein kohärentes Ganzes ergibt. Man muß kaum betonen, wie vielen Filmen diese Einheit fehlt, wie oft etwa die Ambitionen des Kameramanns im Widerspruch stehen zur Konzeption der Bauten, wenn sie nicht überhaupt den Schwung der Inszenierung hemmen.

Aber im *Faust* durchdringen, mehr noch als in den anderen Filmen Murnaus, diese schöpferischen Vorgänge einander so, daß oft schwer zu sagen ist, ob sich eine bestimmte Idee auf die Photographie, die Bauten oder die Inszenierung bezieht, etwa beim Prolog im Himmel, mit dem der Film beginnt.[4]

---

4 Hier soll nicht untersucht werden, was der Film dem einen oder anderen beteiligten Techniker verdankt und was dem Regisseur selbst. Wir verweisen auf das Murnau-Buch von Lotte H. Eisner mit seinen verschiedenen Zeugnissen, vor allem dem von Robert Herlth (S. 83 ff.), und begnügen uns damit, die Namen der Mitarbeiter aufzuführen und auf die Filme hinzuweisen, an denen sie vor und nach dem *Faust* mitgearbeitet haben:
Der Kameramann Karl Hoffmann (den man Herlth zufolge den »Zauberer« nannte, vgl. die Dokumentation des Deutschen Instituts für Film und Fernsehen, München 1965) erscheint im Vorspann zu *Der Knabe in Blau* (1919), *Sehnsucht* (1920) und *Der Januskopf* (1920), alle von Murnau, ferner zu Otto Ripperts *Homunculus* (1916), zu Fritz Langs *Nibelungen* (1923/24) und, zusammen mit Günther Rittau, zur *Ungarischen Rhapsodie* von Hans Schwarz (1929) sowie zu Eric Charells *Der Kongreß tanzt* (1931).
Bauten, Kostüme und Landschaften sind das Werk von Robert Herlth und Walter Röhrig. Letzterer war, zusammen mit Hermann Warm und Walther Reimann, an Robert Wienes *Caligari* beteiligt. Die Namen Herlth und Röhrig finden wir vereint beim *Müden Tod* von Fritz Lang (1921), beim *Schatz* von G. W. Pabst (1923), beim *Letzten Mann* von Murnau (1924), bei der *Chronik von Grieshuus* von Arthur von Gerlach (1925) und beim *Tartüff* von Murnau.

11

# A. Der Bildraum

Murnau läßt in seinen Filmen, besonders im *Faust*, eine wirkliche und tiefe Kenntnis der Malerei erkennen. Mit Eisenstein und Dreyer gehört er zu den wenigen Filmern, deren photographische Konzeption der Malerei der Museen mehr verdankt als volkstümlichen Bildvorstellungen. Damit soll über diese nichts Negatives gesagt sein. Der Film bricht sich leicht die Knochen, wenn er seine Ambitionen zu hoch schraubt, und guter Wille allein genügt nicht, um den Fallen der Prätention zu entgehen. Bekanntlich verdanken die ersten Spielfilme ihre Inspiration den Karikaturisten. *L'Arroseur arrosé* war, ehe Lumière seinen Film drehte, eine »Geschichte ohne Worte«, gezeichnet von Herman Vogel und Christophe. Hervorgegangen aus der Bildergeschichte und seinerseits darauf zurückwirkend, hat der Film ganz natürlich seinen Platz in dieser Bilderwelt eingenommen, die von Malern und Theoretikern heute nicht mehr als unerheblicher und niederer Zweig der bildenden Künste angesehen wird.

Zahllose Filmer haben auf diesem Gebiet Erfindungsgeist bewiesen, eigene Formen, eigene Typen, einen eigenen Stil der Seiteneinrichtung, sogar eine eigene Handschrift, einen eigenen »Touch« entwickelt, Hitchcock etwa oder Fritz Lang, ja das amerikanische Kino in seiner Gesamtheit: Thriller, Western, Groteske, Musical. Oder in Europa Antonioni und Fellini, die aber das volkstümliche Motiv, von dem sie ausgehen, einer sublimierenden Behandlung unterwerfen. Oder wieder anders Jean Renoir, auch er ein Mann von Bildung, der aber, wenn er will, den Impressionismus der *Partie de Campagne* aufgibt zugunsten der Kaleidoskop- und Épinal-Bilder von *Éléna et les Hommes*.

Murnau dagegen verdankt der naiven Kunst nichts. Darin bestehen Größe und Risiko seines Werks. Nie kann man ihm jedoch pedantische Nachahmung vorwerfen; er hat alle Einflüsse vollkommen assimiliert und seinen Vorbildern nur das entnommen, was er dem Geist des Kinematographen anverwandeln konnte.

Nichts ist für den Filmer gefährlicher als der unerfüllbare Ehrgeiz, Maler zu sein. Einem der größten aber wurde die Auszeichnung zuteil, sich über die Gesetze seiner Gattung zu erheben, den Maler auf seinem eigenen Gebiet zu schlagen, als Maler zu arbeiten. Nehmen wir ein beliebiges Photogramm, irgendein »Bild« aus dem *Faust*; selbst wenn man absieht von der Bewegung, die es belebt, wenn man es also um ein wichtiges Element seiner Faszination bringt, »hält es stand«, sogar auf Papier übertragen. Es gibt in ihm keinen Punkt, keine Linie, nicht eine Fläche, nicht einen Kontrast von Licht und Schatten, der nicht, weit entfernt von den Zufällen der mechanischen Reproduktion, wie von Menschenhand gezeichnet wäre, mit derselben Freiheit, Genauigkeit und Phantasie.

Worin liegt Murnaus Geheimnis? Sicher nicht nur darin, daß er im Studio die nötige Muße hatte, im vorhinein die visuelle Materie zu organisieren, von deren Elementen durchweg nur die Gesichter, wenn auch geschminkt und durch Beleuchtung modelliert, ihre natürliche Beschaffenheit beibehalten. Andere haben unter denselben Bedingungen gearbeitet und waren doch nur Plagiatoren und Pedanten. Im Unterschied zu ihnen geht es Murnau nicht darum, Bewunderung für das Geschick zu wecken, mit dem er die Illusion von Malerei vermittelt wie ein Trompel'œil-Bild der Wirklichkeit. Er versteht es, scheinbar die ganze Kraft der unmittelbaren photographischen Recherche durch die Kamera beizubehalten, um uns einen direkten Zugang zu einer Welt zu verschaffen, die in ihrem Wesen Malerei ist. Mehr noch, er läßt uns erkennen, daß das Universum, daß unsere Alltagswelt letztlich bildlicher Natur ist. Er verifiziert und bestätigt die Sicht der Welt, die uns die Etappen der Malereigeschichte überliefert haben.[1]

Sein Erfolg gründet sich wesentlich auf seinen Entschluß, die Form dem Licht unterzuordnen. Von allen seinen Filmen hat der *Faust* am meisten mit Malerei zu tun, weil der Kampf zwischen Licht und Schatten sein Thema ist. Im *Letzten Mann* und im *Tartüff* bestimmt vor allem die von Mayer schon bei der Konzeption des Drehbuchs entwickelte architektonische Form das Spiel. Die Verwendung der Beleuchtung gibt dem Filmer eine entschieden genauere Kontrolle über die filmische Materie als deren Einfügung in ein architektonisches Schema. Das Licht modelliert die Form, gestaltet sie, und der Regisseur scheint sich, seiner prinzipiellen Bescheidenheit treu, darauf zu beschränken, diesen Schöpfungsakt aufzunehmen, damit wir die Entstehung einer Welt miterleben können, die wahr und schön ist wie die Malerei, denn durch die Malerei wurde uns die Wahrheit und Schönheit der sichtbaren Welt im Lauf der Jahrhunderte offenbart.

---

1 Desgleichen *verifiziert* die Photographie bestimmte bildnerische Optionen im Bereich nicht nur der Perspektive, sondern auch der Verteilung von Licht und Schatten. Ein sehr kontraststarkes Papier läßt die Linien hervortreten, die man für das Ergebnis künstlerischer Willkür hat halten können und die sich so als ein konstitutiver Teil der natürlichen Welt erweisen oder zumindest als objektiver Bestandteil aller Darstellung.

# 1. Die Beleuchtung

Der Maler, an den der *Faust* zuerst denken läßt, ist der Maler des Hell-dunkel, Rembrandt. Wenn Murnau Faust in seinem Arbeitszimmer zeigt, hat er dabei zweifellos an den berühmten Stich gedacht, der den Magier aus Nürnberg[2] darstellen soll. Johann Heinrich Lips hat ihn 1790 für das Titelblatt zur Buchausgabe von Goethes Drama verwendet. Ein entschei-dender Unterschied zum Film besteht jedoch darin, daß bei Rembrandt himmlisches Licht aus dem hohen Fenster fällt, wohingegen es bei Mur-nau aus einem leuchtenden Globus kommt (10)[3] oder vom Feuer der brennenden Bücher herrührt (85 ff.) und, von unten kommend, höllischen Ursprung verrät.

Näher stehen dem Holländer die Pestszenen, in denen die Handlung jenseits mächtiger Wälle aus Schatten, die den Vordergrund erfüllen, nur auf einem schmalen Lichtinselchen spielt, das ringsherum von den Wellen einer alles verschlingenden Dunkelheit bedroht ist (136, 157, 163 usw.). Aber mehr noch spürt man Rembrandts Geist im Schiff des Doms, das in ein Sfumato eingetaucht ist, verborgen hinter dem Gitterwerk der aus den Kirchenfenstern schräg einfallenden Sonnenstrahlen (300), oder in den feinen Sonnenstrahlen, die kreuzförmig aus der Monstranz herausblitzen und sich bis in alle vier Ecken der Einstellung fortzusetzen scheinen (312).

Daß Rembrandt, bewußt oder nicht, Murnau als Vorbild gedient hat, darf als sicher gelten. Ein unerreichbares Vorbild jedoch, dessen Kunst weit wegführt von der photographischen Darstellung der Dinge. Er hat schon ganz entschieden die Grenze zur Moderne überschritten, während die Künstler der Renaissance, die Venezianer inbegriffen[4], was die »Be-leuchtung« betrifft, um die allein es hier geht, noch jenseits davon stehen. Gewiß verläuft die Entwicklung nicht geradlinig, aber verallgemeinernd kann man sagen, daß das sechzehnte Jahrhundert einen photographi-schen Realismus anstrebt[5]; es stilisiert, da er noch unerreichbar ist, gewis-

---

2 Der richtige Titel ist *Der Magier*, ohne daß Faust ausdrücklich genannt würde (vgl. Wolf-gang Wegner, *Die Faustdarstellung*, Amsterdam 1962). Es fällt auf, daß die Figur keinen Bart trägt.

3 Die Zahlen in Klammern bezeichnen die Einstellungen des Films (vgl. S. 139 ff.).

4 Was die Perspektive betrifft, so scheint die Übereinstimmung schon früher stattgefunden zu haben, etwa in der Mitte der Entwicklung Tizians. Bei der *Madonna* von Pesaro (Venedig, Santa Maria dei Frari) vollzieht sich die Übertragung von Volumen in Fläche ganz im Geist der Photographie.

5 In seinem *Buch von der Malerei* empfiehlt Leonardo da Vinci die Verwendung der Dunkel-kammer oder das Abmalen mit Hilfe einer Glasscheibe.

sermaßen aus einem Mangel heraus. Das siebzehnte Jahrhundert erreicht, was dem sechzehnten versagt blieb; in den Exzessen seiner Reproduktionstechnik findet es zu einem Stil – zweihundert Jahre später sollten seine Experimente zu den Gemeinplätzen der Photographie werden. Das achtzehnte fällt entweder zurück in die »Manier« oder es beginnt, mit seinen Größten, Watteau, Chardin, Fragonard, einen Stilwillen zu behaupten, der die Lehren der Dunkelkammer ausdrücklich zurückweist. Rembrandt wiederum nutzt die Errungenschaften seines Jahrhunderts voll aus und benutzt sie zu ihrer eigenen Destruktion; dank seiner Kenntnis von den Gesetzen des Lichts erfindet er eine Welt, in der Hell und Dunkel anderen Gesetzen gehorchen, denen einer höheren Ordnung, die es noch mit den raffiniertesten Tricks der Studios aufnehmen können.

Dennoch ist Rembrandt vielleicht eine falsche Fährte. Wenn man schon Namen nennen will, dann vielleicht besser Caravaggio, der sich sofort aufdrängen würde, wäre nicht der Respekt vor dem berühmten Kupferstich. Sein Werk bildet den genauen Schnittpunkt zwischen den Sehweisen von Photographie und Malerei. Das bedeutet keinen Vorwurf, denn dieses äußerste Stadium von Technizität stellt für die Malerei nicht nur eine notwendige historische Etappe dar, sondern erschließt ihr auch Arten von Schönheit, die, wenn sie sich auch später der Photographie einverleiben ließen, deshalb nicht weniger malerischer Natur sind. Ebenso bleibt Murnau, wenn er sich bestimmte Eigenschaften der Malerei aneignet, deshalb nicht weniger Filmer. Er ist Maler, wie Caravaggio Photograph ist, und der Fall des einen hilft uns vielleicht, den des anderen besser zu verstehen.

Was Caravaggio und die Photographie gemeinhaben, ist weniger der ihnen insgesamt eigene Realismus als vielmehr der *Irrealismus* einiger ihrer Effekte. Die Übertragung von Volumen in Fläche, die Wahl der Valeurs bieten uns hier wie dort oft das Schauspiel, daß etwas Wahres ganz und gar nicht wahrscheinlich ist und unser Auge weit mehr schokkiert als der Schematismus der Primitiven oder die Deformationen der Manieristen. Schockierend sind die Verkürzungen, die wie durch ein Objektiv mit zu kurzer Brennweite hervorgerufen erscheinen (*Die Jünger von Emmaus*[6]). Schockierend ist auch der heftige Kontrast zwischen den mächtigen Flecken aus undurchdringlichen Schatten unter Brauen und Kinn der Figuren und dem grellen Licht, das sie hervorruft (*Die Kreuzabnahme*[7]). Schockierend ist schließlich auch das Relief, das wie oft in der

6 London, National Gallery.
7 Rom, Pinakothek des Vatikan.

16

Photographie die anatomische Wirklichkeit ganz der Wahrheit der Beleuchtung opfert (*Der Heilige Hieronymus*[8]).

Zwei weitere »Realisten« des siebzehnten Jahrhunderts auf der Linie Caravaggios sind zwar Murnau in Geist und Temperament weniger nah verwandt, stimmen aber mit dem Kinematographen im allgemeinen und dem Faustfilm im besonderen in einzelnen Punkten genau überein. Vom ersten, Georges de La Tour, hat Murnau, obwohl weit entfernt von dessen Mystizismus, die Neigung zur Entäußerung in Dekor und Kostümen, die, außer allenfalls in der Episode am Hof von Parma, bar allen Schmucks und aller Verbrämung sind. Und wie er setzt Murnau gern Lichtquellen ins Bildfeld und läßt manchmal, die Lichtempfindlichkeit des Zelluloids überschreitend, ein Gesicht unter einem Exzeß von Licht »überstrahlen«, genau wie es der Maler bei seinem *Heiligen Joseph, dem Zimmermann* mit dem Jesuskind macht, das erdrückt, aufgezehrt wird durch den Schein der nahen Flamme.

Beim zweiten, Vermeer, ist ebenfalls das Licht, wenn auch auf weniger spektakuläre Weise, der absolute Organisator des Raums. Das Licht modelliert die Formen und verteilt die großen Flächen von Gelb und Blau.[9] Auch Vermeer schert sich nicht um den gesunden Menschenverstand und geht bei den »Unschärfen« seiner *Spitzenklöpplerin*[10] sogar so weit, auf eine Schwäche des menschlichen Auges zu spekulieren, die dieses der Kamera als Erbschaft vermachen wird, die davon wiederum ein klareres Bewußtsein hat und sie so zuweilen zu ihrem Vorteil anwenden kann. Die Tagszenen bei Gretchen sind ähnlich ausgeleuchtet wie beim Meister von Delft, vor allem die im Zimmer der Mutter, wo das Licht von links durch die Butzenscheiben dringt (290). Im Dekor finden wir den Geist des *Mädchens mit dem Perlenhalsband*[11], von der die Szene mit dem Schmuckkästchen (354ff.) nur die Position – aufrecht, im Profil vor der Truhe – beibehält, bei einer ganz anderen Beleuchtung, mit Gegenlicht auf dem Fenster im Hintergrund.

8  Rom, ehemalige Sammlung Magni.
9  Verblüffenderweise kommt von allen Paletten die seine mit ihrem Preußischblau und Anilinrot der heutigen Kodak-Trichromie am nächsten. So wäre es nicht unmöglich, bei einiger Mühe mit Dekorationen und lebenden Personen Vermeers Gemälde photographisch zu rekonstruieren. Es sei aber auch an Dalís provozierende Bemerkung erinnert: »Vermeer ist der Maler, der sich der Photographie scheinbar am meisten genähert, sich aber in Wahrheit am meisten von ihr entfernt hat.«
10  Paris, Musée du Louvre. Ein Photograph würde sagen, daß die Schärfe nicht auf dem Gegenstand ist, sondern auf dem Vordergrund.
11  Berlin, Kaiser-Friedrich-Museum.

17

Fast könnte man sagen, daß die Sicht Vermeers photographischer sei als die Murnaus, der in diesem Teil des Films durchgehend versucht, jede Plastizität zu vermeiden und die reine Zeichnung hervorzukehren, und auch das ebensosehr durch die Magie des Lichts wie durch die Architektur der Formen selbst.

Um Mißverständnissen vorzubeugen: Es geht hier nicht um den müßigen Versuch des »Vergleichens«. Von allen Filmern ist Murnau am meisten Maler, aber nicht, weil bestimmte Einstellungen bei ihm zufällige oder beabsichtigte Analogien zu irgendwelchen berühmten Gemälden enthielten. Vielmehr stehen generell die Schönheiten, die er zeigt, im Geist denen näher, die die Malerei im Lauf ihrer Geschichte uns hat bewundern lassen und die die Photographie nur übernommen hat. Die Schönheiten, die die Photographie von sich aus hervorgebracht hat und die nicht durch die Malerei vorgeformt waren, reizen ihn dagegen nur wenig, im Gegensatz zu seinen berühmten Zeitgenossen Lang, Stroheim und Sternberg, die davon fasziniert waren. Sie lassen gern den elektrischen Ursprung ihrer Beleuchtung spüren. Ihre Tricks geben sich offen zu erkennen. Bei ihnen atmen wir Studioatmosphäre und geben uns dem besonderen Rausch hin, der davon ausgeht. Die Anwendung bestimmter Verfahren wie etwa des *Rasters* deckt Schönheiten auf, die die Malerei nicht geahnt hat – sie gehören zu den unbestrittenen Errungenschaften des Films. Die Schönheiten des *Faust* dagegen sind spürbar denen der Museen verwandt. Auch wenn sie sich nie ganz in der Form eines »Gemäldes« manifestieren, tragen sie in sich doch das Ferment zu einem virtuellen Bild. Sie zwingen uns, die Welt als Maler zu betrachten.

## 2. Die Zeichnung

Versuchen wir unsere Idee zu präzisieren, indem wir nicht mehr das Licht, sondern die »Zeichnung« einer Betrachtung unterziehen. Es mag paradox erscheinen, bei einem Filmer, also einem Photographen, von Zeichnung zu sprechen – nichts anderes entzieht sich ihm so sehr gerade durch ihre besondere Technik der Formenreproduktion. So leicht es für ihn ist, die Beleuchtung zu beherrschen und durch die Dosierung von Licht und Schatten seine Persönlichkeit zu betonen, so unmöglich scheint es für ihn zu sein, einem Film das Zeichen seiner Hand aufzuprägen.

Der unmittelbare Eindruck, den ein Photogramm aus einem Film von Murnau vermittelt, ist der einer gewissen Geräumigkeit, einer Fülle von Konturen, die nur ihm eigen ist und an der man ihn leicht erkennt. Perso-

18

nen, Gegenstände, Bauten anderer Filme wirken daneben schmal und eng. Das macht zunächst die Ungezwungenheit seiner Aufnahmetechnik. Sie meidet die leichten Effekte der extremen Lösungen – wie der Großaufnahme, die aus dem Gesicht eine Landschaft macht und dadurch paradoxerweise das entfernt, was sie näherbringen soll, oder der gigantischen Dekors und Massen, wie sie Lang in den *Nibelungen* und *Metropolis* so schätzt. Im ganzen Werk Murnaus findet man dagegen eine Vorliebe für die Halbnah-Einstellung, die den Schauspieler im Brustbild zeigt und so zugleich seine bildliche und seine dramatische Präsenz unterstreicht. Dadurch erscheint nicht nur das »Subjekt« in seinen Proportionen vergrößert im Verhältnis zu seiner Umgebung, sondern die vom Regisseur ausgewählten Subjekte werden mit Proportionen ausgestattet, die das übliche Maß überschreiten. Im *Faust* sind die Requisiten meist nicht so riesig wie die Kandelaber im *Tartüff* oder die Kaffeekanne in *City Girl*[12], sondern sie wirken »genau richtig« – die Bücher, Kreuze, Schatullen, Ketten, Krüge usw. – und sind von einer Einfachheit der Form, die beim ersten Hinsehen auffällt, ohne daß es nötig ist, sie durch Großaufnahmen herauszustellen. Dasselbe gilt für die Personen. Nicht alle haben die Statur von Emil Jannings[13], und überhaupt ist uns kaum je auf der Leinwand ein so spindeldürres Wesen begegnet wie der Nosferatu. Aber im *Faust* haben alle eine gewisse Rundheit, während die Illustratoren von Goethes Drama, Retzsch, Delacroix und Johannot, sie uns herkömmlicherweise mit eher mageren, spitzigen Konturen zeigen.[14] Neben dem athletischen

---

12 Die winzigen Gegenstände, denen man ebenfalls begegnet (etwa, ebenfalls in *City Girl*, der mikroskopisch kleine Spiegel, den das Mädchen im Zug aus dem Strumpfband zieht, oder die Perle in *Tabu*), bestätigen a contrario nicht weniger ausdrücklich ihre Gegenwart.

13 Der sich übrigens Murnau ausgesucht hat, eher als umgekehrt. Berger, der zunächst als Regisseur vorgesehen war, hatte für die Rolle den schlanken Conrad Veidt vorgesehen.

14 Es ist bekannt, welches Interesse Goethe den Illustrationen seines *Faust* entgegenbrachte, vor allem denen von Moritz Retzsch (1816), in einem linearen Stil gezeichnet, der sich an antike Vasenmalereien anlehnt. Anscheinend hat er sie denen von Cornelius vorgezogen, die im gleichen Jahr erschienen und nach »altdeutscher Manier« entworfen waren (vgl. *La Peinture Allemande à l'époque du Romantisme*, Ed. des Musées Nationaux, 1976, S. 26 ff. und 164 f.). Er lobte auch die von Delacroix (1826), der »einen unruhig strebenden Helden mit gleicher Unruhe des Griffels begleitet hat« (*Goethes Werke*, Band XII, Hamburg 1953, S. 355). – Goethes eigene Zeichnungen (vgl. *La Peinture Allemande à l'époque du Romantisme*, a. a. O., S. 80 f.) haben nichts Romantisches, nichts Klassizistisches, sondern eher etwas italienisch Barockes und tendieren bei aller Flüchtigkeit und Skizzenhaftigkeit zu einer Inszenierung, einer »Fülle«, die der Murnaus nahesteht. Die Frage drängt sich auf, ob die zweite von ihnen, die Szene aus der Walpurgisnacht mit dem schiefen Baum, nicht der Schneelandschaft des Dekors 28 (546) als Vorlage gedient hat.

Valentin haben wir eine feiste Frau Marthe, in der man nur mit Mühe das einstige Modell Toulouse-Lautrecs erkennt, dann einen Faust, der vor Gesundheit zu strotzen scheint und keineswegs von romantischem Weltschmerz gezeichnet ist[15], ein Gretchen, dessen rundliche Formen und volle Wangen Murnau sicher mehr inspiriert haben, als es bei dem durchsichtigen Gesicht und der zarteren Silhouette von Lilian Gish, die zunächst für die Rolle vorgesehen war[16], der Fall gewesen wäre.

Betrachten wir dagegen ein Photogramm aus einem Film von Fritz Lang. Da hat die Gerade immer den Vorrang vor der Kurve. Die Figuren kommen uns viel magerer, härter und starrer vor, sowohl der muskulöse Paul Richter im *Siegfried* als auch die knochige Brigitte Helm in *Metropolis*.

Es genügt aber nicht, die »Zeichnung« Murnaus nur durch das Füllige in ihrer Machart zu definieren, und wir können nicht umhin, unser Vergleichsspiel mit aller gebotenen Vorsicht noch einmal aufzunehmen. Es ist unwichtig, ob von den Spuren, denen wir nachgehen, schließlich eine noch falscher als die andere ist. Murnau wird am Ende des Weges allein dastehen, und das ist uns auch recht: wir glauben, wir wissen, daß er einmalig ist. Der Vergleich zwischen seinem Werk und dem bestimmter Maler soll kein Ziel sein, sondern ein Mittel, um jene Kraft nachzuweisen, die man bei kaum einem anderen Filmer findet, die er aber zweifellos besitzt und die wir die Kraft der »Zeichnung« nennen. Ob er uns an diesen oder jenen erinnert, ja ob dieser Vergleich überhaupt einen Sinn hat, darauf kommt es nicht an. Wenn er einem Maler aber durch anderes als einen gemeinsamen Geschmack an einem bestimmten Material – Inhalte oder auch Formen – vergleichbar ist, dann vielleicht eben nur durch die Manier, durch die Zeichnung, die in einem photographischen Werk nicht evident ist und auf diesem Umweg bewiesen werden muß. Wie von geistiger Verwandtschaft kann man auch von einer Verwandtschaft der »Handschrift« sprechen, wobei es uns weniger auf die hypothetische Ver-

15 In seiner amerikanischen Periode spielt Murnau ganz eindeutig mit dem Gegensatz zwischen der imposanten Statur seiner Darsteller (George O'Brien, die beiden Mortons, Charles Farell, Matahi) und der Zerbrechlichkeit seiner Darstellerinnen. Bei diesen gibt es zwei Arten. Einerseits die »Braven«, deren volle und etwas rustikale Formen Murnaus bildnerischer Erfindung mehr entgegenkommen, wie etwa Camilla Horn im *Faust*, Janet Gaynor in *Sunrise*, Reri in *Tabu*. Andererseits die »Verrückten«, die Harten, deren weniger robuster urbaner Charme und schlanke Gestalt sie in die Nähe von Nosferatu rücken – wie er sind sie im bildnerischen wie im dramatischen Sinn ein Faktor der Unruhe und der Störung: Margaret Livingston in *Sunrise*, Mary Duncan in *City Girl*.

16 Vgl. Eisner, a. a. O., S. 374.

wandtschaft ankommt als auf die »Handschrift«, die so wahrgenommen und verifiziert werden kann.

Scheiden wir deshalb zunächst einmal diejenigen aus, denen Murnau Details anekdotischer Natur entlehnt. Die seltsame Ähnlichkeit zwischen der Gestalt der Frau Marthe und dem Modell der *Alten Frau* von Memling[17] etwa läßt nur umso deutlicher den Abstand zwischen der Manier Murnaus und der der Primitiven in Erscheinung treten. Auch die Sanduhr (139), der Totenkopf (196) und der Spiegel Mephistos (205), die wahrscheinlich aus Baldung Griens *Der Tod und das Mädchen* stammen, sind für unsere Argumentation ohne Belang. Die Rekonstruktion der Zeit, in der Faust lebte – 1540 gilt als sein Todesjahr – , ist sehr genau. Mit Hilfe von Bauten und Kostümen haben der Regisseur und seine Mitarbeiter versucht, die von Holbein und Altdorfer gemalte Welt zu treffen (im nächsten Abschnitt kommen wir noch auf die Murnau und Altdorfer gemeinsame Vorliebe für bestimmte gestalterische Motive und Formen zurück). Aber der Strich Altdorfers und der Strich Murnaus sind nicht von gleicher Art. Eher ist Sternberg mit seiner minutiösen Genauigkeit, seinem Gewirr, seinem fast chinesischen Interesse am Detail Altdorfer verwandt. Und Fritz Lang bewahrt im metallischen Glanz seines Strichs ein wenig von der Erbschaft Holbeins.

Auch bei den Modernen wollen wir nicht nach Ähnlichkeiten suchen. Und stellen wir bei dieser Gelegenheit auch ein für allemal fest, wie wenig Murnau, nicht nur im *Faust*, sondern in allen seinen Filmen, von der Malerei des Expressionismus beeinflußt ist. Er ist sogar der am wenigsten expressionistische von allen deutschen Filmern. Die Übertreibung im Spiel der Schauspieler, ihr Grimassieren steht in der alten, antiken und mittelalterlichen Tradition des Grotesken und ist weit entfernt von der paroxystischen und grellen Sehweise der Kirchner, Beckmann, Kokoschka und Nolde, auch wenn dieser einen *Faust* in Holz geschnitten hat.[18]

Eine Einstellung im Faustfilm (147), die eine Dissonanz hineinbringt, sieht jedoch rein expressionistisch aus: die im Schatten gereckten, nackten Arme in dem Augenblick, wenn Faust noch zögert, den Pakt zu unterschreiben, und Mephisto fragt: »Kannst du den Hungrigen und Kranken helfen?« Die anderen Spuren von Expressionismus im Film lassen sich dem Konto der Bühnenbildner Herlth und Röhrig zuschreiben: die leicht schiefen Giebel und die allzu steilen Dächer der deutschen Kleinstadt.

17 Paris, Musée du Louvre.
18 Erwähnt und wiedergegeben bei Wegner, a. a. O.

Oder auch die drei riesigen, tief in den Schnee gerammten Latten, unter denen Gretchen, am Ende seiner Kräfte, zusammenbricht (549): diese Landschaft befremdet durch ihre Starre und Unwahrscheinlichkeit, auch wenn sie der Inszenierung auf hervorragende Weise dient und man Entsprechungen in anderen Murnaufilmen findet, etwa in den Zäunen von *City Girl.*

Im Grunde steht Murnau den Romantikern näher. Im Faust ist er selbst einer, da er sich um größte Genauigkeit dem historischen Stoff gegenüber bemüht und die »Farbe« einer Epoche zu treffen versucht, dabei zugleich aber seine moderne Ausdrucksweise beibehalten will.[19]

Zunächst sei erinnert an das Pastiche eines berühmten Gemäldes von Caspar David Friedrich[20], das auch im *Studenten von Prag* und im *Müden Tod* zitiert wird.[21] Die als Silhouette, in japanischer Manier behandelte Landschaft (101) verträgt sich bei Murnau nur schlecht mit der sonstigen, fülligeren und plastischeren Bildwelt des Films.

Vor allem in der Anfangssequenz des *Faust,* im Prolog im Himmel, ist Murnau weit entfernt von jeder unterwürfigen und pedantischen Nachahmung und den großen romantischen Illustratoren ebenbürtig. Seine Bilder halten jedem Vergleich mit einem Stich oder einer Federzeichnung stand und lassen durch nichts ihre photographische Herkunft erkennen. Bei ihnen kann man im eigentlichen Sinn von Pinselstrich, Federstrich, Zeichnung sprechen. Man erkennt in ihnen die Freiheit und Leichtigkeit, die nur das Geschick und die Überlegenheit einer Hand erreichen. Auf diese in der Filmgeschichte einmalige Bilderfolge werden wir noch zurückkommen.

Die Befürchtung liegt nahe, daß verglichen damit der übrige Film als bloße Photographie einer, wenn auch mit Geschmack, Aufwand, Erfindungskraft und selbst Genie realisierten Inszenierung erscheinen muß, der die Wiedergabe auf der Leinwand unterm bildnerischen Aspekt mehr nimmt als gibt – wie bei manchen Historienfilmen, deren Bauten und Kostüme, für sich genommen, von hoher Qualität sein mögen, in Bilder umgesetzt aber nur an den schlimmsten Akademismus erinnern.

---

19 So auch in *Tabu,* wo sein westlicher Geist das exotische Motiv sieht und es germanisiert, hellenisiert, weniger bemüht als Gauguin (der aber auch von Masaccio und Piero della Francesca beeindruckt war), seinen Blick zu korrigieren und ihn im Kontakt mit den »Barbaren« zu verjüngen.

20 In der Version des Dresdner Museums. *Die beiden Männer, die den Mond betrachten,* oder in der Berliner Version, *Mann und Frau, den Mond betrachtend.*

21 Vgl. Lotte H. Eisner, *Die dämonische Leinwand,* Frankfurt/Main 1975, S. 126 f.

22

Davor wird Murnau bewahrt, weil er in seiner Bildkonzeption dem siebzehnten Jahrhundert sehr viel nähersteht als dem neunzehnten. Der photographische Realismus, dem ihn seine Kunst von vornherein unterwirft, ähnelt mehr dem Realismus des siebzehnten als dem des neunzehnten Jahrhunderts. Seine Machart ist ganz verschieden von der der Neoromantiker, Symbolisten und Dekadenten, von den Akademikern ganz zu schweigen, die alle glaubten, die Revolution des Impressionismus ignorieren zu dürfen. Seit neuerdings die Ablehnung dieser Malerei zu schwinden beginnt, widerfährt einigen ihrer Vertreter Gerechtigkeit. Wenn man bei Marthes Garten und dem Ringelreihen (371 ff.) auf die Frühlingslandschaften Böcklins[22] verweist, so ist das nicht notwendigerweise abwertend oder auch nur einschränkend gemeint. Aber dieser Jahrhundertwendeaspekt, wie reizvoll er auch immer ist, tritt bei Murnau nur gelegentlich und beiläufig auf. Was bei den Romantikern und ihren Nachfolgern dem reinen Geist der Malerei entgegenstand, war die Unterordnung nicht unter das »Thema«, das auch in Mittelalter, Klassik und Barock immer großes Gewicht hatte, sondern unter die historische, technische und psychologische Wahrscheinlichkeit. Sie sahen nicht, daß die traditionelle Vorstellung von »Komposition«, der sie treu zu sein glaubten, sich gegen die anderen Ausdrucksmittel kehrte und verlangte, daß eben die Wahrscheinlichkeit ihr rückhaltlos geopfert würde. Ihre Malerei – die übrigens manchmal durch einen Schuß Wahnsinn oder Poesie gerettet wird – ist von der gleichen bildnerischen Inkonsistenz wie die »lebenden Bilder«, die Goethe in den *Wahlverwandtschaften*[23] beschreibt. Dabei ist ihre Sehweise keineswegs photographischer als die der Maler des siebzehnten Jahrhunderts. Sie ist es sogar in geringerem Maße, weil bei ihr die Scheu vor dem Realen größer ist als bei der Photographie. Diese überrascht und verblüfft mit allen erdenklichen Gewagtheiten, die selbst dazu führen können, daß der Gegenstand auf den ersten Blick nicht zu erkennen ist. Die Caravaggisten und auf ihre Weise die Manieristen haben diese Möglichkeiten bis zu einem gewissen Grade vorweggenommen, indem sie ihren Interpretationen eine objektive Begründung gaben: ausgefallene Beleuchtung, besondere Perspektive, Wahl eines Motivs in Bewegung.

Murnau verwendet diese Verfahren wie sie, er akzeptiert die Beschränktheit ihrer Techniken und verzichtet auf die Vorteile, die sein neues Medium ihm bietet. Dabei folgt er zwanglos seiner Neigung zur

22 Vgl. *Ideale Frühlingslandschaft* (München), *Frühlingsreigen* (Dresden), *Liebesfrühling* (Darmstadt), *Kinderreigen* (Berlin).
23 Zweiter Teil, Kapitel VI.

Malerei, ganz wie diese sich über Jahrhunderte hinweg dem Kino näherte, mit dem die Liebe zur Bewegung sie verbindet. Daß Murnau die Bewegung liebt, versteht sich bei einem Filmer; entscheidend ist, daß er sie *als Maler* liebt, daß er eher in ihrer Darstellung als in der von Unbeweglichkeit »malerische« Schönheit erreicht. Die Bewegung vor allem macht bei ihm die Zeichnung. Die Bewegung läßt er, stellvertretend für die Hand des Malers, die Gegenstände deformieren, interpretieren. Er hält sie nie zurück. Mehr als an ihrer Wahrscheinlichkeit liegt ihm an ihrer Leichtigkeit. Eine Geste überzeugt bei ihm nicht durch Übereinstimmung mit einer vorgegebenen, vertrauten, sondern durch die ihr eigene Eleganz. Das Geschick, mit dem der Schauspieler sie ausführt, entscheidet über ihre Glaubwürdigkeit, über die tragische oder komische Bewegung, die sie auslöst – ihre Wahrheit.

Bisher haben wir von der Beleuchtung gesprochen, kommen wir nun zur Perspektive. Im *Faust* werden Auf- und Untersichten oft, wenn auch unsystematisch eingesetzt, wie es dem dramatischen Ausdruck gerade förderlich ist. Wenn man Eisensteins Perspektiven eine gewisse Ähnlichkeit mit der Sicht El Grecos nachgesagt hat, dann erinnert der *Faust* eher an Tintoretto.[24] In einigen Einstellungen befreit sich Murnau fast ganz vom realistischen Diktat des Objektivs und nähert sich durch die Zeichnung, mehr noch als den Caravaggisten, den Venezianern und den Manieristen; Volumen, Flächen, Konturen gewinnen dann eine majestätische Fülle, wie sie sich in der Natur nicht findet. Sicher ist damit über Murnaus Geheimnis noch nichts Entscheidendes gesagt, doch fügen wir den genannten »Raffinessen« eine weitere hinzu. Murnau bedient sich der Aktion der Naturelemente, der Wolken, der Flammen und vor allem des Windes, der die Formen mit derselben Freiheit, demselben Erfindungsreichtum gestaltet und zeichnet wie Stichel oder Pinsel. Etwa wenn Faust auf der Heide, in die bewegten Falten seines Mantels gehüllt, sich anschickt, Satan anzurufen (109 ff.). Oder auch in dem eindrucksvollen Porträt Gretchens, wenn sie ihr Kind wiegt, aus leichter Untersicht aufgenommen, den Oberkörper entsprechend der Bilddiagonale vorgeneigt (550). Die Falten ihres Kopftuchs, sogar die Züge ihres Gesichts wirken durch Beleuchtung, Wind, Perspektive und Bewegung »natürlich« arrangiert, wie die anspruchsvollste Kunst es verlangt, aber nicht, um einen

---

24 Die Diagonalkonstruktion von *Merkur und die Grazien* (Venedig, Dogenpalast) oder *Die Kreuzabnahme* (Venedig, Akademie) findet sich in vielen Einstellungen des Films (21, 54, 475).

dekorativen Effekt zu erzielen, sondern um den Ausdruck zu verstärken, zu idealisieren.[25] Anders als in der Malerei scheint nicht die Linie den Ausdruck zu schaffen, sondern der Ausdruck die Linie. Der Schmerz verleiht durch seine Intensität der Figur eine bildnerische Existenz und wird so am tiefsten, am genauesten erst im Bildnerischen ausgedrückt. Film und Malerei gehen gestärkt aus der Begegnung hervor, der Film gewinnt an Kunst, die Malerei an Natürlichkeit.[26]

Neben diesem Hauptaspekt gibt es noch einen weniger wichtigen, geläufigeren, der uns zu den Realisten zurückführt. Caravaggio wurde schon genannt und darf in diesem Zusammenhang erneut angeführt werden. Man findet bei Murnau etwas von seiner Derbheit und Trivialität – beides nicht negativ zu verstehen, zumal sie sich in der Figur Mephistos auch bei Goethe finden.

Auch Franz Hals gehört hierher, der die Erfindung der »Momentaufnahme« um zweihundert Jahre vorwegnahm und so zum Pionier der Photographie wurde. Seine Figuren strahlen eine Lebendigkeit aus, die sie fast provozierend aus dem Bild »heraustreten« lassen, ganz wie die Murnaus aus der Leinwand. Sogar seine – der Photographie fernstehende – Technik des breiten Pinselstrichs, die ihn von der Photographie entfernt, erinnert daran, wie Mephisto als Bettler verkleidet behandelt wird. Vielleicht sind selbst dessen Aufmachung und einige seiner Posituren (125) angeregt von den berühmten *Hexen von Haarlem*.[27] Zwei widersprüchliche Tendenzen, in der Malerei meist unversöhnlich, begegnen und durchdringen einander bei Murnau: extreme Strenge und Freiheit, Stilwille und Leidenschaft für das Reale. Maler zu sein bedeutet für ihn nicht wie für andere Filmer, dem auf der Photographie lastenden Fluch des Realismus entrinnen zu wollen, sich dem Hieratischen und der Abstraktion zuzuwenden. Im Gegenteil, Lebensintensität und bildnerische Intensität sind bei ihm eins. Abstraktion und Deformation sind für ihn nicht, wie oft für Eisenstein, Ausgangs-, sondern Endpunkte. Die Schönheit der Augenblicke, in denen Realität sich sublimiert, sich aus sich selbst heraus verwandelt, um sich zur Malerei zu erheben, wird dadurch nur umso spürbarer.

25 Man wird erinnert an die *Büßende Maria Magdalena* von Tizian (Eremitage) und die *Heilige Therese* von Bernini.
26 Eine Natürlichkeit, die beispielsweise die beiden in Anm. 25 genannten Werke für ihre Zeitgenossen besaßen und die der Besuch von Filmen wie diesem uns wieder zu empfinden lehrt.
27 Berlin, Kaiser-Friedrich-Museum.

Wir kommen damit auf die zu Anfang getroffene Feststellung zurück. Bildnerische Qualität ist bei Murnau nie von vornherein gegeben, sie ist eine Errungenschaft. Im *Faust* hat man schon beim ersten Sehen den Eindruck einer ständigen, streng abgestimmten bildnerischen Recherche. Nie gibt Murnau der Bequemlichkeit oder dem modischen Effekt nach. Das schließt den direkten, vertrauten Zugang zu den Dingen, zu den vom Regisseur in sein Licht getauchten und im Wirbel der Bewegungen davongetragenen Wesen nicht aus. Sie existieren intensiver als in irgendeinem anderen Film. Man ist mit ihnen auf einer Ebene, fast glaubt man, sie berühren zu können, so sehr scheinen sie aus der Leinwand herauszutreten. Angst verbreitet Nosferatu durch die Intensität seiner Gegenwart – nicht, wie Dreyers Vampir, durch geheimnisvolle Abwesenheit. Und Mephisto ist so wenig mysteriös wie nur denkbar.

Murnaus Kino ist Kino der Präsenz und zugleich Kino im Präsens.[28] Die Vorstellung von Gegenwärtigkeit ergibt sich weniger aus dem von Ellipsen durchschnittenen Handlungsablauf als durch die Organisation des Raums.[29] Alles in Murnaus Welt ist mit dem gleichen Grad von Wirklichkeit ausgestattet. Auf ein Wunder sehen wir mit den gleichen Augen wie auf Alltägliches. Die geringste Ungeschicklichkeit bei den Tricks, die unsere Beteiligung hindern würde, wäre unverzeihlich. Aber die Tricks sind vollkommen, großartig, wie sie trotz der Einfachheit der Mittel, mit denen sie realisiert wurden[30], allen Unbilden der Zeit widerstanden haben.

## 3. Die Formen

Wir haben uns mit Murnaus »Manier« befaßt; wenden wir uns nun – nicht dem Stoff, dieser Terminus hat in der Malerei eine bestimmte Bedeutung, sondern – dem Material der »Formen« zu, mit dem der Künstler den Raum ausstattet. Stoff und Form, gemeinhin einander entgegengesetzt, sind in der Malerei synonym. Der Stoff, das eigentliche Thema des malerischen Werks, sind eben die Formen – ganz offenbar wird das am Beispiel der gegenstandslosen Malerei. Der anekdotische Inhalt der For-

---

28 Und nähert sich so den beiden anderen Filmern der Präsenz und des Präsens, Renoir und Rossellini. Es gibt zwischen den dreien eine eindeutige Verwandtschaft der »Handschrift«.

29 In diesem Punkt unterscheidet er sich von Stroheim, bei dem die Vorstellung von Gegenwart vor allem durch einen fortgesetzten zeitlichen Ablauf vermittelt wird.

30 Meistens die Doppelbelichtung.

men, ihre emotionale Kraft, die Informationen, die sie als Zeichen oder Symbole übermitteln, sind nicht zu übersehen, aber doch nur Begleiterscheinungen des »reinen« Spiels der Formen im Raum; auf ihm beruht die Faszination, die auf uns jede bildnerische Schöpfung ausübt.

Auch laufen in Murnaus Filmen die Organisation und Dramaturgie der reinen Formen und das Drama im geläufigen Wortsinn, Thematik und Problematik parallel.[31] Das Werk bietet sich so auf zwei verschiedenen Ebenen dar; von jeder aus kann man den Film sehen und dabei von der anderen absehen, wie man die Partien eines Instrumentalduos getrennt hören und genießen kann – wenn sie auch geschrieben wurden, um in der Harmonie, die höhere und tiefere Lage ständig verbindet, gleichzeitig wahrgenommen zu werden. Diese Verbindung, diese Harmonie soll im Kapitel über den Filmraum behandelt werden.

Zunächst aber geht es um eine Welt, die ihren Sinn und Gefühlswert allein aus Gegenwart und Gliederung der Formen bezieht. Diese sind nicht unbedingt der Gestalt der Gegenstände, Wesen oder Dinge gleichzusetzen, die den Rahmen füllen. Vielmehr laufen sie gern von einem zum anderen, umfassen mehrere zugleich, entwickeln sich im Inneren eines jeden und verursachen Teilungen, die nur im großen Ganzen, innerhalb dessen sie stattfinden, aufgehoben werden. So schaffen sie von sich aus einen homogenen Raum aus Entsprechungen, Wiederholungen, Reimen. Sie offenbaren mehr oder weniger bereitwillig die einfache geometrische Form, von der sie sich ableiten – in erster Linie der Kreis, dann, im Widerspruch dazu, das Dreieck. Sie postulieren die Existenz eines Universums, das als ein Makrokosmos zu verstehen ist, der eine Serie von Mikrokosmen umfaßt, die ihn in ihrer eigenen Größenordnung wiederholen.

Wir haben damit die Welt Murnaus definiert, aber zugleich auch die vieler Maler. Einige wurden hier schon genannt, Tintoretto und die Manieristen, dazu kommen etwa zu Beginn der Renaissance Mantegna, Carpaccio, Piero di Cosimo und alle, deren Malerei »kosmisch« genannt werden kann. Und vor allem Albrecht Altdorfer, von dem sich Robert Herlth die Anregung zu seinem Modell für die Reise durch die Luft geholt hat (229 ff.).[32] Aber auch ganz allgemein lassen sich in dem Film (und in anderen seines Autors, wie *Tabu*) tiefreichende Analogien zwischen der Welt dieses Malers und der Murnaus feststellen.

31 Bei keinem anderen Filmer zeigt dieser doppelte Strom ein solches Gleichgewicht, eine solche Kontinuität.
32 Vgl. Eisner, *Murnau*, S. 98.

27

Altdorfer erscheint, ein Jahrhundert vor den Künstlern des Barock, als der Maler der Bewegung. Er erfaßt seine Szene im Augenblick ihrer höchsten Spannung, in dem Augenblick, da das Gleichgewicht zerbricht. Er fordert den Betrachter auf, die so suggerierte Bewegung in der Zeit oder im Raum fortgesetzt zu denken und steht damit der filmischen Dynamik und Natürlichkeit viel näher als der Statik und Emphase des Theaters. Nicht nur der Augenblick, den er festhält, trägt zu diesem Effekt bei, sondern auch die Form der Bewegung im Raum, die diesen mobilisiert, vertikal, schräg, in Breite und Tiefe. Er bevorzugt die Kreisform, die sich am besten dazu eignet, alle Erscheinungen zu umfassen, und alle Geraden, die man bei ihm findet, sind wie die Strahlen eines imaginären Kreises. Vom Kreis als Grundfigur geht im besonderen, ihm heftig entgegengesetzt, ein zweites Motiv aus, der spitze Winkel. Er zeigt sich bei Altdorfer vor allem in architektonischer Gestalt, ein Element der ausgehenden Gotik, verbunden mit der Vorstellung weniger von Mystik als von Magie. Er ist der schrille Ton, der den Frieden der horizontalen Gesimse und der italienischen Brunnen stört (vgl. die Erker in der *Ruhe auf der Flucht nach Ägypten* und die Glockentürmchen von *Susanna im Bade*[33]). Man findet ihn wieder bei Murnau. Da ist er von satanischer Wesensart; wenn er auch im *Faust* weniger betont herausgestellt wird als im *Nosferatu*, werden wir ihm im Verlauf unserer Analyse noch begegnen.

Der Kreis selbst tritt jedoch bei Altdorfer selten isoliert auf. Er stützt sich auf andere Kreise, konzentrische oder aneinandergefügte, und bildet mit ihnen eine Art Spirale, die den ganzen Raum aufsaugt, vom Vordergrund bis zu den äußersten Fernen, wie hundert Jahre später auf Rubens' berühmter *Kirmes*. Nennen wir an besonders überzeugenden Beispielen *Die Alexanderschlacht, Die Geburt Mariä* und *Die Marter des Hl. Sebastian*.[34] Dieses Motiv der Spirale findet man bei Murnau ebenfalls oft, aber weniger eindrucksvoll – die Räume sind nicht weit genug, als daß es sich entfalten könnte –, nur fragmentarisch, embryonal, virtuell ausgedrückt in der Durchquerung von Räumen. So etwa, wenn das junge Mädchen die Treppe hinaufläuft zu Doktor Faust (49), oder auch der Ringelreihen und die Verfolgungen in Marthes Garten, die sich verschlingen und einander auflösen (407, 409 u. a.). Oft könnte man sie für geradlinig halten, so wenn das Bildfeld schräg in die Tiefe durchquert wird, in Wirklichkeit ändert sich die Richtung jedoch in einem bestimmten Mo-

---

33 Berlin-Dahlem bzw. München, Alte Pinakothek.
34 München, Alte Pinakothek bzw. Stift St. Florian.

ment und bildet einen mehr oder weniger offenen Kreisbogen (69, 286 u. a.).

Diese dynamische Raumkonzeption führt bei Altdorfer zu einer asymmetrischen Komposition. Der Fluchtpunkt befindet sich nicht mehr im Mittelpunkt des Bildes, wie bei den Italienern, sondern irgendwo am Bildrand. Die gemalte Bildfläche wird so diagonal in zwei Teile geteilt, der eine, untere bleibt dem Vordergrund vorbehalten, der andere, obere der Ferne. Vordergrund und Hintergrund umgreifen also einander nicht, und ihr dramatischer Bezug wird durch den Abstand nicht beeinträchtigt.[35]

Im *Faust* läßt sich oft eine Verschiebung im Verhältnis der verschiedenen Bildgründe feststellen, die nicht der Blickrichtung, sondern der Diagonale der Einstellung folgen. Der Vordergrund, zuweilen bedeutend durch die Fläche, die er einnimmt, ist arm an dramatischem oder bildnerischem Interesse; meist in Schatten getaucht, bildet er ein dunkles, amorphes Dreieck rechts oder links im unteren Teil der Leinwand. Die charakteristischsten Beispiele dafür finden sich in der Scheiterhaufensequenz, während der Zug vorüberzieht (577, 588, 590 usw.). Weitere findet man in der Pestepisode (45, 62, 64, 69, 71, 73, 74, 78, 136, 157, 165, 178) und in vielen anderen »Bildern«, in denen Schatten im Vordergrund dem Hauptmotiv weiter oben in der erleuchteten, freien Zone als Folie dienen. Diese Anordnung steigert die Lesbarkeit des Bildes, sie gestattet einen maximalen Gebrauch der Leinwandfläche. Zugleich ist sie die Quelle der dramatischen Spannung. Sie bekundet Ungleichgewicht, Bedrohung, Überraschung. Sie vermittelt etwas von der Angst, die dem Schauspiel einer Welt im Entstehen anhaftet.

So ist Murnaus Sicht, wie die Altdorfers, kosmisch. Bei beiden lösen Handlungen und Gemütsbewegungen ein Echo aus, das sich bis in die fernsten Tiefen des Universums fortsetzt. In diese Tiefen führt das Thema des *Faust* selbst, ob man an den Himmel des Prologs denkt, von Wolken durchsegelt, die die Strahlen einer Sonne durchbrechen, welche für die göttliche Glorie steht und an die der *Alexanderschlacht* erinnert, oder an die Modellandschaft, die auf Mephistos Mantel überflogen wird, oder an all jene Gipfel, die aus dem Nebel auftauchen, wenn Faust und Mephisto sich beraten. Dekors, von denen man weiß, daß ihnen Altdorfer als Vor-

---

35 Erleichtert wird diese Lösung durch die Höhe der Formate, derer Altdorfer sich bedient. Murnau, dem nur das Format 1:1,33 zur Verfügung steht, bekundet zuweilen ein Verlangen nach Vertikalität, weniger im *Faust* als in *Nosferatu* und *Tabu*.

bild gedient hat. Der einzige Unterschied zwischen dem malerischen und dem filmischen Werk ist, daß im Film Makrokosmos und Mikrokosmos nie in einer »Sicht« vereint sind. Murnaus Landschaften zeigen meist wenig Himmel. Entweder er fehlt ganz, wie in den Straßen der Städte, wo die Dächer ihn verstellen, oder der Horizont befindet sich, wie bei der Anrufung des Dämons und bei Gretchens Irrwanderung, fast am oberen Bildrand. Nie gibt es hier die weiten, klaren Himmel, gegen die bei den Russen die Gesichter der Darsteller sich abzeichnen. Schmal, düster und dicht ist der Himmel bei Murnau, nicht nur hier, sondern auch in seinen anderen Filmen. Er ist nie leer, sondern, beispielsweise in *Sunrise*, ausgefüllt von Sturm, Blitzen und der aufgehenden Sonne, oder in *Tabu* von einem riesigen, unheilbringenden Mond, wie er im *Faust* die Anrufung Mephistos erleuchtet und in *City Girl* das Unwetter ankündigt.

Diese Fülle und Dichte der Murnauschen Welt auf höchster und niederster Ebene schafft eine alles umfassende Atmosphäre der Niedergedrücktheit, der Bedrohung, der jede einzelne Figur mit mehr oder weniger Erfolg zu entrinnen versucht. So ist durch die Anordnung der Formen im Raum die Farbe des Dramas bereits gegeben, ehe es überhaupt anfängt.

# Anhang

## 1. Der Prolog im Himmel

*Mephisto.* Der »malerische« Aspekt des Films drängt sich vom ersten Bild an auf. Kein konstruierter Dekor, nur vorüberziehende Wolken, durchbrochen von schrägen, von links einfallenden Lichtstrahlen.

Mephisto sieht nicht so aus, wie man es von der üblichen Darstellung des Teufels gewohnt ist – mit dem Bockskopf in der Tradition der antiken Faune –, er ist eher eulenartig, nur ohne Schnabel und plattmäulig. Das Ungeheuer ähnelt aber auch gewissen Dämonen der romanischen Bildhauerkunst. Beeindruckend ist vor allem die beunruhigende Linie, die der Schnitt der Flügel bildet, der rechte entfaltet, der linke zusammengelegt und steil wie eine Bergkuppe. Alles hier, die Linie, das Relief und die Maße, die wir zunächst nur ahnen und erst in der Szene, in der Mephisto auf die Stadt bläst (30), bestätigt sehen, läßt an die Gratlinie einer Bergkette denken. Das Motiv des Gebirges, des abfallenden Hanges, der steilen Böschung, des Dachs gibt es oft bei Murnau, im *Nosferatu,* aber auch in *Tabu,* immer mit einem negativen Akzent, als dunkle Drohung. Nie drückt es Heiterkeit aus, nie Erhebung über irdische Plattheit, die Ausrichtung aufs Göttliche, wie in der Kunst der Kathedralen, sondern Chaos, den Anspruch des Fremden, das Daseinsrecht des Ungeheuers, die Weigerung, sich dem Plan des Schöpfers zu beugen, das Infragestellen des Apollinischen. Das ganze Arsenal der vom Mittelalter ererbten Formen ist bei Murnau nicht auf der Seite Gottes, sondern auf der des Teufels.

Dieses erste Bild des *Faust* erinnert an das graphische Werk nicht eines professionellen Malers, sondern eines Dichters, der, ganz wie Murnau, den Kampf zwischen Licht und Schatten besungen hat und fasziniert war von der mittelalterlichen Teratologie. Wenn auch von einem Einfluß sicher nicht die Rede sein kann, so ist doch die Ähnlichkeit mit bestimmten Zeichnungen Victor Hugos verblüffend, in dem gewundenen Strich, dem heftigen Kontrast von fast reinem Weiß und Tintenschwarz. Sogar Mephistos spöttisches Gesicht, das ziemlich genau ein H bildet, während der Flügel ein V darstellt – die Abkürzung seines Namens, die V. H. über seine Zeichnungen verstreute –, zwingt uns diesen Vergleich auf.

*Die apokalyptischen Reiter.* Der Beginn der zweiten Einstellung zeigt bewegte Massen von Licht und Schatten. Auf deren »abstrakten« Aspekt kommen wir im Abschnitt 3 zurück. Geisterhaft tauchen in Doppelbelichtung die vier apokalyptischen Reiter auf. Das ist ein geläufiges Thema der deutschen Malerei, aber die verwischten Konturen, die blassen, in einen Schimmer aufgelösten, von Nebel ausgewaschenen Formen sind weit entfernt von der minutiösen Genauigkeit Dürers (*Die apokalyptischen Reiter*, Holzschnitt von 1498) oder Böcklins (*Der Krieg,* Dresden). Ehcr würde man an den Don Quixote von Daumier denken – auch hier ohne einen direkten oder indirekten Einfluß unterstellen zu wollen.

*Das Licht.* Als nächstes wird das Motiv des Lichts eingeführt (3). Ein grelles, blendendes, sonnengleiches Licht. Auf die Darstellung dieser Sonne, die jedes Kind auf seinen Himmel malt, säuberlich von Strahlen umgeben, hat der westliche Maler längst verzichtet, ausgenommen in den Momenten des Auf- und Untergehens oder hinter Nebelschleiern verborgen. (Strahlend, aber ganz unten an einem bewölkten Himmel stellt Altdorfer, der Primitive und Vorläufer, sie in der *Alexanderschlacht* dar. In der *Ruhe auf der Flucht nach Ägypten, Christus am Ölberg, Susanna im Bade* ist ihr Platz am Himmel immer markiert, aber man ahnt nur noch ihren Schein.) Der physische Effekt der Blendung ist in der Tat unmöglich durch das schlichte Mittel des Helldunkelkontrasts wiederzugeben. Die Helligkeit hat eine Grenze, das reine Weiß, das das Auge bei normaler Beleuchtung leicht erträgt. Im Kino aber erzeugt das Strahlenbündel des Projektors auf der Leinwand eine stärkere Helligkeit, als das Auge im dunklen Saal zu ertragen vermag. Die Netzhaut empfindet das schmerzhafte Gefühl der Blendung, als wenn sie direkt einer Lichtquelle ausgesetzt wäre und nicht einem Lichtreflex. Nichts hindert somit den Film, vom Licht eine sehr viel genauere Darstellung zu geben, als die Malerei es je vermochte.

Alle diese Abhängigkeiten, von denen die Projektion entbindet, kehren wieder bei der Aufnahme. Der photographische Film ist gegen zu starkes Licht ebenso empfindlich wie das Auge, aber seine Verletzungen führen nicht zu einem Effekt, der auf der Leinwand für das Auge des Betrachters das Gefühl von dessen eigener Beschädigung wiederholte. Sie übersetzen sich etwa in einen Grauschleier, der die Kraft des Lichts und der Blendung nur abschwächt, oder, schlimmer noch, in eine oder mehrere Lichtscheiben, die vom Reflex der Lichtquelle im Konkav des Objektivs herrühren.

Doch Murnau konnte im Atelier arbeiten und genau die Attacken einkalkulieren, denen seine Beleuchtung den Filmstreifen aussetzte, um glaubwürdige Effekte zu erzielen. Der Lichtkreis der dritten Einstellung sendet Strahlen aus wie die, die unser Auge wahrnimmt. Besser gesagt, die gestalterische Interpretation, die er von unserer Blendung gibt, ist vergleichbar jener, die die Maler gegeben haben. Obwohl er über ein Mittel verfügt, das die Malerei nicht besitzt, entfernt sich Murnau nicht von ihr, sondern kehrt zu ihr zurück und knüpft an einige ihrer Kühnheiten an. An die eines Turner, der als erster auf das physische Gefühl der Blendung setzte; an die eines van Gogh und seiner Nachthimmel mit Sternen, die von einer winzigen Aureole umgeben sind, wie die neuen hochempfindlichen Emulsionen sie um Lampen und Autoscheinwerfer bilden; an die eines Monet, eines Odilon Redon. Und er kündigt zugleich die der »optischen« und »kinetischen« Kunst Vasarelys oder der letzten Hartungs an.[36]

Paradoxerweise hat sich die dazu schlecht gerüstete Malerei im Lauf ihrer Geschichte mehr um die Darstellung von Lichtquellen bemüht als der für diese Aufgabe viel besser vorbereitete Film. Der große Horror aller Kameraleute waren stets Lampen, Himmel, Fenster und Reflexe im Bildfeld und die Lichtringe, die von ihnen ausstrahlen. Sie haben sich immer nur widerstrebend dazu bewegen lassen, nicht nur die Quelle, sondern dazu noch den unmittelbaren Effekt aufzunehmen, da für sie ein Schwarz nicht »absaufen« und ein Weiß nicht »ausfressen« darf. Weil Murnau im Innersten Maler war, hat er die Photographie dazu bringen können, über sich selbst hinauszugehen und sich außerhalb der bekannten Pfade ihren eigenen Weg zu suchen.

*Der Erzengel.* Das Licht gibt den Impuls zu einem vierten Motiv, dem des Erzengels mit dem gezückten Schwert (7).

Die Formen seiner Flügel sind geradlinig und schnörkellos, im Unterschied zu denen Mephistos; sie erinnern an einen verschneiten Gipfel. Aber ihr Weiß ist nicht einförmig. Man erkennt die Oberfläche aus Federn, die ihr Schimmern bewirkt. Murnau gehört zu dem Filmern[37], die

---

36 Die Frage des Verhältnisses zwischen der Geschichte der Malerei und der der Photographie ist, wie man sieht, weit komplexer als es gemeinhin behauptet wird. Zu sagen, die moderne Malerei habe in der Reaktion auf den Realismus der Photographie ihren eigenen Weg gefunden, trifft nicht ganz zu; sie hat von jenen Errungenschaften der Photographie profitiert, die, die wir sahen, gerade nicht »realistisch« sind.

37 Die anderen sind Eisenstein (die weißen Mützen im *Potemkin*, die Zentrifuge in der *Generallinie*, die Federn in *Que viva Mexico*) und, in geringerem Maß, Sternberg und Stroheim (die Kostüme).

die Leinwand ganz systematisch in kleine schimmernde Flecken aufgelöst haben; die Vielzahl der Teilchen und ihre winzigen Bewegungen beleben sie und bewirken den Eindruck des Schimmerns, die Lichter der Stadt etwa, die sich im *Letzten Mann* in der Drehtür widerspiegeln, oder die bewegten Schatten des Schilfrohrs auf dem Boden der Hütte in *Tabu*, oder im *Faust* selbst die Tänzerinnen und die Feuer am Hof von Parma. Diese Streuung erhält dem Licht das Blendende und vermittelt zugleich seine Intensität. So erscheint bei gleicher Lichtstärke eine derart fragmentierte Oberfläche noch schimmernder. Das Schimmern in dem Bild, von dem hier die Rede ist, vermittelt die Vorstellung einer übernatürlichen Welt, deren Oberfläche nicht das Licht einer äußeren Quelle widerspiegelt, sondern ihr eigenes ausstrahlt, diffus bis in ihre kleinsten Partikel hinein. Diese Auflösung und Verteilung ist also nicht rein ornamental. Sie bringt ihre eigene Natur hervor und, so könnten wir sagen, ihr eigenes Drama, denn ohne Schatten gibt es kein Licht (das Weiß der Leinwand = nichts), wie es in der Musik keinen Ton ohne Stille gibt und eine musikalische Präsenz sich am reinsten, am entschiedensten nicht durch den gehaltenen, sondern durch den wiederholten Ton bestätigt.[38] Das Schimmern würde also bei Murnau dieselbe Rolle spielen wie der Triller in der Musik, weniger bei den Barockmusikern (Scarlatti) als in den letzten Sonaten von Beethoven.

## 2. Die Formen in der Kirmessequenz

Die Form hat bei Murnau nicht die gleiche architektonische, geometrische Reinheit wie bei Lang. Sie bleibt oft undeutlich, virtuell, nur durch Richtungen materialisiert. Auf den ersten Blick zeigt der Film die Unordnung der natürlichen Welt. In allen Filmen Murnaus, auch in den im Atelier gedrehten, gibt es eine »dokumentarische« Neigung zur unbearbeiteten Realität. Aus diesem vorgegebenen oder künstlich herbeigeführten ursprünglichen Chaos hebt sich die Form ab und erscheint dem geschulten Auge.

Am aufschlußreichsten sind in dieser Hinsicht die Massenszenen. Auf den ersten Blick wirken sie improvisiert. Nichts von den geregelten Bewegungen, den Ballettfiguren bei Griffith, Lang, Gance oder Eisenstein. Die

---

38 Jedenfalls in der Instrumentalmusik. Die Elektronik gestattet es, Töne sehr viel länger und betonter zu halten.

menschliche Masse steht für Natur. Wenn sie nicht reine Unordnung ist, folgt sie ihren eigenen Gesetzen, nicht der Hand eines Arrangeurs.

Wer jedoch aufmerksam die Jahrmarktsequenz untersucht, bei der zunächst die Vielfalt, die Buntheit, das Pittoreske ins Auge springt, entdeckt fast in jedem Moment und in jedem Winkel des Raums eine »Grundfigur«, die alle erdenklichen Erscheinungsformen annimmt, die sich aber alle auf die über der Stadt ausgebreiteten Flügel Mephistos beziehen. Diese nehmen die Form eines Dreiecks mit nach oben gekehrter Spitze an, das sich dem Motiv des Daches und des Gebirges nähert, böse und dämonisch. Gegenüber der horizontal verlaufenden Kurve, die den Frieden, die Harmonie, den Zusammenhalt ausdrückt, bedeutet das vertikal aufgerichtete Spitze Bruch, Dissonanz, Störung. Es ruft Unstabilität, Schwindel hervor. Die Rundungen Mephistos sind nur äußerlich. Jannings fügt hier einer traditionell mageren und eckigen Figur nur noch eine weitere Eigenschaft hinzu, die Verstellung. Schaut man nämlich genauer hin, so lassen sich das Gesicht, die Kleidung, die Formen Mephistos im Lauf seiner Verwandlungen in zahlreiche Dreiecke zerlegen, die die Momente des Spiels der Reihe nach erkennen lassen: die Art, wie er seine Flügel oder sein Cape ausbreitet, drückt Triumph aus, Unwillen, Hohn, Bosheit.

Von den verschiedenen Momenten, die sich hier auf die Flügel des Dämons reimen, sei zunächst ein materielles genannt: die Federn, mit denen das Trikot des Gauklers auf der Bühne bedeckt ist. Die anderen sind formaler Natur, nicht voll ausgebildet[39], sondern eher noch unentwickelt in den Kategorien der Vertikalität (geschlossener Winkel), der Schrägheit (angedeuteter Winkel), des Klatschens, Flatterns und Schwingens (virtueller Winkel): vertikal geht der Gaukler auf den Händen (28, 33, 35), reckt sich der Arm des Toten (41); schräg liegt die Leiche auf den Stufen der Bühne (42); es klatschen, flattern oder schwingen die Hände des Schattenspielers, der den Flügelschlag imitiert (31), die Leinentücher im Pestwind (37, 40 42), die Schaukel (26, 27, 39).

39 Wenn Formen ausschließlich statisch verstanden werden. Doch nur wenn man sie als dynamisch betrachtet, wie es an anderen Beispielen im Kapitel über den Filmraum versucht werden soll, wird diese Analyse zum Ziel führen.

## 3. Die Reise durch die Luft

Robert Herlth hat berichtet[40], wie in einer Halle von 35 mal 20 Metern das Modell der Landschaft gebaut und aufgenommen wurde, das Faust und Mephisto auf dem Zaubermantel überfliegen (229-247). Das Vergnügen, das man bei dieser Sequenz empfindet, erweist sich bei der Analyse als ein dreifaches, entsprechend den drei Gesichtspunkten unserer Beurteilung, denen der Architektur, der Plastik und der Malerei.

Wir genießen zunächst die Landschaft einfach als solche, als eine Art Konzentrat aller Schönheiten der Natur, die Maler und Dichter inspiriert haben. Sie bezieht sich auf eine Stelle bei Goethe, in der die Reise durch die Luft nicht als Realität, sondern als eine Träumerei dargestellt wird, zu der sich Faust vor seinem Schüler Wagner hinreißen läßt (V. 1074-1125):

*O daß kein Flügel mich vom Boden hebt ...*

Und:

*Ja, wäre nur ein Zaubermantel mein!*
*Und trüg er mich in fremde Länder ...*[41]

Wir finden in der Beschreibung des Dichters die verschiedenen Motive der Filmlandschaft: den »wilden Berg mit allen seinen Schluchten«, das »Meer mit erwärmten Buchten«, »Fichtenhöhen«, den »Kranich«, der »nach der Heimat strebt«.

Der Film realisiert hier auf seine Art (und anders bei Buster Keaton, Renoir, Mizoguchi) den Traum der Architekten und der Schriftsteller des siebzehnten und des neunzehnten Jahrhunderts, den Traum von der »Gartenlandschaft«. Man denke an die berühmten Stellen in Rousseaus *Neuer Heloïse* und Edgar Allan Poes Erzählung *Der Park von Arnheim*, wozu bemerkt werden muß, daß dieser die romantische Konzeption des »überlegenen Standpunkts«, der wir hier folgen, gerade denunziert. Der Traum von einer kleinen Welt, die auf kleinem Raum und künstlich angeordnet die wildesten Aspekte der Natur, Felsen, Schluchten, Steilhänge, Wasserfälle zeigt. Hier kann sich der Filmer dank der Möglichkeiten des Tricks einer wahren Schöpferarbeit hingeben und, ähnlich wie Ellison, der unwahrscheinliche Erbe bei Poe, wenn auch in einer anderen Geisteshaltung, spielen, aber nicht mehr mit Teichen, kleinen Wasserfällen und Grotten, sondern mit lebensgroßen Elementen, den größten, die die Natur uns bietet, mit verschneiten Gebirgen und dem Meer.

40 Vgl. Eisner, a. a. O., S. 98 f.
41 Nach der Hamburger Ausgabe.

Aber das ist nur eine Illusion, und der Zuschauer verfällt ihr auch nicht ganz. Der Filmer versucht nicht, uns vollkommen zu täuschen, uns das Gefühl von Realität zu geben, und so können wir, wenn wir die Tricks auch nicht unbedingt durchschauen, sie doch wenigstens erkennen und bezeichnen, wie in bestimmten Actionfilmen, die auch mit Modellen gedreht werden. Wenn wir etwa in einem Spielfilm einen Auto- oder Flugzeugunfall sehen, darf kein Moment des Tricks offenbarwerden und den Realitätseindruck stören, auch wenn wir wissen, daß das »nur Kino« ist, und uns damit beruhigen, daß die Szene gespielt wird. Aber dabei geht es um eine Vorausversicherung, die wir gewissermaßen beim Eintritt in den Saal unterschrieben und sofort vergessen haben. Hier, in diesem Märchen, können wir nicht nur nie getäuscht werden, sondern das Modell stellt sich als solches unserer Bewunderung dar, das heißt als eine nach dem Bild der Wirklichkeit gestaltete Plastik. Wir können uns nicht genugtun, die Qualität der Nachahmung festzustellen; »wie täuschend echt« sind wir geneigt zu sagen, wie bei einem Modellspielzeug. Darin liegt die kindliche Seite unseres Vergnügens. Aber bei Murnau ist diese Seite unwichtig, während sie entscheidend ist für das Interesse, das wir heute Méliès entgegenbringen. Denn ein dritter Gesichtspunkt überlagert die zwei voraufgehenden und hebt die Intention des Künstlers auf ein höheres Niveau, indem nämlich nicht mehr nur die dargestellte Landschaft und das sie darstellende Modell in Betracht gezogen werden, sondern die Darstellung beider auf der Oberfläche der Leinwand: der Gesichtspunkt der Malerei.

Diese Sequenz bildet also ein Gemälde, und als solches genießen wir es am intensivsten. Ein Gemälde, dessen Format weit über das eines Staffeleiwerks hinausgeht: es ist wie ein riesiges Fresko, das sich nicht mit einem Blick erfassen läßt und vom Zuschauer verlangt, daß er sich bewegt und nacheinander die verschiedenen Motive betrachtet. Der einzige Unterschied ist, daß im Kino unsere Perspektive nicht frei gewählt ist, sondern gelenkt wird. Abgesehen davon empfinden wir bei der Erforschung dasselbe Vergnügen wie bei jenen Renaissancegemälden, deren eingestandener oder versteckter Gegenstand eine Architektur ist, die eines Palasts, einer Stadt oder einer Landschaft. Was uns dabei verführt, fasziniert, ist eben die Integration eines schon in einer bestimmten Ordnung vorgegebenen Elements der Realität in den Rahmen eines Gemäldes. Wenn es zutrifft, daß wir eine besondere Lust dabei empfinden, wenn die Kunst Häßlichkeit in Schönheit, Unordnung in Ordnung verwandelt, so empfinden wir ein nicht weniger lebhaftes Vergnügen bei der Integration einer bestehenden Ordnung in eine andere höhere Art.

Diese Methode, mit Schönem etwas Schönes zu schaffen, ist zugleich leicht – das Werk muß gefallen, da es nur Angenehmes zeigt – und doppelt schwierig, denn da das Bild auf den ersten Blick bloß als Medium der Reproduktion erscheint, übersieht man leicht seinen Wert als autonomes Werk. Das Kino insgesamt, von Natur aus der Schönheit oder Häßlichkeit des Motivs mehr ausgeliefert als die anderen Künste, zehrt von dieser paradoxen Situation. Sein Ausgeliefertsein hat es nicht daran gehindert, eine Kunst zu werden, eher im Gegenteil, ebenso wie die Aneignung architektonischer Schönheiten bei Giotto, Carpaccio, Mantegna weder den malerischen Wert ihrer Werke noch ihre Originalität infragestellt. Die Vorliebe für die Architektur fiel zeitlich zusammen mit der Entdekkung der Perspektive, sie half den Malern weiter bei der Darstellung der drei Dimensionen des Raums auf der ebenen Fläche. Indem sich der Bildraum der Architektur annahm und sich deren Probleme zu eigen machte, proklamierte er nur umso entschiedener die Allmacht der Malerei, ihren Willen, alle Formen, auch die schon organisierten, zu organisieren, im Namen ihres eigenen Organisationsprinzips, des einzig wahren, überlegen dem, der die Hand des Menschen führt, also Gott.

Diesen Malerhochmut, diesen Schöpferwahn, finden wir, wie wir schon sahen, in seiner irrwitzigsten Form bei Altdorfer, und gerade auf ihn berufen sich Murnau und seine Mitarbeiter hier.

Nach den Reproduktionen zu urteilen, die uns zur Verfügung standen[42], ist die Nachahmung freilich nie sklavisch. Murnau scheint sich vor allem an den Stichen Altdorfers inspiriert zu haben; sie lieferten ihm jedoch weder das Motiv des Gebirges noch das der Tannen, die man bei Goethe findet, sondern einen Stil der Anordnung. Die Tannen im Vordergrund (232, 237) erinnern ziemlich genau an einige Kupferstiche im Wiener Museum (*Landschaft mit der Fichte und den Weiden, Landschaft mit den zwei Fichten, Landschaft mit der Doppelfichte, Die kleine Fichte, Die große Fichte, Landschaft mit der dunklen Felswand*. Man denkt am Ende von 237 auch an die *Landschaft mit Steg* (London, National Gallery), aber der Turm und die Kuppeln erinnern eher an Böcklin (*Überfall von Seeräubern, Villa am Meer*).

---

42 Vgl. Bibliographie, S. 130 f. Die Werke von Ruhmer und Winzinger haben das Werk Altdorfers wahrscheinlich lückenlos erfaßt – das von Ruhmer die Gemälde und das von Winzinger die Zeichnungen – und bewahren uns so vor Überraschungen.

Die Stadt auf dem vom Meer umspülten Felsen am Ende der Sequenz (240) läßt an die *Ruhe auf der Flucht nach Ägypten* denken. Aber die deutlichste Ähnlichkeit besteht zwischen dem Palast der Herzogin von Parma (247) und dem von *Susanna im Bade*.

# B. Der Architekturraum

## 1. Die Bauten

Eine Architektur ist eine Form – oder ein Formenensemble –, die dem Blick sich darstellt, die Form eines Gebäudes, eines Gegenstandes, einer Landschaft. Auf die Wichtigkeit der Form in Murnaus Werk haben wir im letzten Kapitel bereits hingewiesen. Beim Filmraum werden wir darauf noch zurückkommen; sie wird dann nicht mehr unterm statischen, sondern unterm dynamischen Aspekt zu betrachten sein. Um Wiederholungen und Vorgriffe zu vermeiden, soll hier an der Architektur nicht das ihr und anderen bildenden Künsten Gemeinsame, das Gestalten von Formen, betrachtet werden, sondern nur das ihr allein eigene, das heißt, die *Funktion*.

Im *Faust* scheinen nun auf den ersten Blick gerade die funktionellen Eigenschaften der Bauten weniger wichtig als die rein dekorativen. Zwar haben wir unentwegt Architekturformen vor Augen, aber sie sind statisch, passiv, oft auf den Hintergrund beschränkt oder auf die Bildränder, ähnlich wie im Theater. Die Inszenierung scheint von der Architektur nur ihre banalsten Einfälle zu beziehen und ihre ganze Erfindungskraft auf die Konfrontation der Figuren und die Konflikte von Licht und Schatten zu wenden. Dagegen denke man an die aktive, schöpferische Rolle, die im *Letzten Mann* die Drehtür, die Toiletten, die schäbige Fassade der Mietskaserne spielen, im *Tartüff* die große Treppe, auf die sich Türen öffnen und schließen, in *Sunrise* der Sumpf, der See, die Stadt und ihr Lunapark, in *City Girl* das Restaurant und die Kornfelder, in *Tabu* das Meer, der Sand, die Felsen, die Hütte. All diese Orte fungieren nicht nur als Rahmen für die Handlung, sondern als ihr Behältnis, sie bestimmen die Gesten der Darsteller, beeinflussen ihr Spiel, diktieren ihre Bewegungen.

Im *Faust* ist das Verhältnis umgekehrt. Nicht der Dekor bestimmt die Gesten; in diesem Märchenspiel bestimmt die Geste oft den Dekor. Die Magie verfälscht, auch wenn sie nicht durchgehend wirkt, das Verhältnis des Menschen zu seiner Umgebung. Das hat Konsequenzen, denn im allgemeinen erwächst bei Murnau gerade aus dem Verhältnis zwischen dem Helden und seinem Milieu, das ihn erdrückt, die Tragik. Tragisch sind jedenfalls *Tabu* und *Sunrise*, in denen Landschaft und Naturerscheinungen wie Gewitter und Wellen das Schicksal vertreten. Tragisch sind

auch der Hohn im *Letzten Mann* und das Possenhafte im *Tartüff* durch
das Leitmotiv eines festen architektonischen Rahmens, dessen Gefangene
die Helden sind. Tragisch ist der *Nosferatu*, denn einmal erwächst der
Schrecken aus dem Ort, und dann schleppt der Vampir die Monstrosität,
die sein Inneres und Äußeres bestimmt, mit sich wie eine bleierne Kugel.
Aber die Tragik im Thema des *Faust*, die die Tradition und Goethe darstellen, wird nicht durch den Dekor suggeriert. Die Tragödie weicht dem
Bühnenzauber. Unser Interesse reduziert sich fast auf das kindliche Vergnügen an Zaubertricks. Gerettet werden diese Szenen, wie gesagt, nur
dadurch, daß die Bildreminiszenzen eine Verbindung herstellen zwischen
ihrer künstlichen Welt und den Menschheitskatastrophen. Die Schönheit
der Tricks verschleiert den Schwindel und wird zur Wahrheit.

Dagegen hat in den schon genannten Filmen, zu denen Carl Mayer das
Drehbuch schrieb, vor allem im *Letzten Mann*, in *Tartüff* und *Sunrise*[1],
die architektonische Idee den Vorrang vor der bildnerischen. Die Bauten
inspirieren Mayer, sie liefern ihm, wie der Chor im antiken Theater, den
Hauptträger der dramatischen Konstruktion und manchmal den Titel für
sein Werk. Zum Beispiel in *Hintertreppe* von Jeßner oder *Scherben* von
Lupu Pick.[2] Selbst wenn der Film auf einer Vorlage basiert, besteht der
erste Schritt der Adaptation in der Wahl des Ortes und seiner Bestandteile. Im Falle des *Faust* ist eine solche vereinheitlichte Reduktion nicht
möglich, auch nicht wünschenswert, die Vielzahl der Orte ist für das
Drama ausschlaggebend. Kyser folgt – aus Mangel an Vorstellungskraft
oder aus Respekt – ziemlich genau dem Goetheschen Vorbild und beschränkt sich darauf, bestimmte beschreibende Tagebuchstellen zu visua-
lisieren, etwa den Hinweis auf die Pest (V. 1026-1055):

> *In Hoffnung reich, im Glauben fest,*
> *Mit Tränen, Seufzen, Händeringen*
> *Dacht ich das Ende jener Pest*
> *Vom Herrn des Himmels zu erzwingen ...*
> *Ich habe selbst den Gift an Tausende gegeben:*
> *Sie welkten hin, ich muß erleben,*
> *Daß man die frechen Mörder lobt.*

oder die oben bereits erwähnte Träumerei von der Reise (V. 1074-1125).

---

1 Mayer hat an *Tabu* nicht mitgearbeitet. Aber sein Denken hat Murnau entschieden geprägt, und Spuren davon erkennt man auch hier im Handlungsaufbau und im Verhältnis
Dekor/Personen.

2 Auch *Sylvester* und *Caligari* spielen in einem einzigen Dekor.

Wir werden im folgenden, für jeden Dekor im einzelnen, die Schauplätze bestimmen, die sich auch bei Goethe finden, sowie diejenigen, die verändert wurden. Auerbachs Keller fehlt, aber in einer Schenke sieht man Mephisto, wie er Valentin durch ein Hexenkunststück provoziert, das mehr furchterregend als burlesk ist: aus dem Wein läßt er eine Flamme schlagen. Wenn die Gestalt Mephistos auch die Komik ihres literarischen Vorbilds voll bewahrt hat (ohne zu chargieren, ausgenommen vielleicht die Szene im Haus der Frau Marthe), hat Murnau doch auch den Ernst der Zaubereien festhalten wollen, während sich Goethe über das Vermächtnis des Volksbuches ein wenig mokiert. Der Teufel zeigt sich im Film nicht – wie im Stück – in der Gestalt eines Pudels. Faust selbst ruft ihn, wie in der Legende, und der finstere Bettler, der sich daraufhin einstellt, kann uns bei allem Sarkasmus kaum ein Lächeln entlocken. Ebenso enthält uns Murnau die Tiergalerie der Hexenküche vor, und Fausts Verjüngung vollzieht sich in seiner Studierstube. Auch die Walpurgisnacht, die Maler und Musiker inspiriert hat, fehlt; eine filmische Übersetzung ist auch nur schwer vorstellbar, allenfalls im Geist einer Goyaschen Maskerade, die aber hätte Murnau nicht gelegen.

Daß Murnau und Kyser Goethe schließlich doch ziemlich treubleiben, trotz ihrer Neigung, sich von ihm zu entfernen und zu den Quellen des Mythos zurückzugehen (»eine deutsche Volkssage« heißt es im Vorspann), hat seinen Grund vielleicht auch darin, daß im Stück selbst die kinematographische Transskription schon angelegt ist. In diesem philosophischen Drama, das vor allem zur Lektüre bestimmt ist, betont der Dekor, auch wenn er keine wirklich aktive Rolle spielt, seine Präsenz doch stärker, als etwa in den mehr für die szenische Realisierung konzipierten Tragödien Shakespeares oder in den griechischen. Die Fausttragödie ist, im ersten wie im zweiten Teil, eher film- als bühnengerecht.[3] Nie

3 In seiner Einleitung zur Übersetzung von *Faust* II erinnert Henri Lichtenberger daran, wie stark bei Goethe die Neigung zum Bildnerisch-Visuellen war: »Im Faust II ist Goethe noch mehr Augenmensch als sonst, sein Drama ist ein phantastisches Zauberstück, eine ununterbrochene Folge von Kunstvisionen.« Er zitiert die Maler, die Goethe unmittelbar anregten: Mantegna (*Der Triumph Caesars*), Raffael (*Die Befreiung des Hl. Paulus, Der Triumph der Galatea*, die Fresken des Campo Santo von Pisa. Er fährt fort: »Um den von Goethe beabsichtigten Effekt zu erzielen, müßte seine Tragödie entweder von einem hochqualifizierten Filmer oder aber zumindest von einem ungewöhnlichen Theaterregisseur inszeniert, von einem genialen Zeichner illustriert werden, der alle dekorativen Elemente herauszustellen verstünde, die es virtuell enthält, alles was das Auge anspricht, was unmittelbar auf die Sinne des Zuschauers einwirkt.« (*Faust, deuxième partie,* Einführung, S. IIIff., Aubier, Éditions Montaigne)

spielt die Handlung in einem beliebigen Vorzimmer oder an einem anonymen Ort, immer ist der Schauplatz genau definiert und integraler Bestandteil des alten Mythos oder des neuen, Goetheschen, ebenso wichtig wie die Namen der Personen oder die Zeit, in der die Geschichte spielt, die auch niemand zu ändern wagen würde.

Diese Schauplätze existieren entweder als Realität, wie Auerbachs Keller und der Brocken, oder als Bilderwelt, hervorgegangen aus dem Volksbuch (Adrian Mathams Federzeichnung *Mephistopheles führt Faust die Helena zu*[4], Rembrandts Stich des *Magiers* usw.), aus der Ikonographie vom Heiligen Hieronymus (Dürer usw.) oder aus Beschreibungen von Goethe selbst, die so genau sind, daß der Vorstellung der Illustratoren wenig Raum bleibt.

Die Studierstube (V. 398-409):

> *Weh! steck ich in dem Kerker noch?*
> *Verfluchtes dumpfes Mauerloch,*
> *Wo selbst das liebe Himmelslicht*
> *Trüb durch gemalte Scheiben bricht!*
> *Beschränkt von diesem Bücherhauf,*
> *Den Würme nagen, Staub bedeckt,*
> *Den, bis ans hohe Gewölb hinauf,*
> *Ein angeraucht Papier umsteckt;*
> *Mit Gläsern, Büchsen rings umstellt,*
> *Mit Instrumenten vollgepfropft,*
> *Urväter Hausrat drein gestopft –*
> *Das ist deine Welt! das heißt eine Welt!*

Gretchens Zimmer (V. 2688 ff.):

> *Willkommen, süßer Dämmerschein,*
> *Der du dies Heiligtum durchwebst!*
> *Ergreif mein Herz, du süße Liebespein,*
> *Die du vom Tau der Hoffnung schmachtend lebst!*
> *Wie atmet rings Gefühl der Stille,*
> *Der Ordnung, der Zufriedenheit!*
> *In dieser Armut welche Fülle!*
> *In diesem Kerker welche Seligkeit!*
> *(Er wirft sich auf den ledernen Sessel am Bette.)*

---

4 Amsterdam, Rijksprentenkabinet. Wiedergegeben bei Wegner.

*O nimm mich auf, der du die Vorwelt schon*
*bei Freud und Schmerz im offnen Arm empfangen!*
...
*Und hier!*
(Er hebt einen Bettvorhang auf.)
            *Was faßt mich für ein Wonnegraus!*[5]

Und weiter die Aufzählung einer ganzen Reihe von Details wie (V. 3608 und 3615):
        *Die Scherben vor meinem Fenster ...*
Und:
        *Saß ich in allem Jammer*
        *in meinem Bett schon auf.*

Diese Beschreibungen zählen weniger durch die Details, die sie angeben, als durch die Stimmung, die sie vermitteln, deren Wiedergabe die Illustratoren mit ihren eigenen Mitteln versucht haben und die Murnau auf seine Weise beschwört, weniger durch Formen als durch Beleuchtung: das Helldunkel der Studierstube, das gleichbleibende, fast durchsichtige Tageslicht in Gretchens Zimmer. Und auch da hat der bildnerische Aspekt den Vorrang vor dem architektonischen.

Wir werden im folgenden alle Schauplätze des *Faust* auf ihr *Funktionieren* hin untersuchen, auch wenn sie für eine solche Untersuchung möglicherweise unergiebig sind.

1. *Der Himmel* (1). Der einzige »Dekor« sind die Wolken, von einer Windmaschine bewegter Rauch. Das Licht schafft Formen (Strahlen, Kreise, Flecken). Architektur- und Bildraum gehen ineinander auf.

2. *Faust im Halbkreis* (10). Mikrokosmos im Makrokosmos. Und in diesem Mikrokosmos der Globus, das heißt der Makrokosmos. Diese Verschachtelung der Welten wird uns noch an anderen Stellen begegnen, etwa die Stadt in der Welt, das Haus in der Stadt, das Zimmer im Haus, die Kommode im Zimmer, die Schatulle in der Kommode, die Kette in der Schatulle (286 ff.).

3. *Unbestimmter Ort* (14), zweifellos die Studierstube. Faust betrachtet eine kugelförmige Retorte, die von einer Flamme aufgeheizt wird. Die Kreisform ist betont und bildet die einzige eindeutige Figur inmitten des Zitterns von Flamme und Licht.

---

5 Im Film wird der Sessel zu dem der Mutter (538), und Mephisto schlägt die Vorhänge auseinander (335).

4. *Die Stadt*, Totale des Modells (25). Ein gotischer Taumel aus steilen Dächern, die sich um eine Kirchturmspitze drängen. Nach den scheinbar beruhigenden Kreisen in Fausts Welt, deren beunruhigender Aspekt, das Spiel mit der Magie, aber auch schon zu spüren war (19), hier nun die zweite unter den Murnau wichtigen Formen: das Scharfe, Rebellische, Morbide, das, wenn Mephisto erst einmal seinen Pestatem darüber geblasen hat, das Übel anzieht wie eine Turmspitze den Blitz.[6]

5. *Die Kirmes* (26). Der erste funktionale Dekor des Films – hier sind die Formen, wie wir sahen, nicht architektonischer Natur, sie werden ausschließlich durch die Bewegungen der Darsteller und Gegenstände geschaffen. Jedes Element des Dekors spielt in der Inszenierung eine wichtige Rolle. Die Bühne läßt den Fall des Seiltänzers pathetischer erscheinen; die gespannte Leinwand dient dazu, die Schatten wiederzugeben; die Schaukel schwingt, erst besetzt, dann leer, hin und her; die große Leinwand des Zelts flattert im Wind und zerreißt. Für einen Augenblick sieht man im Hintergrund einige Fassaden und Giebel.

6. *Der Leichenzug* (45). Wieder ist das *dekorative* Moment ausschlaggebend. Gegeneinander der abgerundeten Bogenform und der spitzen Kapuzen der Bahrenträger. Besonders wichtig wieder die Lichteffekte – Fackeln, Feuer, Scheiterhaufen.

7. *Die Studierstube* (46). Siehe 53.

8. *Der Spitzbogen an Fausts Haus* (49). Er führt auf eine Treppenstraße über den Dächern im Hintergrund. Den ganzen Film hindurch leistet das Treppenmotiv (die Straßen der Stadt, der Palast von Parma) einen besonderen Beitrag zur Inszenierung. Die Bedeutung der Treppen liegt übrigens nicht nur in ihrer Funktion; sie steht auch im Zusammenhang mit der schrägen Form, die, wie wir schon sahen, im *Faust* von entscheidender Bedeutung ist.

9. *Die Tür der Studierstube* (50). Sie ist rundbogig und besteht aus aneinanderstoßenden Bohlen. Dem unverputzten Mauerwerk um sie herum sieht man ein wenig das Künstliche an.

7 (Fortsetzung). *Die Studierstube* (53). Die Decke ist gewölbt. Im Vordergrund zahlreiche Retorten. Links schlägt eine Flamme hoch. Fausts Bewegungen lassen uns die Tür hinten links außerhalb des Bildes vermuten. Die folgende Einstellung (54) zeigt sie, auf beiden Seiten von zwei hohen Bücherstapeln umgeben.

---

6 Zur Realisierung der Einstellungen 34 und 38 vgl. Robert Herlth, in Eisner, a. a. O, S. 103.

10. *Das Zimmer der Sterbenden* (55) – Nur die Figuren tauchen aus der Dunkelheit auf.

6 (Fortsetzung). *Bogengänge* (64). Der Prediger und die Menge heben sich von einer weißen Mauer oder einem Vorhang von Rauch ab. Die Bewegung des Zuges um den Pfeiler herum (69) läßt eher an einen Umriß denken als an einen Gang. Die bewegten Schatten verstärken den bildnerischen Aspekt auf Kosten des architektonischen.

7 (Fortsetzung). *Die Studierstube* (82). Man sieht sie zum erstenmal in der Totale, von der Tür aus. Im Vordergrund zu beiden Seiten Stapel von Büchern, andere Bücherstapel im Mittelgrund auf dem Tisch, Bücherberge im Hintergrund. Der Kamin, hier noch nicht im Bild, ist, wie die folgenden Einstellungen zeigen, rechts. Im Verlauf des Films wird dieser Dekor immer deutlicher werden, ohne jedoch sein Geheimnis ganz preiszugeben. Die ungleichmäßige Form seines Grundrisses vereitelt von vornherein jeden Versuch einer genauen Rekonstruktion. Verglichen mit der Kargheit des übrigen Films erscheint er überladen, vollgestopft mit Dingen, doch mehr mit Massen (die Bücherberge) als mit einzelnen Gegenständen. Der bewegte Schein des Herdfeuers vereinheitlicht das Durcheinander.

11. *Landschaft* (101). Bilderreminiszenzen, dann (102ff.) dazu ausschließlich künstliche Nebel, Wolken, Blitze.[7]

7 (Fortsetzung). *Die Studierstube* (122). Im Verlauf dieser Sequenz wird ihr Grundriß etwas deutlicher. Die Personen bewegen sich jetzt vor allem in dem, von der Tür her gesehen, linken Teil (vgl. die Skizze auf folgender Seite, ein vereinfachter Vorschlag für den Grundriß des Studierzimmers).

12. *Reise durch die Luft* (229). Sie wurde im Kapitel über den Bildraum (Anhang 3) bereits ausführlich behandelt.

13. *Der Palast von Parma* (248). Die Säulenarchitektur und die Treppen mit ihren Absätzen geben der Sequenz einen aufwendigen und bühnenmäßigen Charakter. Die ganze Szene spielt auf einem Podium oder einer Estrade. (Andere Estraden im *Faust*: die der Seiltänzer, der Pranger, der Scheiterhaufen. Diesmal sind die Zuschauer auf der Estrade, und das Schauspiel findet unten statt, aber das eigentliche Drama spielt sich oben ab.) Dieser Dekor erlaubt eine weit größere Tiefeninszenierung als die

---

7 Mangels ausreichender Informationen verzichten wir auf eine Untersuchung der verschiedenen Tricktechniken.

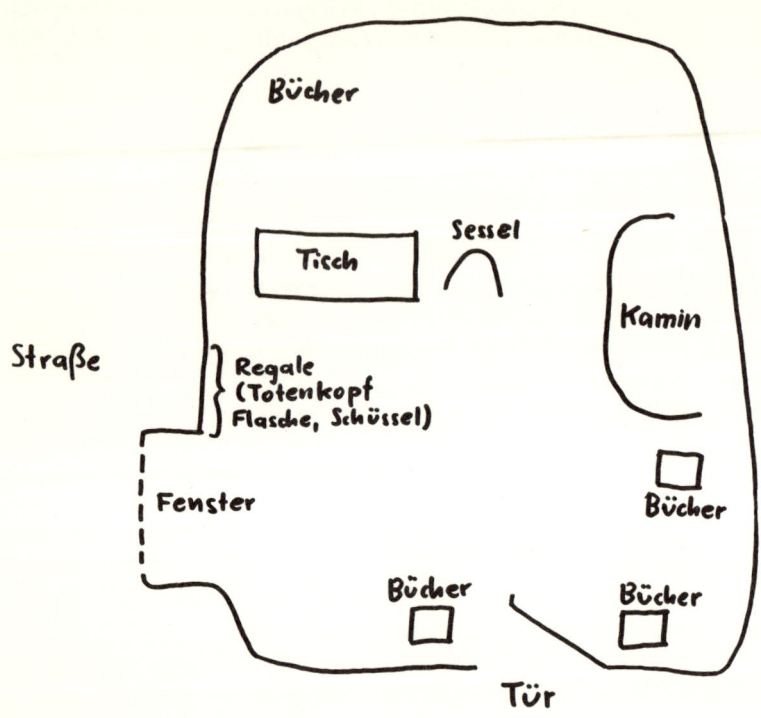

**Studierstube**

Bücher

Tisch    Sessel

Kamin

Straße

Regale
(Totenkopf
Flasche, Schüssel)

Bücher

Fenster

Bücher

Bücher

Tür

voraufgehenden. Die Auffahrt zum Schloß scheint sich ins Unendliche fortzusetzen.

14. *Das Schlafzimmer der Herzogin* (272). Die zurückfahrende Kamera läßt es uns nach und nach sehen, die Wände sind behängt mit verbrämten Stoffen. Sie geben der ganzen Szene einen bühnenmäßigen Charakter, der am Schluß noch unterstrichen wird durch die Geste, mit der Mephisto die beiden Zipfel seines Umhangs wie einen Vorhang herunterläßt. Auch hier wieder die Idee der Wabe, der Zelle, der kleinen Welt in der großen, eines im Raum begrenzten Ereignisses – ähnliches geschieht mit der Zeit, wenn die Sanduhr angehalten wird.

15. *Berggipfel* (280). Die Ferne von Wolken verdeckt. Zerklüftete Felsen im Vordergrund. Bis auf die Doppelbelichtung am Schluß, wenn man

eine Gruppe von Dörflern sich zur Stadt bewegen sieht, eine statische Szene.

16. *Das Stadttor* (286). Genau umgekehrt wie bei Goethe, bei dem die Städter hinausgehen, drängen hier die Dörfler zum Ostergottesdienst in die Stadt. Die Bauten sind, nicht ohne eine gewisse Künstlichkeit, darauf angelegt, die Menge auf einen bestimmten Weg zu lenken. Waren die Dekors der Studierstube und des Palastes in Parma realistisch, der eine in seiner Kargheit, der andere in seinem Luxus, so merkt man der kleinen Stadt das Gemachte an, nicht nur durch das allzu glatte Material, sondern auch durch eine deutliche, wenn auch zurückhaltende Stilisierung (etwa die gutplazierte vorspringende Ecke, die nicht gerade wahrscheinlich ist) und vor allem schließlich dadurch, daß ein gleichmäßiges Licht die bisher durch das Spiel der Schatten verdeckten Formen nackt hervortreten läßt. Entsprach das Murnaus Absicht, oder hat er sich von den expressionistischen Intentionen seiner Architekten überfahren lassen?[8] Man mag den verfallenen Lagerhäusern im *Nosferatu* nachtrauern, aber man muß einräumen, daß hier allein die Arbeit im Studio dem Regisseur erlaubte, im bildnerischen Ausdruck eine Einheit des Tons durchzuhalten, die wichtiger ist als Glaubwürdigkeit in jeder Einzelheit. Man beachte etwa, wie die Falten der Gewänder und die Maserungen des Steins übereinstimmen (289).

17. *Gretchens Haus*. Weniger stilisiert als der Dekor der Stadt, aber wieder läßt ein gewisser Mangel an Material das Studio erkennen. Anders als in Fausts vollgestopfter und düsterer Studierstube sind hier die Wände hell und kahl. Ein gleichmäßiges durchscheinendes Licht breitet sich aus. Die Skala der Valeurs ist außerordentlich schmal; die zarte Abstufung, den Kontrasten der Ölmalerei oder der Stiche entgegengesetzt, erinnert manchmal an die monochromen Kirchenfenster des fünfzehnten Jahrhunderts. Hier kämpft das Licht nicht mehr mit dem Schatten. Es dominiert, unsere Augen haben sich daran gewöhnt, und es schmerzt sie nicht mehr.

Dieser Dekor ist komplexer und umfaßt mehrere Zimmer, die im folgenden mit Buchstaben bezeichnet sind.

17 A. *Schlafzimmer der Mutter* (290). Vom ersten Bild an fällt die Kargheit des Dekors auf. Keine überflüssigen Möbel, kein Schmuck, nur eine Blumenvase auf dem Fensterbord.

18. *Straße hinter dem Haus* (291). Eine höckrige Verstrebung stützt die

---

8 Die auf den von Herlth aufbewahrten Zeichnungen sehr deutlich zu erkennen sind (vgl. Dokumentation des Deutschen Instituts für Film und Fernsehen).

Mauerecke, an der ein Rosenstrauch emporwächst, der recht unwahrscheinlich den Fensterladen bedeckt. Nach hinten fallen die Straßenstufen ab, woraus Murnau während verschiedener Auftritte von Faust und Mephisto eine Reihe von Inszenierungseffekten zieht. Auftritte, an denen eine gewiß beabsichtigte Opernhaftigkeit auffällt.

19. *Der Dom* (295). Stufen, die an der Seitenwand entlangführen, münden in die Vorhalle. Die Straße windet sich, die Wege sind gebogen. Der Mauerwinkel gestattet Mephisto und Faust, sich zu verstecken, wenn Gretchen vorbeikommt.

Das Schiff selbst sieht man, mit Ausnahme des Chors, aus der Perspektive Fausts, der auf der Schwelle steht. Diese Szene illustriert klar einen Begriff, der für die Geographie aller Filme Murnaus von besonderer Bedeutung ist, nämlich den der *Grenze*.[9] Es gibt sie nicht nur überall, sondern sie bestimmt das Thema – schon die Lektüre des Drehbuchs genügt, um sie zu erkennen. Immer erwächst das Drama aus der Gegenüberstellung zweier Welten, zweier Gebiete, zweier genau bestimmter Herrschaftsbereiche. Die Zone, die sie trennt, kann mehr oder weniger breit sein, vom See in *Sunrise* bis zur Drehtür im *Letzten Mann*. Hier in der Dom-Szene hat es den Anschein, als gebe es kein Niemandsland, die Grenzzone ist denkbar schmal, fast nur virtuell unüberquerbar gemacht nicht durch ein natürliches, sondern durch ein übernatürliches Hindernis. Der Faustmythos, der gewissermaßen einen Territorialkrieg zwischen der Macht Gottes und der des Dämons besingt, ist ganz besonders dazu angetan, diese Vorstellung zu unterstreichen; sie ist den ganzen Film hindurch latent vorhanden, zeigt sich aber besonders eindringlich im Augenblick der Wandlung (312), wenn Mephisto zurückweicht in den Schatten der Vorhalle.

20. *Der Platz vor dem Haus* (324). Die Fassade ist nur unterbrochen von der Tür und einem kleinen Fenster rechts davon. Links ein Erker.

17 B. *Gretchens Schlafzimmer* (326). Kahle Wände, wie im Zimmer der Mutter. Alle Elemente des Dekors (Tür, Fenster im Hintergrund) und die Einrichtung (Kommode, Bett, Muttergottes, Bank, Spinnrad) sind

---

9 Vgl. Jean Douchet, *Cahiers du Cinema*, Nr. 137, S. 27 f. »Zwischen den beiden Reichen ein Niemandsland, das im *Nosferatu* ganz real existiert, das man aber ebenso in seinen anderen Filmen findet. Es ist die Hoteldrehtür im *Letzten Mann*, der Kreis im *Faust*, der See, der in *Sunrise* das Land von der Stadt trennt, und vor allem die Stange, Hindernis und Drohung zugleich, in *Tabu*. Dieses Niemandsland erklärt sich aus der Notwendigkeit einer Grenze zwischen den beiden Mächten. Der Tag besitzt ein ihm genau zugeteiltes Gebiet und kann in gar keinem Fall die Existenz der Nacht begreifen ...«

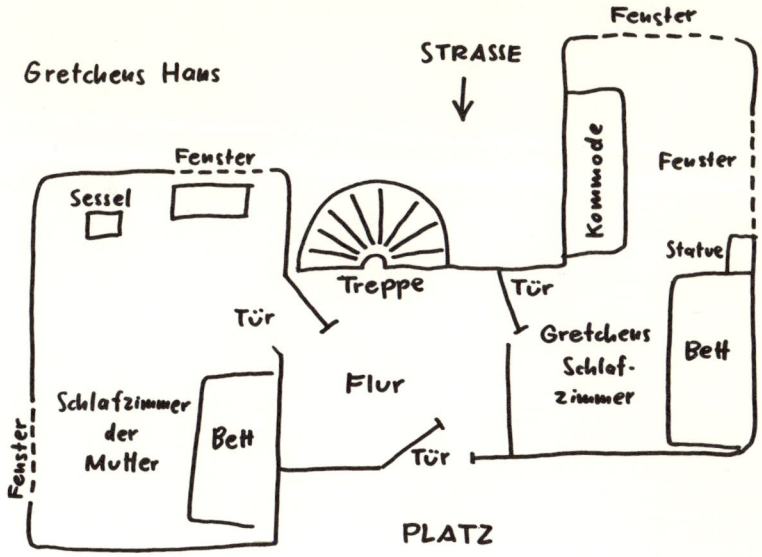

Gretchens Haus

STRASSE

Fenster

Sessel

Kommode

Fenster

Treppe

Tür

Tür

Statue

Gretchens
Schlaf-
zimmer

Bett

Schlafzimmer
der
Mutter

Bett

Flur

Fenster

Tür

PLATZ

*Anmerkung:* Das Innere und das Äußere passen nicht zusammen. Von außen gesehen scheint sich die hinter dem Haus herabkommende Straße in Richtung Treppe und Flur fortzusetzen, während sie doch parallel verlaufen sollte. Es wäre wahrscheinlicher gewesen, wenn die Wand, an der in Gretchens Schlafzimmer die Kommode steht, sich auf der Achse der Tür gefunden hätte statt im rechten Winkel zu ihr. Eine genaue Prüfung des Bildes läßt nur diesen bizarren Grundriß zu.

dazu bestimmt, eine wichtige Rolle in der Inszenierung zu spielen und scheinen allein in bezug auf sie ausgewählt; ihre Bildfunktion scheint zweitrangig.

17 C. *Der Vorraum* (329) liegt zwischen den beiden Schlafzimmern. Kahle Wände, keinerlei Mobiliar. Im Hintergrund eine rein dekorative Wendeltreppe; sie wird nie benutzt.

17 B (Fortsetzung). *Gretchens Schlafzimmer* (333). Wir können nun den Grundriß des Zimmers rekonstruieren (s. Skizze oben). Der Tür gegenüber das Fenster, das auf den Rosenstrauch geht. Links davon die Kommode. Rechts, von hinten nach vorn, ein zweites Fenster, auf dessen Bord ein Blumentopf steht, die Nische mit der Muttergottes, das Bett.

21. *Frau Marthes Haus* (366). Die Wände sind nicht kahl wie bei Gretchen, sondern überladen mit Schränken, Regalen und aufgehängten

## Marthes Haus

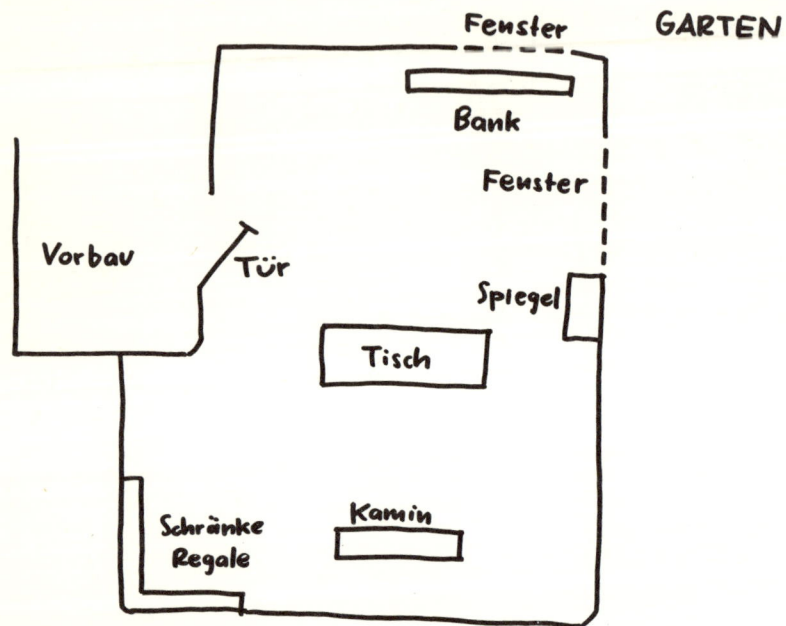

Gegenständen (u. a. Zöpfe aus Knoblauch und Zwiebeln).[10] Die Beleuchtung ist hart, und die Modellierung erinnert an die der flämischen Maler des achtzehnten Jahrhunderts. Die Szene, burlesk, voller Gespreiztheit, ist ganz in ihrem Geist behandelt. Aber das Bemühen ums Pittoreske, hier stärker als sonst, nimmt den einzelnen Elementen des Dekors nichts von ihrer funktionellen Wichtigkeit: der Tür mit ihrem Guckfenster, den Schränken und den Krügen darin, dem Spiegel, dem Tisch und dem Kamin, um die herum Mephisto Frau Marthe zu fangen versucht.

Die Tür führt zu einem überdachten Hauseingang. Im Hintergrund rechts ein kleines viereckiges Fenster, ziemlich hoch angebracht. In der rechten Wand ein verglaster Erker. Vor ihm ein Wandvorsprung, an dem

10 Dekorative aber auch funktionelle Elemente: der Atem der Pestkranken (401).

ein runder Spiegel angebracht ist. An der Wand links Schränke und Regale.

22. *Der Garten* (371). Er erscheint nie in der Totale, und wir sehen uns nicht in der Lage, seinen Grundriß zu rekonstruieren. Man gelangt in ihn über einen geneigten Steg, der von einer kleinen Steinmauer gesäumt ist. Er besteht hauptsächlich aus einem abfallenden Rasenstück mit Bäumen und Büschen. Hier spielen sich die wichtigsten Handlungsvorgänge ab: der Ringelreihen; Faust, der Gretchen um den Baumstamm herum verfolgt; die Liebesszene auf der Bank. Die Neigung des Bodens und der Umstand, daß man keinen Himmel sieht, geben der Sequenz einen intimen, ja heimlichen Charakter. Die Helligkeit und die Rundtänze betonen das Traumhafte des Dekors.

17 (Fortsetzung). *Das Haus bei Nacht* (454, 456). Das Zimmer der Mutter, in dem kein Licht brennen soll, ist konventionell ausgeleuchtet. In Gretchens Zimmer befinden sich die Lichtquellen immer außerhalb des Bildes.

23. *Die Schenke* (468). Die bewußte Anordnung der Fässer gibt ihr einen ausgesprochen architektonischen Charakter. Die Inszenierung spielt mit den unterschiedlichen Ebenen, auf denen Mephisto und die Zecher sich befinden.

24. *Nächtliche Straßen* (499-501, 505). Die Beleuchtungsquellen (Laternen) sind im Bild.

25. *Faust und Mephistos Reise durch die Luft* (511). Wind- und Wolkeneffekte.

19 (Fortsetzung). *Der Dom* (513). Jetzt bleibt Gretchen auf der Schwelle und kann die Grenze nicht überschreiten.

26. *Der Pranger* (523). Der Höhenunterschied zwischen Gretchen und den in einem Halbkreis versammelten Zuschauern bildet einen Bühnenraum, eine Theaterarchitektur.

27. *Verfallener Stall* (543). Durch das eingebrochene Dach kann man einen dunklen Himmel sehen, Balken sind stehengeblieben. Im Hintergrund ein Rundbogen. Man erkennt, daß die Wände aus gestampftem Lehm sind. Vielleicht wurde dieser Dekor angeregt von Altdorfers Krippenbild.[11]

28. *Landschaft* (546). Bei dieser Landschaft, wie bei allen anderen des Films, ist der Horizont leicht geneigt. Der »bergige« Charakter des *Faust* bestätigt sich immer wieder. Links ein Nadelbaum, so scheint es, dessen

11 Berlin-Dahlem.

Zweige sich unter der Last des Schnees biegen. Sein Stamm ist übertrieben geneigt[12], und der ganze Baum erscheint künstlich, wohingegen die Bäume, die man während der Reise durch die Luft sah, realistisch wirkten.

29. *Landschaften* (547, 548). Die architektonische Präsenz des Lichts ist stärker als die der Bauten.

30. *Landschaft* (549). Der große Zaun im Vordergrund überrascht, weil seine Stellung, Form und Größe so unwahrscheinlich sind. Sein Expressionismus und auch das *Barocke* der Gesten Gretchens in dieser Szene passen schlecht zum übrigen Charakter des Films. Schließlich ist diese überhängende, flache Form ungewöhnlich für Murnau, der sonst Volumen bevorzugt und das Senkrechte der Pyramide oder des Kegels, so spitz sie zuweilen auch sein mögen. Die Schräge erscheint in seinem Werk sonst als Diagonale, als Seite eines Dreiecks oder als Radius eines virtuellen Kreises, das heißt als eine geometrische Notwendigkeit und nicht, wie hier, als ein Schmuckelement der *Schreibweise*.

31. *Landschaft in Doppelbelichtung über einer Großaufnahme von Gretchen* (560, 561).

32. *Gebirgslandschaft* (561, Fortsetzung). Diese spitzen Gipfel, zwischen denen Nebel aufsteigt und von denen sich ein schwerer Wolkenhimmel abhebt, erinnern an die Horizonte der *Alexanderschlacht*.

33. *Gerichtsszene* (562). Die Figuren und das Spiel von Licht und Schatten lassen keinen Platz für den eigentlichen Dekor.

34. *Das Verlies* (568). Sehr realistisch. Das Material des Steins ist genau wiedergegeben. Auch hier die architektonische Wichtigkeit des Lichts, das den Schatten der Gitterstäbe auf das Mauerwerk wirft.

35. *Der Scheiterhaufen* (575). Die Bewegungen der Menge und die Lichteffekte modellieren den Dekor, der lediglich aus dem Scheiterhaufen und ein paar mageren Baumstämmen den Weg entlang besteht, sowie, in den Zwischenschnitten mit Faust und Mephisto, aus einer verschneiten Böschung mit einer ziemlich realistischen Tanne, deren Zweige gebrochen sind. Auch hier wieder die Höhenunterschiede.

Beschließen wir den Überblick über die verschiedenen Dekors des *Faust* mit der Feststellung, daß sich unsere Befürchtungen nicht bestätigt haben, daß wir vielmehr die Wichtigkeit der Rolle konstatieren mußten, die der Architekturraum hier spielt. Eine Rolle, die im Drehbuchstadium nicht in Erscheinung tritt und sich erst bei der Ausführung der Inszenierung zeigt. Mithin muß man Murnau, dem Regisseur, die Autorschaft zuschreiben.

12 Vgl. S. 19, Fußn. 14.

Es gibt in diesem Film keine reinen Hintergründe. Noch bei den dekorativsten Landschaften und auch wenn Bauten ganz fehlen oder Schauspieler, Schatten, Nebel sie verdecken, gibt es stets eine beleuchtete Zone oder einen Höhenunterschied in der Plazierung, die im Raum Wechselwirkungen, Beziehungen architektonischer Art herstellen. Beziehungen, deren wichtigste Innen/Außen und Oben/Unten sind. Unsere Analyse hat einerseits die *Grenze*, eine Mauer, eine virtuelle Wand (als Horizontale) nachgewiesen, andererseits die *Estrade* (als Vertikale) und den *Hang* (als Schräge). Die Figuren im *Faust* sind unentwegt damit beschäftigt, reale oder eingebildete, natürliche oder magische Schwellen zu überschreiten und Schauspiele zu betrachten, die entweder über oder unter ihnen stattfinden. Die Gegenwart von Türen, Vorhallen, Treppen und Gebirgen im Film entspricht nicht nur einem Bemühen ums Pittoreske und das historische Kolorit, vielmehr diktieren sie der Inszenierung von vornherein eine genaue Richtung.

## 2. Die Gegenstände

Bevorzugtes Motiv des Films ist das Lebewesen, vor allem der Mensch, der sich nicht nur bewegt, sondern seinen Bewegungen auch einen Sinn gibt. Die leblosen Dinge allein können das Interesse des Films nicht wekken. Dennoch gelingt es dem *Gegenstand* – »ein festes Ding, in sich geschlossen, für sich stehend und zweckbestimmt«[13] – oft, den Bann zu brechen, der im Kino auf der Dingwelt liegt. Durch seine Trägheit dient er dem menschlichen Streben als Folie und Maßstab. In der Bewegung – im Falle der Maschine eine autonome – wird er zu seinem Hilfsmittel, Konkurrenten oder Feind. Der Konflikt zwischen Mensch und Gegenstand ist das Thema aller burlesken Filme, angefangen bei einem der ersten, die überhaupt gedreht wurden, dem *Arroseur arrosé* vom Lumière.[14]

In der stummen Filmerzählung ist der Gegenstand auch Indiz und Symbol. Durch seine Gegenwart und Abwesenheit, durch die Art, wie einer mit ihm umgeht, vermittelt er ein Bild der Person, die sich ihm nähert, gibt Auskunft über ihre Gefühle und Absichten. Er kann mehr sagen als

13 Robert, *Dictionnaire de la langue française*, S. 1172, Artikel »objet«, I, 2°.
14 Diesen Konflikt gibt es bei Murnau nicht, auch nicht in den komischen Passagen seiner Filme (*Faust, Tartüff, Sunrise*). Im Gegensatz zu Lang interessiert Murnau sich nicht für »Maschinen« – oder jedenfalls nur, wenn sie vollkommen in ihre Umgebung integriert sind, wie die Segelschiffe in *Nosferatu* und *Tabu* oder die städtischen Dekorelemente (Straßenbahn, Karussell) in *Sunrise*.

ein ganzer Satz. So haben ihn Griffith, Chaplin, Lubitsch verwendet. Carl Mayer setzt ihn in seinen Drehbüchern an den entscheidenden Punkten der Erzählung ein, wo weniger erfindungsreiche Autoren auf Zwischentitel zurückgegriffen hätten. So markieren ein paar Gegenstände mit Schlüsselfunktion, meist in Großaufnahme, *Tartüff* (Klingel, Schuhe, Teekanne), den *Letzten Mann* (Geld, Seife, Handtuch, Musikinstrumente), *Sunrise* (Schilfbündel). Sie machen die Erzählung durchsichtiger und dienen der Erinnerung als Bezugspunkte.

Im *Faust* jedoch, in dem von Zwischentiteln ausgiebig Gebrauch gemacht wird, finden wir kein Beispiel für diese Verwendung zu erzählerischen oder informativen Zwecken. Die entscheidende Beziehung ist hier nicht Gegenstand/Zuschauer, sondern Gegenstand/Figur. Der architektonische Aspekt überwiegt gegenüber dem kinematographischen. Im Sinne der Unterscheidung zwischen Form und Funktion, an die wir uns in diesem Kapitel halten, unterteilen wir die etwa fünfzig im Film vorkommenden Gegenstände in zwei Kategorien: Instrumente (Werkzeuge, Gebrauchsgegenstände) und Schmuck.

*Instrumente.* Sie werden im Bild selten betont und dienen nur der Nützlichkeit. Wenn die Figur trinkt, trinkt sie eben aus einem Glas oder Becher, sie schreibt mit einer Feder, schlägt sich mit einem Degen, betrachtet sich in einem Spiegel. Murnau scheint an diesen Gegenständen weniger interessiert (außer sie rücken durch einen anderen Aspekt in die zweite Kategorie: der Spiegel ist zugleich Schmuck) als an der Handlung, die aus dem Umgang mit ihnen resultiert, das heißt an der Geste dessen, der damit umgeht.

Aber diese Gesten sind im Werk Murnaus, verglichen mit dem anderer Stummfilmregisseure, relativ selten. Ihn interessiert nicht die physische Aktion in der Auseinandersetzung mit einer künstlichen Welt (Lang) oder einer natürlichen (Flaherty), auch nicht die Gesellschaftskomödie mit den Fetischobjekten der Zivilisation (Stroheim, Lubitsch, Pabst), sondern allein das Gefühl und die Gesten, durch die es sich ausdrückt, Gesten, die auf nichts abzielen, die keine Auswirkung auf die Außenwelt haben, keinen Zweck. Die Person ist sich selbst ausgeliefert, ausgenommen im Fall einer wechselseitigen Empfindung, Liebe, Haß, in der ihre Geste der des anderen antwortet. Auch als Balancierstange wird der Gegenstand nicht verwendet, als etwas, das dem Spiel Stabilität sichert und verhindert, daß es umkippt in Konfusion und Emphase, wenn etwa ein Schauspieler an einem Stock, einem Vorhang, einem Heft herumfingert und glaubt, natürlich zu wirken. Bei Murnau gibt es nur die nackte Geste, ihre Schönheit und ihr Wagnis.

*Schmuck.* Die Gegenstände, um die sich Murnau im *Faust* besonders bemüht, die er uns beharrlicher und näher vor Augen stellt, besitzen hauptsächlich Schmuckfunktion. Sie sind nicht Mittel einer bestimmten, konkreten Handlung. Sie dienen nur sich selbst und der Bewunderung, die sie den Akteuren des Dramas abverlangen – durch ihre sichtbare Schönheit, die sich der des Filmganzen einfügt, auch wenn sie sich zuweilen durch einen Gegensatz definiert. Diese Schönheit fasziniert vor allem durch ihre Einfachheit; alle Schönheit der Welt scheint in ihr zusammengefaßt, und oft nimmt sie die Form des Kreises an. Wie ungewöhnlich die Gegenstände auch sein mögen, nie sind sie bizarr oder monströs. Eine Welt trennt sie von der exzentrischen Gespreiztheit Stroheims oder Sternbergs, dem surrealistischen bric-à-brac Vigos oder Buñuels. Das entspricht den gestalterischen Erfordernissen einer kinematographischen Konzeption, die den Umriß zugunsten des Kontrasts der Helldunkelvaleurs zurückstellt. Das Licht hat Vorrang, die Dinge haben keine eigenen Formen, erst das Licht gibt sie ihnen, indem es sie modelliert. Das Licht allein existiert, der Gegenstand tritt desto voller in Erscheinung, je mehr er sich mit ihm identifiziert, als Lichtquelle oder Spiegel. Von den sechsundfünfzig im *Faust* nachzuweisenden Gegenständen leuchten dreißig (die meisten sind kreisförmig oder wirken so durch die Intensität des Lichts, das von ihnen ausgeht: das Schwert des Erzengels, die Kreuze, die Buchstaben des Pakts).

Diese Gegenstände rufen, wie schon erwähnt, Bewunderung hervor. Das Wort ist zu schwach – sie gebieten Ehrfurcht. Nur scheinbar handelt es sich um Schmuckgegenstände, in Wahrheit sind es Instrumente im Dienst einer okkulten Macht. Ihre Wirkung ist nicht materiell, sondern magisch. Einige von ihnen sind ritueller Natur. Das Licht, in dem sie strahlen, ist Zeichen einer übernatürlichen Präsenz: das Schwert des Erzengels, die verschiedenen Kreuze, die Buchstaben des Pakts, Mephistos Spiegel, die glitzernde Blume, die Lilien der Kinder, die Monstranz, die Muttergottesstatue, Ketten, Kronen, die entblätterte Margerite, die brennenden Getränke. Das Licht kommt, wie man sieht, aus zwei Quellen. Erzengel und Teufel kämpfen mit derselben Waffe, ausgestattet mit derselben Kraft, die anzieht – wenn sie schmückt, was sie berührt – und abstößt – wenn das Auge ihren heftigen Glanz nicht zu ertragen vermag.

| Gegenstände | Einstellung Nr. | Großaufnahme | Instrumente | Schmuck | Möbel | Leuchtend |
|---|---|---|---|---|---|---|
| Schwert des Erzengels | 9 | | | X | | X |
| Fausts leuchtender Globus | 10 | | | X | | X |
| Buch 1 | 10 | | X | | | |
| Retorte | 15 | X | X | X | | X |
| Phiole 1 | 17 | | X | | | |
| Schaukeln | 39 | | | | X | |
| Fackeln, Strohwische | 43 | | | X | | X |
| Phiole 2 | 46 | X | X | X | | X |
| Buch 2 | 46 | X | | | X | |
| Kreuz des Mönchs | 64 | X | | X | | X |
| Ins Feuer geworfene Bücher | 83 | X | X | X | | X |
| Kreuz auf dem Buch | 90 | X | | X | | X |
| Buch 3 (Anrufung) | 103 | | X | | | |
| Der Pakt | 129 | X | X | | | |
| Die Sanduhr | 139 | X | X | | | |
| Buchstaben des Pakts | 145 | X | | X | | X |
| Die Gänsefedern | 151 | X | X | | | |
| Kreuz der Sterbenden | 169 | X | | X | | X |
| Faust nachgeworfene Steine | 178 | | X | | | |
| Die Giftphiole | 186 | | X | | | |
| Die Schüssel | 187 | X | X | X | | X |
| Mephistos Spiegel | 205 | X | X | X | | X |
| Das Zaubertuch | 210 | | X | | | |
| Zaubermantel | 214 | | X | | | |
| Die schimmernde Blume | 256 | X | | X | | X |
| Der Degen des Herzogs | 269 | | X | | | |
| Kronleuchter | 272 | X | | | X | X |
| Goldkrone | 282 | X | | X | | X |
| Lilien der Kinder | 286 | | | X | | X |
| Gretchens Gebetbuch, Strauß, Taschentuch | 290 | | X | | | |
| Monstranz | 312 | X | | X | | X |
| Schal der Mutter | 323 | | | X | | |
| Schatulle mit der Kette | 330 | | | X | | |
| Muttergottesstatue | 336 | X | | X | | X |
| Gretchens Schal | 343 | | | X | | |
| Gretchens Kette | 355 | X | | X | | X |

| Gegenstände | Einstellung Nr. | Großaufnahme | Instrumente | Schmuck | Möbel | Leuchtend |
|---|---|---|---|---|---|---|
| Marthes Krüge, Becher, Humpen | 366 | | × | | | |
| Geldstücke | 369 | | × | | | |
| Marthes Spiegel | 379 | | | × | | × |
| Kränze, Sträuße der Kinder | 385 | | | × | | × |
| Marthes Schatulle | 396 | | | × | | |
| Marthes Kette | 399 | × | | × | | × |
| Mephistos »Cocktail« | 410 | × | × | × | | × |
| Entblätterte Margerite | 435 | × | | × | | × |
| Sonnenblume | 441 | | | × | | |
| Mephistos Humpen | 468 | | × | × | | × |
| Fausts und Valentins Degen | 488 | | × | | | |
| Mephistos Degen | 492 | × | × | | | |
| Laternen | 501 | | | | × | × |
| Sessel der Mutter | 538 | × | | | × | |
| Wiege | 551 | × | | | × | × |
| Stab des Richters | 562 | × | × | | | |
| Strohkrone | 569 | × | | × | | |
| Mephistos Spiegel | 581 | | × | × | | × |
| Strohwische, Reisigbündel | 598 | | × | | | × |
| Paktrolle | 615 | | × | × | | × |
| | 56 | 27 | 27 | 31 | 6 | 30 |

Nicht aufgeführt in dieser Liste sind die festen Bestandteile des Dekors (Bäume, Zäune, Türen, Fenster, Vorhänge) und die meisten Möbel (Stühle, Tische, Betten, Kommoden und das traditionelle Spinnrad). Von ihnen haben wir nur diejenigen erwähnt, die einen bestimmten Inszenierungseffekt einleiten und echte Akteure sind im Drama der Formen, das in der Einstellung vor sich geht, und die den Raum organisieren und desorganisieren können: die Schaukel auf der Kirmes, der Kronleuchter im herzoglichen Schlafzimmer, die Wiege, der Sessel der Mutter, auch alle Fackeln und tragbaren Laternen.

Zur Kategorie der Instrumente kommt noch jeder Gegenstand, der ausschließlich als unentbehrliches Mittel zum Vollzug einer Handlung erscheint, die unsere ganze Aufmerksamkeit auf sich zieht. Auch wenn er einen eigenen Reiz besitzt und auf den Zuschauer ausübt, wird dieser von den Akteuren des Dramas nicht wahrgenommen. Es sind dies im eigentlichen Sinne die Gebrauchsgegenstände (Fausts Phiolen, Frau Marthes Krüge und Becher, die Sanduhr) oder Werkzeuge geistiger Arbeit (Bücher, das Pergament des Pakts, die Feder) oder auch Waffen (Degen des Herzogs, Valentins, Fausts oder Mephistos).

Bei den Schmuckgegenständen haben wir die genannt, die ihren Zweck in sich haben, die einfach da sind, um angeschaut zu werden, und die durch ihren Anblick Reaktionen der Personen hervorrufen. Sie wirken durch ihren »Charme« (d. h. Zauber) im ursprünglichen wie im übertragenen Sinn und nicht durch einen konkreten Eingriff.

In Murnaus Welt, einer Welt der Begierden und nicht der Handlungen, spielen sie die Hauptrolle. Es sind die Tücher, die Valentin Mutter und Schwester mitgebracht hat, die Ketten und Schatullen Mephistos, die Kaiserkrone, die er Faust auf dem Berg anbietet, die Blumenkränze der Kinder (und ihre Parodie, die Strohkrone), die entblätterte Margerite (und ihre Parodie, die Sonnenblume), die Lilien der Prozession. Es sind weiter die magischen und rituellen Gegenstände: das Schwert des Erzengels (und seine Parodie, die Pergamentrolle, die Mephisto in der letzten Sequenz wie ein Zepter schwingt), die verschiedenen Kreuze, die Muttergottesstatue, Mephistos Spiegel, seine Zauberblume.

Schließlich nehmen bestimmte Gegenstände, die wir als Instrumente bezeichnet haben, in bestimmten Augenblicken eine neue, magische Erscheinung an: Mephistos Becher, bei Marthe und im Wirtshaus, wirft Flammen, die Bücher gehen in Feuer auf, die Phiole zeichnet, wenn sie zerbricht, einen seltsamen Stern auf den Boden, die Schale wird zum Spiegel und reflektiert die Zukunft. Sie üben auf den Zuschauer und auch auf die Personen des Films eine Faszination aus, weshalb wir sie auch in der Rubrik der Schmuckgegenstände aufführen.

Schließlich gehören in die Kategorie der Schmuckgegenstände die meisten der in Großaufnahme gefilmten Gegenstände (17 von 27) und die leuchtenden, die Licht ausstrahlen oder reflektieren, oft nur als Helligkeit (25 von 30).

## 3. Die Kostüme

Die Kostüme, im Geist der Bauten und von den Architekten selbst entworfen, gehorchen ebenfalls den Forderungen nach Einheit und Strenge in der Vielfalt und Phantasie, die das Thema verlangt. Murnaus Position ist der Delacroix' diametral entgegengesetzt; kein Illustrator Goethes hat die Einfachheit so weit getrieben.[15] Der Farbton der Stoffe unterscheidet sich kaum von dem der Hintergründe: wie diese ist er jeweils grau, schwarz oder hell. Faust ist düster in seinem düsteren Studierzimmer, Gretchen hell in ihrem hellen Zimmer. Keinerlei Verbrämung, außer in der Episode mit der Herzogin von Parma, wo der Luxus angebracht ist, und auch da sind die Stickereien noch dezent.

Übrigens findet man diese Neigung zu einheitlichen Tönen, außer wenn ganz bewußt das Gegenteil gebraucht wird (die Livree des Portiers im *Letzten Mann*, die Schilfröckchen in *Tabu*), in allem Filmen Murnaus, einschließlich des *Tartüff* mit seinem Rokokodekor. Sie folgt aus Murnaus bildnerischer Entscheidung für das Licht auf Kosten der Zeichnung. Muster auf den Kleidungsstücken würden Elemente ins Spiel bringen, die dem allgemeinen Spiel der Beleuchtung, dem zu Recht alles untergeordnet ist, entgegenstünden. Gleichmäßig ist es im Hause Gretchens, wo die Kostüme nicht nur einheitlich im Ton sind, sondern ganz glatt und fast keine Schatten werfen, um der Streuung des Lichts entgegenzukommen. Kontrastreich ist es in der Studierstube, wo die Kostüme so gearbeitet sind, daß in den Falten Licht und Schatten nebeneinander eingefangen werden. In den Straßenszenen, die ihrerseits in Helldunkel gehalten sind, wirken die weiten und monochromen Gewänder der Stadtbewohner, obwohl sie genäht sind, oft wie antike Drapierungen. In der Pestsequenz und der Sequenz von Gretchens Umherirren verleihen gerade die Falten der Gewänder den Bildern ihren höchsten malerischen Wert.

Das Temperament des Malers läßt Murnau die Geheimnisse des »Faltenwurfs« wiederentdecken, eine der beiden »edlen« Arten, das menschliche Modell darzustellen. Mit der zweiten, dem »Akt«, setzt Murnau sich später in *Tabu* auseinander. Das genähte Kostüm, wie hübsch die verschiedenen Moden auch immer sein mögen, genügt nicht seinem enormen Verlangen nach gestalterischer Strenge. Er zeigt wenig Neigung, das Photogene der zeitgenössischen Kleidung zu feiern, das Stroheim, Sternberg

---

15 Allenfalls Retzsch, aber um den Preis des Manierismus und einer neoklassizistischen Fadheit.

und Lang so inspirierte, sei's durch die Nüchternheit männlicher (ziviler oder militärischer) Uniformen, sei's durch den bewußten Charme weiblicher Toiletten. Soweit Murnaus Hauptwerke zeitgenössische Sujets behandeln, wie *Der brennende Acker, Die Austreibung, Sunrise* und *City Girl*, sind ihre Helden Menschen vom Land. Da versucht niemand, sich durch elegante Kleidung hervorzutun. Vergeblich sucht man in ihnen den Geist der Mode, die »Modernität«, von der Baudelaire im Hinblick auf Constantin Guys sprach und die vielleicht auch bei Sternberg den Hauptreiz ausmacht.

Bei Murnau ist die Kleidung – wie der Gegenstand – kein Mittel, kein Werkzeug, keine Waffe des gesellschaftlichen Aufstiegs oder der Verführung. In seiner Welt regieren Kräfteverhältnisse, nicht Überredungskünste. Niemand macht hier irgendwem den Hof, keine Frau kokettiert, kein Mann setzt sich in Szene. In dieser Welt der reinen Begierden gibt es nur den Jäger und die Beute, gleichgültig, ob einer sich der Faszination seines Blicks bedient oder purer Gewalt. Jedes Wesen ist des anderen Vampir oder Opfer. Jeder weiß, was er in seinem Gegenüber sucht oder fürchtet. Betrug ist unmöglich. Sich aufzuspielen führt zu nichts; man geht gleich zur Tat über, das heißt zur Vergewaltigung oder einer sie symbolisierenden Handlung. Die Liebesszenen sind konzipiert wie Kämpfe, in denen Mann und Frau abwechselnd Angreifer und Angegriffener, Verfolger und Verfolgter sind. Im Faustfilm gehören dazu die Szenen in Frau Marthes Garten, in *Sunrise* die Liebesszenen zwischen dem Helden und der Frau aus der Stadt, in *City Girl* die jungen Leute im Kornfeld. Reris und Matahis Tändeleien in *Tabu* sind in erster Linie rituell und münden in einen Wirbel physischer Verausgabung, Bad und Tanz, das eigentliche Thema.

Das »Scheinen« aber ist das Thema von Murnaus ambitioniertesten Filmen, dem *Letzten Mann* und dem *Tartüff*, und man kann sich gut ausmalen, wie Sternberg oder Stroheim die Drehbücher Mayers verfilmt hätten. Für Murnau ist die äußere Erscheinung kein Kostüm, sondern eine Haut. Das ist der Grund für das Drama des Portiers, der eben nicht auf seine Uniform verzichten muß, sondern auf sein eigentliches Wesen. Daher auch der Geruch der Heuchelei, den Tartüff sichtlich aus allen Poren ausschwitzt – schockierend für uns wie schon für La Bruyère, woraus aber die Figur ihre ganze Faszinationskraft zieht. Nur auf den ersten Blick wirkt diese Gleichsetzung von Schein und Sein billig: es wäre vergeblich, sie »psychologisch«, mit Orgons Dummheit, mit seiner Verblendung rechtfertigen zu wollen. In Wahrheit ist nichts zu sagen über einen Mann, der sich zu gut verkleidet, es sei denn, man machte sich ans Rätselraten oder spielte Agatha Christie. In dieser Welt, in der das Geheimnis nicht das ist, wofür man es hält, sehen wir nicht so sehr Verkleidungen als vielmehr reale oder virtuelle Metamorphosen: die Metamorphose des Vampirs, die des Dr. Jeckyll, die des Tartüff (in einen Sträfling), die ganz offensichtliche des Portiers. Dem Wechsel der Kleidung entspricht fast immer eine tiefe Veränderung des Wesens, und *Faust* stellt mit seinem Thema der Verjüngung ein sonst nur latentes Motiv ins offene Licht.

Übrigens vollzieht sich die Veränderung nicht unbedingt schlagartig. Besser spräche man manchmal von Entfaltung, Aufblühen. Etwa in der berühmten Szene mit den Juwelen, aus denen im Film eine einfache Kette geworden ist, und in der Szene, in der Valentin seiner Schwester den Schal schenkt, zeigt sich Gretchens doppeltes Gesicht, gestern noch ein zurückhaltendes, junges Mädchen, morgen schon Frau und Geliebte. Wenn einer dieses oder jenes Kleid anzieht, so ist das bei Murnau nicht gesellschaftlich bestimmt, sondern ein natürliches Phänomen der Entwicklung, des Wachstums und Niedergangs.

Aus dieser zutiefst biologischen Idee beziehen die von Murnau geschaffenen Typen die Einmaligkeit und Eindringlichkeit, mit der sie sich uns einprägen. Bei einigen von ihnen kann man mehr oder weniger entfernte Bezüge zu animalischen Formen entdecken[16], zu der des Vogels etwa (Nosferatu, Mephisto), die man auch bei Fellini, Bergman und Hitchcock wiederfindet. Das Thema der Animalität bestimmt unterschwellig auch manche Geschichten Murnaus. Doch an die Oberfläche, wie bei Goya oder Bosch, tritt es selten.[17] Die Vergleiche mit Wesen aus dem Tierreich, implizit oder explizit (die schnatternden Klatschbasen in *Fury*), entsprechen eher Fritz Langs Neigung zur Karikatur. Murnaus Gegenstand ist im Grunde der Mensch allein. Ihn versucht er in seiner ursprünglichen Nacktheit zu erfassen, auch noch in den ausgefallensten Erscheinungen, die aus den mehr vom Zeitgeist als von eigenen Neigungen diktierten Themen herrühren. Nicht was es an Monströsem im Menschen gibt, will er zeigen, sondern was es an Menschlichem im Monstrum gibt. Nosferatu wird durch die Kraft seines Liebeswillens verwandelt und erscheint in der Großaufnahme am Schluß rührend, ja schön. Auch Mephisto bewahrt

16  Die fleischfressende Pflanze in *Nosferatu* ist mehr animalisch als vegetabil.
17  Die Katze in *City Girl*, die den Vogel fangen will, ist eine Allegorie auf menschliches Verhalten. Die Richtung ist immer wieder die vom Menschen zum Tier und nicht umgekehrt.

sich in jeder Verkleidung die Freiheit seiner Bewegungen und seines Ausdrucks. In jeder seiner Metamorphosen glauben wir einen neuen Menschen vor uns auftauchen zu sehen – denn es ist wirklich ein Mensch –, überzeugend, plausibel und gerade deshalb umso beunruhigender. Neben ihm erscheint der traditionelle Teufel synthetisch, wesenlos. Wesenlos sind auch die Mephistos von Goethes Illustratoren mit ihren eckigen Zügen und ihrem abstoßenden Gesichtsausdruck, nicht ausgenommen der von Delacroix (wir sprechen vom Archetyp und nicht vom Genie des Malers). Die Konzeption der Kostüme für Faust und Gretchen lassen ein nicht weniger lebhaftes Bemühen erkennen, den durch die Bildtradition geschaffenen Typ zu verfeinern, reifen zu lassen. Gretchen ist ohne allen Firlefanz gekleidet, ohne Spitzen, Ballonärmel, Bänder und Krägelchen[18], in denen sie sonst steckt; sie trägt ein einfaches gerades Kleid und, entgegen aller Wahrscheinlichkeit, auch in der Kirche keine Kopfbedeckung – ein in ihrem keuschen Schmuck ebenso überzeugender Archetyp der ewigen Frau wie Eva in ihrer Nacktheit. Und der alte Faust zeigt eine durch mehrere Jahrhunderte Malerei – von Dürers *Heiligem Hieronymus* bis zu den Epigonen des Rembrandtschen *Philosophen* – gereifte Erscheinung. Diese Figuren erreichen einen ähnlichen Grad der Vollendung wie etwa Gustave Dorés Don Quixote, der unter die zeichnerische Entwicklung von drei Jahrhunderten einen Schlußstrich setzt und ein neues Modell einführt, dem selbst die Phantasie und das malerische Genie Daumiers, Dalís und Picassos sich nicht zu entziehen vermochten.

Der junge Faust ist zweifellos weniger gelungen. Zu seiner übergenau kopierten Renaissance-Affektiertheit kommt die Weichlichkeit von 1925 hinzu, noch ganz im Banne der romantischen »Troubadour«-Mode. Vor allem sein Make-up stört und konterkariert auch Murnaus Absicht, mit diesem Faust in seinem enganliegenden Kostüm der ewigen Eva den neuen Adam gegenüberzustellen.

18  Vgl. Goethe: »Sollst .../In einem schönen Spitzenkragen/Dich nicht beim Tanze wohlbehagen!« (V. 3758-3759). Während Goethe die Kostüme modernisiert, archaisiert Murnau sie eher.

# C. Der Filmraum

Bisher haben wir den Raum beschrieben, in dem der Film sich abspielt, ohne dabei auf die Bewegungen einzugehen, die ihn mit Leben erfüllen. So wie Murnau ihn organisierte, mußte er sowohl Maler als auch Architekt sein. Häufiger indes verwandte er die Mittel des Filmers: der von ihm gestaltete Raum ist nicht mehr statisch, sondern dynamisch (was freilich bis zu einem gewissen Grade auch für den Raum des Theatermannes, des Choreographen und selbst des Schriftstellers gilt).

Der Filmraum ist Übungsfeld für zwei verschiedene Bewegungsarten:

Erstens *die Bewegung des gefilmten Motivs,* das sich innerhalb des vom Einstellungsrahmen begrenzten Raums bewegt – sie verdient eine gründliche Untersuchung; wir werden sie ausführlich im zweiten Teil dieses Kapitels behandeln.

Zweitens *die Bewegung der Kamera,* die den Blickpunkt wechselt. Diese Bewegung kann kontinuierlich und diskontinuierlich sein. Im ersten Fall verändert die Kamera während der Aufnahme ihren Standort (Schwenk, Fahrt oder Zoom). Im zweiten nimmt sie nacheinander verschiedene Plätze ein und filmt von einem festen Standpunkt aus. Diese Methode verlangt eine voraufgehende genaue *Szenengliederung*[1] des zu filmenden Raums in aufeinanderfolgende Abschnitte und eine *Montage* der verschiedenen dementsprechend gedrehten Einstellungen. Bleiben wir bei diesen beiden Operationen. Die Liste der Kamerabewegungen im *Faust* ist kurz; abgesehen von unauffälligen Korrekturen und der Reise durch die Luft gibt es nur ein paar Fahrten vorwärts (Sanduhr) und rückwärts (der Kronleuchter) und einen beschreibenden Schwenk (die Menge vor dem Pranger).[2]

---

1 [Der französische Begriff *découpage* bezeichnet die genaue schriftliche Fixierung eines Films vor oder nach seiner Entstehung (Regiedrehbuch, Protokoll), er bezeichnet aber auch die Gliederung des Films in Szenen und Einstellungen, das Konzept seiner Montage. *Anm. d. Übers.*]

2 In der Berliner Fassung (vgl. S. 135) ist an dieser Stelle eine starre Einstellung.

# 1. Szenengliederung und Montage

Anders als üblich haben wir die beiden grundlegenden Operationen kine-
matographischer Inszenierung eben in Raum- und nicht in Zeitbegriffen
definiert. Einen Raum gliedern und montieren heißt nicht nur seine
Dauer, sondern auch seinen Raum organisieren. Man kann sich einen
»gegliederten« Film vorstellen, in dem die Filmzeit eins ist mit der realen
Zeit – etwa eine Reportage mit mehreren Kameras.[3] Schwieriger würde es
dagegen sein, zeitliche Kontinuität in einen Filmraum einzuführen, der
mit dem realen Raum zusammenfällt, in dem also der Blickpunkt unver-
ändert bleibt. Denn unserem Auge widerstrebt der Anschluß zwischen
zwei gleichen Einstellungen.

Das Verhältnis zwischen Zeit- und Raumfaktor ist verschieden von
Film zu Film. Der *Faust* gehört zu den Filmen, die eindeutig den Raumfaktor bevorzugen. Das Motiv der Reise ist ein entscheidender Bestandteil
des Mythos, wie er in Volksbuch, Puppenspiel und Goethes Drama erscheint. Der Ortswechsel ist darin ein ständiger Handlungsantrieb. Dagegen ist die Vorstellung der Dauer ziemlich vage und trägt zum dramatischen Interesse nichts bei.[4]

Murnaus Inszenierung ist bemüht, die verschiedenen Handlungsorte,
wenn möglich, miteinander zu verbinden. Diese Verbindung kann ausnahmsweise eine Bewegung der Kamera sein, wie bei der Reise auf Mephistos Mantel oder wenn die Kamera mit Gretchens schreiendem Mund
vorrückt. Im allgemeinen aber ist sie Ergebnis einer Montage, etwa im

---

3 Wobei unser Empfindungsvermögen immer Mühe hat, den Wechsel der Perspektive zu
  trennen vom Eindruck der zeitlichen Ellipse, die man damit verbindet.
4 Nur vom »technischen« Standpunkt des Handlungsaufbaus aus gesehen. Vergessen wir
  indes nicht, daß die Grundidee des *Faust*, wie Goethe sie formuliert, nämlich die der Wette,
  im Gegensatz dazu an die Zeit gebunden ist:
  *Werd ich zum Augenblicke sagen:*
  *Verweile doch! Du bist so schön! ...* (V. 1699-1700)
  *Die Uhr mag stehn, der Zeiger fallen,*
  *Es sei die Zeit für mich vorbei!* (V. 1705-1706)
  Eine eher filmische als theatralische Idee, da das tragische griechische und shakespearesche
  Theater die Unmöglichkeit von Unschuld und nicht von Glück betonte und mehr auf
  Handlung als auf Kontemplation aus war. Dem Gefühl der Unvollständigkeit des Augen-
  blicks und dem seiner Fülle begegnet man vage in fast jedem Film, zumeist in der Maske
  eines emotionalen Optimismus, der auf der Suche nach dem Lamartineschen Moment des
  Einhaltens ist, wie ihn das Kino durch seine Magie und die Begleitmusik hervorrufen kann.
  Insofern steht das Happy-End von Murnaus *Faust* mehr in Einklang mit der üblichen
  Kinomythologie als mit den vieldeutigen Schlüssen der beiden Teile von Goethes *Faust*.

Inneren der kleinen Stadt, wenn wir Gretchen Schritt für Schritt vom Haus bis zur Kirche folgen. Selbst zwischen Himmel und Erde gibt es eine überleitende Einstellung: Mephisto schwebend über der Stadt. Die Einstellung wird übrigens wiederholt nach dem Verfahren der Parallelmontage, die hier aber keinen besonderen Zeitaspekt beisteuert: es erschreckt uns weniger, daß zwei gleichzeitige Handlungen unaufhaltsam fortschreiten, als daß sich die Dimensionen der beiden Widersacher dartun. Murnau postuliert durch seine Montage mehr noch als den Realitätscharakter des Raums dessen Wichtigkeit. Räumliche Beziehungen haben in seinen Filmen den Vorrang vor zeitlichen. Man kann sich nicht, wie in anderen, das *Gesicht* des kommenden – erhofften oder befürchteten – Ereignisses vorstellen. Keine Gefahr mit bekanntem Gesicht, deren Auftreten durch suspense nur beliebig hinausgezögert würde: den *Zeitpunkt* ihres Auftretens kennt man, aber um welche Gefahr es sich handelt, ist zunächst unbekannt, ihre Gestalt, ihr Platz im Raum müssen erst entdeckt werden. Aus der Ungewißheit über das Gesicht, das das Übel annehmen wird, rührt unsere Angst, ein unendlicher Katalog aller möglichen Formen bietet sich an. Eingeschränkt wird er nicht dadurch, daß es eines Bezugs auf Bekanntes bedürfte, sondern nur durch die schlichte Notwendigkeit, diese Form in den Raum des Films einzufügen. Von dieser formalen Einschränkung abgesehen ist alles möglich, auch das Übernatürliche. Die Welt der Murnau-Filme, einschließlich der realistischen, ist im eigentlichen und im metaphorischen Sinn ein Schmelztiegel, in dem neue Wesen geschaffen werden, normale und monströse (vgl. hierzu im vorigen Kapitel die Ausführungen über die *Metamorphose*). Die Angst, die uns ergreift, ist die der Augenblicke, die einer Geburt vorangehen.

Im *Faust*, in dem es (mehr noch als im *Nosferatu*) um Zauber geht, erfährt dieser Prozeß seine äußerste Zuspitzung. Kein natürliches Gesetz kontrolliert hier das Auftauchen einer Form, eines Gegenstandes, eines neuen Wesens im Innern des Films. Herrschendes Gesetz sind die »Erscheinungen«, Produkt des ersten Tricks der Filmgeschichte.[5] Hier die Liste dieser Erscheinungen im *Faust*:

---

5 Dadurch, daß Méliès' Kamera sich für einige Sekunden verklemmte, »erschien« urplötzlich ein Leichenwagen auf der Place de l'Opéra.

| Einstellung Nr. | Erscheinen übernatürlich | natürlich | Verschwinden übernatürlich |
|---|---|---|---|
| 2 | *Die vier apokalyptischen Reiter* | → | |
| 6 | *Mephisto* | → | |
| 7 | *Erzengel* | → | |
| 10 | *Faust* | → | |
| 11 | | | *Faust* |
| 14 | *Faust* | → | |
| 19 | | | *Faust* |
| 30 | *Mephisto* | | |
| 36 | | *Pestkranker* mit Maske | |
| 54 | | *Frau* hinter Tür | |
| 109 | *Feuerkreis* | | |
| 113 | *Die vier apokalyptischen Reiter* | | |
| 118 | *Mephisto* | | |
| 119 | Mephisto (durch Montage) | → | |
| 120 | Mephisto (durch Montage) | → | |
| 122 | *Mephisto* | | |
| 123 | | *Mephisto* hinter Tür | |
| 130 | *Pergamentbriefe* | | |
| 139 | *Sanduhr* | | |
| 145 | *Leuchtbuchstaben* | | |
| 193 | *Gesicht des jungen Faust* in der Schüssel (Vision) | | |
| 196 | *Totenkopf* in der Schüssel (Vision) | | |
| 207 | Der junge Faust im Spiegel (Vision) | | *Der junge Faust* |
| 215 | Der alte Faust im Spiegel (Vision) | | |
| 217 | Der junge Faust (durch Montage) (Vision) | | |

| Einstel-lung Nr. | Erscheinen übernatürlich | natürlich | Verschwinden übernatürlich |
|---|---|---|---|
| 218 | *Der neue Mephisto* | | *Der alte Mephisto* |
| 220 | *Weibliche Gestalt* (Vision) | | |
| 221 | | | *Weibliche Gestalt* |
| 267 | | | *Leuchtendes Kissen* |
| 271 | *Mephisto lebend* | | *Mephisto tot,* dann *Mephisto* lebend |
| 274 | *Sanduhr* | | *Sanduhr* |
| 276 | *Der alte Faust* | | *Der alte Faust,* dann |
| 278 | | | *Der alte Faust,* dann *Mephisto* |
| 279 | *Mephisto* | | |
| 281 | | *Mephisto* hinter einem Felsen | |
| 282 | *Goldkrone* | | |
| 283 | *Dörfler* (Vision) | | |
| 308 | | *Valentin* hinter Tür | |
| 393 | | *Mephisto* hinter Guckloch | |
| 432 | | *Mephisto* hinter Baum | |
| 465 | | *Faust* hinter Fenster | |
| 503 | | *Mephisto* hinter Fenster | |
| 538 | *Mutter* (Vision) | | |
| 551 | *Wiege* (Vision) | | |
| 548 | *Erleuchtetes Fenster* | | |
| 583 | *Faust* im Spiegel (Vision) | | |
| 593 | Der alte Faust (durch Mont.) | | |
| 609 | *Der junge Faust* (Substitutionstrick) | | |
| 614 | *Erzengel* | → | |

Diese Aufstellung verlangt folgende Bemerkungen:

1. Neben den eigentlichen Erscheinungen, den »übernatürlichen«, durch Tricks bewerkstelligten, sind einige (hier sehr viel seltenere) Einstellungen aufgeführt, in denen eine zuvor durch ein Dekorelement – hauptsächlich Türflügel – verdeckte Person zu unserer Überraschung und der ihrer Partner plötzlich sichtbar wird. Durch ihre Plötzlichkeit bestärken diese Erscheinungen, auch wenn sie natürlich sind, unseren Glauben an okkulte Kräfte.

2. Im übrigen ist es schwierig, eine genaue Trennungslinie zwischen der ersten und der zweiten Gruppe zu ziehen. Im Verlauf des Prologs im Himmel weiß man nie genau, ob die Figuren wie Götter erscheinen oder einfach hinter einem Schleier aus Nebel, Schatten oder Licht hervortreten. Deshalb haben wir diese Einstellungen mit einem waagerechten Pfeil (→) in der zweiten Spalte bezeichnet.

3. Einige der »phantastischen« Erscheinungen werden ohne Trick realisiert, die des jungen Faust am Anfang, die des alten zum Schluß; sie entstehen durch die einfache Aufeinanderfolge der Einstellungen. Wir haben sie erwähnt, weil sie vom Standpunkt der Dramaturgie aus dieselbe Rolle wie die anderen spielen, aber sie fallen aus dem Rahmen und sind unbefriedigend: die Ellipse, die sie implizieren, steht im Gegensatz zur Haltung des Films, zu seinem Realismus im Phantastischen.

4. Die Erscheinungen in der Schüssel und im Spiegel treten, obwohl es sich immer um Tricks handelt, nur beim ersten und zweiten Mal (193, 196) allmählich hervor. Später ist dann das Bild des alten wie das des jungen Faust sofort da. Wir haben betont, daß es sich dabei um Visionen handelt. Visionen sind auch die Motive, die durch Tricks im Blickfeld der Kamera erscheinen – nicht als Gegenstände mit einer realen, greifbaren Existenz, sondern als einfache, von Mephisto hervorgerufene Halluzinationen (das weibliche Gesicht, die Dörfler), oder es handelt sich um durch Gewissensbisse bewirkte Phantasien und Wahnvorstellungen (die Mutter im Sessel, die Wiege). Dagegen hielten wir es für angebracht, diejenigen zu übergehen, die nicht zum objektiven Raum des Films gehören: *subjektive* Einstellungen wie Fausts Vision der Verurteilung Gretchens (562) und Gretchens Träume im Gefängnis (570f.). Diese Vorstellungsbilder sind ausschließlich durch die Erzählung bedingt, wir erfahren durch sie nichts, das die Struktur der Murnauschen Welt beträfe, den Typ der Beziehungen und des Austausches, der darin stattfindet.

Wir sehen nun an der Häufigkeit der Erscheinungen, die sich innerhalb einer Einstellung ereignen (kursiv in unserer Aufstellung), daß Murnau eine entstehende Handlung prinzipiell einer abgeschlossenen vorzieht. Diese Besonderheit erlaubt uns eine Verallgemeinerung. Jede Einstellung Murnaus bietet das Schauspiel einer Geburt, sei's auch nur der einer Gefühlsregung; selten nur entdeckt er uns einen schon begonnenen Vorgang oder beginnt gar mit einem kräftigen Akzent – es sei denn, die Kamera machte sich den Blick einer der Figuren zu eigen, damit unsere und ihre Überraschung eins werden. Wie jeder Film enthält auch der *Faust* eine Anzahl solcher subjektiven Einstellungen, doch den Regisseur interessiert, etwa wenn Faust und Mephisto beim Anblick eines Kreuzes (171, 312) oder Gretchens Mutter bei der Entdeckung der Liebenden (406) erschrecken, weniger der Gegenstand ihres Erschreckens als die Entstehung und das Crescendo ihres Gefühls.

Eine Einstellung stellt sich bei Murnau nicht dar als Entdeckung von etwas, sondern als ein für diese Entdeckung offenes Feld, als Fragment eines leeren Raums, den auszufüllen sich das Ereignis gerade anschickt – plötzlich, wie beim Erscheinen Mephistos oder beim Sturz des Gauklers in der Kirmesszene (35), oder ganz langsam, wie in der berühmten Einstellung, in der sich Nosferatus Schiff ins Bild schiebt, oder wenn Mephisto die schwarze Wolke über die Stadt bläst (34). Wie hier das Böse sich langsam ausbreitet gleich einem Wundbrand und die ganze Bildfläche erfaßt, das löst Angst aus, weniger weil man die Geißel der Pest als unausweichlich empfindet, als wegen der totalen Inbesitznahme des Raums.

Daraus folgt, daß die Einstellung bei Murnau autonomer ist als in anderen kinematographischen Konzeptionen. Sie selbst klärt uns auf, nicht die Gegenüberstellung mit dem, was voraufgeht oder nachfolgt. Was nicht heißt, daß die Ordnung der Montage gleichgültig wäre: Sie ist im allgemeinen sogar der Zement eines Diskurses von so großer Klarheit, daß sich Zwischentitel (wenn nicht im *Faust*, so doch in den Filmen nach Drehbüchern von Mayer) erübrigen. Unterm Gesichtspunkt der Erzähllogik – um die es hier aber nicht geht – weist ein Film von Murnau bei aufmerksamer Lektüre des Drehbuchs mit Sicherheit einen größeren Reichtum an *Sinn* auf, als auf den ersten Blick deutlich wird. Dennoch hat die *Präsenz* in diesem Kino mehr Gewicht als die *Absenz*, auf die Chaplin, Lubitsch und Eisenstein so großen Wert legten. Die Untersuchung zeigt, daß die zahlreichen Ellipsen hier nur ein Mittel sind, schneller zum Wesentlichen zu kommen, tote Momente und amorphe Räume zu überwinden. Diese Dichte stößt beim erstenmal ab, es ist, als bekomme man keine Luft. Zu einer Zeit, als das Kino auf subtile »Sprach«-Entdeckungen aus war, hat sie grob und archaisch wirken können. Aber Murnau überläßt die raffinierten Freuden der Umschreibung und der Kunst des Benennens – nicht »ohne etwaige Mißgriffe« (Verlaine) – gern den Schriftstellern. Er hat nichts zu »sagen«: *er gibt zu sehen.*

## 2. Das Spiel

Unser Abriß der wechselseitigen Beziehungen zwischen den Zellen (oder Einstellungen), die den Film bilden, verlangt nunmehr, in ihrem Inneren die Bewegungen der gefilmten Sache selbst zu erfassen. Diese »Sache« ist im allgemeinen der Mensch, seine Bewegungen, seine Gesten, seine Mimik, die Gesamtheit seiner Handlungen und Ausdrücke. Es kann auch die materielle Welt sein, in Bewegung gesetzt entweder durch menschliche Betriebsamkeit oder die Kräfte der Natur.

### A. *Die Natur*

Selten haben Bewegungen bei Murnau eine künstliche Ursache, selbst in den Filmen mit modernen Themen. Er interessiert sich, wie wir sahen, nicht für die Maschine.[6] Der Magier Faust fabriziert nicht, er evoziert; tief in der Erde verborgene Kräfte läßt er, wie bei der Beschwörung des Dämons (109), an die Oberfläche steigen. Nur ganz symbolisch und statisch wird seine Alchimistentätigkeit dargestellt (14).

Häufig werden dagegen Bewegungen aus natürlicher Quelle beschworen, wie sie die Elemente im antiken Sinne des Wortes bewegen: die Erde, die in Murnaus Werk immer nur »brennt«[7] und nie bebt,[8] ferner Wasser, Luft und Feuer.

Die Bewegung des Wassers spielt eine bedeutsame Rolle in *Sunrise* und *Tabu*, aber im *Faust* ist das flüssige Element abwesend, allenfalls unsichtbar gegenwärtig in den Getränken und in den Tränen.

Der Wind dagegen beherrscht den Film fast von Anfang bis Ende. Seine Verwendung ist im Kino geläufig, in den amerikanischen Grotesken ebenso wie bei den Russen (*Panzerkreuzer Potemkin*). Einem Film von

---

6 Vgl. S. 55, Fußn. 14.
7 Im *Brennenden Acker* steckt die Heldin die Ölquelle in Brand.
8 Wie in Viscontis *La Terra trema* und Rossellinis *Stromboli.*

Sjöström hat er sogar den Titel gegeben (*The Wind*, 1928). Bei Murnau spielt er eine magische Rolle. Er ist gleichsam der Mittler zwischen der irdischen Welt und den übernatürlichen Kräften, deren Wirken er in die Sprache der Materie übersetzt. So ist seine Wirkung keineswegs nur dekorativ. Zum einen bringt er einfach die Vorstellung einer Welt in ständiger Bewegung, Spielball geheimer Kräfte zum Ausdruck, wie im Prolog und in den verschiedenen Luftreisen. Gerade der im Studio maschinell erzeugte Wind unterstreicht noch die Großartigkeit der künstlichen Landschaft, verherrlicht die Natur, macht den Menschen klein, wie der Sturm in *Sunrise*.

Zum anderen ist er der Atem Mephistos: In der Pestsequenz treibt er die Menge auseinander, hebt den Dekor aus den Angeln, stürzt alte Formen um, schafft neue, indem er Elemente einführt, die sich in den statischen und dynamischen Grundriß der Einstellung einfügen – das zerrissene Tuch etwa, das unten an der Bühne liebenbleibt (42); während der *Beschwörung* auf der Heide (103 ff.) ist er tatsächlich der Atem des Dämons, maskiert als Naturerscheinung (das Gewitter); während Faust und Gretchen sich lieben, bläst Mephisto selbst durchs Fenster, um die Mutter aufzuwecken (479).

Schließlich, wenn Gretchen durch den Schneesturm irrt, bedeutet der Wind die Verdammung der Schuldigen durch die Natur. Hier ist er von größter Wichtigkeit. Er verleiht der Szene ihre Tragik. Er *macht* die Landschaft, im wahrsten Sinn des Wortes, denn der wirbelnde Schnee fesselt unsere Blicke mehr als die wenigen verstreuten Dekorelemente (Mauern, Zäune, Bäume). Er gestaltet die menschlichen Formen, bestimmt die geneigte Haltung der Figur, formt die Falten ihrer Kleidung (vgl. vor allem 550).

Das Feuer hat im *Faust* abwechselnd zwei Funktionen, es leuchtet und verzehrt. Die erste, weniger häufig, verbindet sich mit der zweiten in der Pestsequenz und bei der Hinrichtung am Schluß. Dagegen haben die Feuer im Herzogspalast ausschließlich dekorative Funktion (248).

Sonst begnügen sich die Flammen nicht damit zu leuchten, sie verzehren. So die verschiedenen Scheiterhaufen, auf denen die Pestleichen (43-64) oder der Körper der Kindsmörderin verbrannt werden (605); auch der Kamin, in den Faust seine Bücher wirft (85). Das Feuer unter der Retorte zu Beginn des Films (14) gehört ebenfalls hierher. Dann gibt es noch eine andere Verwendung, eine magische, wenn die Flamme erschrecken soll, ohne in Brand zu setzen: der Feuerkreis, der sich um Faust herum bildet (109), der Kugelblitz, aus dem Mephisto hervortritt (117), die Flamme vor Fausts Verjüngung (213), Frau Marthes Flammen-»Cocktail« (411), Mephistos flammender Becher in der Gaststube (473), der Feuerball, zu dem die Flamme des Scheiterhaufens sich zusammenzieht (612).

## B. Der Schauspieler

Murnau kontrolliert noch die geringsten Bewegungen seiner Schauspieler. Er diktiert ihren Rhythmus, bestimmt ganz bewußt ihr Verhältnis zum Raum – oft findet man seine Vorstellungen am Rand des Faust-Manuskripts festgehalten; sie entwickeln Kysers Vorschläge weiter oder widersprechen ihnen.[9] Aber so rigoros seine Schauspielerführung auch ist, sie wird nie so bis ins kleinste Detail festgelegt wie bei Lang, von dem viele Arbeitsphotos belegen, wie er seinen Schauspielern eine Szene vorspielte. Von Murnau ist, soweit wir wissen, kein Beispiel für ein solches Eingreifen überliefert, allerdings sind die erhaltenen Dokumente so selten (und häufiger während der Pausen aufgenommen als beim Drehen selbst), daß sie keinen Rückschluß auf seine Art der Schauspielerführung erlauben. Sieht man ihn, die Hände in den Taschen, hinter der Kamera[10], aufmerksam die Szene betrachtend oder in Gedanken versunken, oder liest man die Äußerungen seiner Mitarbeiter, die seine Zurückhaltung rühmen[11], so möchte man annehmen, daß er hier ebenso diskret vorging wie bei der Photographie, wo sein eigener Kameramann, Karl Freund, den Eindruck hatte, »daß Murnau wenig Interesse für die Kamera und die Ausleuchtung zeigte«.[12] Auch wissen wir nicht, ob er Aufnahmen oft wiederholen ließ, ob er viel oder wenig Material verbrauchte, um einen gewünschten Effekt zu erzielen. Da es dazu keine hinreichend gesicherten Informationen gibt, halten wir uns ans Ergebnis seiner Arbeit, das einerseits eine feste Hand erkennen läßt, auch wenn man den Eindruck hat, daß sie die Zügel locker führt, andererseits aber eine gewisse Freiheit der Improvisation, die der strengen Geometrie des Spiels Geschmeidigkeit und Körperlichkeit verleiht. Das Spiel der Darsteller in Murnaus Filmen erscheint zwar nicht »natürlicher« – oft sogar weniger natürlich – als sonst im deutschen Stummfilm, wohl aber sehr viel reicher, erfinderischer, der

9 Vgl. Eisner, a. a. O., S. 75 ff.
10 Vgl. die Arbeitsphotos vom *Letzten Mann*, Eisner, a. a. O., S. 92.
11 Vgl. Robert Herlth, in Eisner, a. a. O., S. 94.
12 Vgl. Eisner, a. a. O., S. 107.

Morphologie der Darsteller angemessener. Bei aller Bestimmtheit der Schauspielerführung scheinen das Temperament des Darstellers, seine Gewohnheiten, selbst seine Ticks durch, wiewohl völlig integriert in die Bewegung des Ganzen. Murnaus Vorgehen besteht im Aneignen, nicht im Ausscheiden, Absondern, wie bei vielen seiner Kollegen, denen anscheinend Marionetten am liebsten wären. Er braucht den persönlichen Beitrag seiner Darsteller, ihres Körpers, ihrer Natur, die umso mehr bezaubert, je weniger sie zu zähmen ist. Das erklärt das Paradoxe seiner Erfolge, die am überzeugendsten waren, wenn er entweder Routiniers oder reine Anfänger verwendete.

Man hat gesagt, daß zum Beispiel Emil Jannings und Yvette Guilbert »zu dick auftragen«. Die Gesten dieser beiden Schauspieler scheinen tatsächlich – vor allem da, wo sie zusammen auftreten – auf die allgemeine Dynamik des Spiels keine Rücksicht zu nehmen, Gesten mit einer eigenen Bedeutung, ohne Bezug auf die übergreifende Konzeption der Inszenierung. Sie beziehen ihren Sinn nicht aus dem Bezug zum Filmraum – er ist jeweils durch einen dem Zuschauer geläufigen, in der Theaterpraxis erprobten Code gegeben. Sie ersetzen lediglich die fehlende Sprache durch eine »beredte« Mimik. Die Szene in Frau Marthes Haus ist ein Feuerwerk von Minen, so gut wie ein Dialog in Zwischentiteln: »Nach Ihnen!« (396), »Bravo!« (397), »Möchten Sie?« (398), »Ei, ei!« (400).

Aber man darf den Sinn des Films nicht verwechseln mit dem eines bestimmten gefilmten Elements – diese Verwechselung ist auch der Grund, weshalb viele Feingeister glaubten, die »Ketzerei« des Tonfilms verdammen zu müssen. Die Ausdrucksweise von Guilbert und Jannings geht aufs Konto der Figuren, die sie darstellen. Sie gehört zu ihren physischen Komponenten und drückt einfach ihre Vulgarität aus: die Vulgarität, die darin liegt, daß jemand sich einer solchen Sprache bedient, was weder Faust noch Gretchen in den Sinn kommen würde. Nicht Yvette Guilbert oder Jannings tragen also zu dick auf, sondern Frau Marthe und Mephisto. Der Erfindungsreichtum der Schauspieler im umfangreichen Register des Trivialen zerstört keineswegs das Grundgerüst der Inszenierung, er trägt dazu bei, es abzustützen, verhindert, daß das Spiel in Monotonie verfällt, wie es bei Gösta Ekman etwa durch die Ärmlichkeit der Erfindung bisweilen zu geschehen droht. Obwohl die komische Verve zum Teil von den Schauspielern kommt und dem Geist der Inszenierung zu widersprechen scheint, fügt sie sich also schließlich doch in die Gestalt des Films und in seine Grundmotive ein. Fast alle Einstellungen der Verführungsszene mit Frau Marthe enthalten Beispiele von Konvergenz/Divergenz-(Kontraktion/Expansion-)Verhältnissen, die wir im weiteren untersuchen werden.

396: Marthe empfängt Mephisto mit offenen Armen (Divergenz).

397: Marthe bewundert mit erhobenen Armen das Halsband (Divergenz).

398: Fragender Ausdruck Marthes (Divergenz).

401: Marthe legt die Kette um (Divergenz, Expansion).

401: Liebkosung und Ekel Mephistos (Konvergenz/Divergenz).

Bei der Anfängerin Camilla Horn in der Rolle Gretchens erzielt Murnau mit entgegengesetzten Mitteln das gleiche Resultat.[13] Seine Arbeit mit ihr weist voraus auf das, was ihm später in *Tabu* mit den beiden jungen Polynesiern Matahi und Reri gelingt. Hat er seine Darstellerin dahin gebracht, selber bestimmte Haltungen, bestimmte Gesten zu finden, oder hat er sie ihr vorgeschlagen? Es ist unwichtig, welche der beiden Methoden er wählte. Tatsächlich gelingt ihm auch hier wieder eine vollkommene Synthese aus seinem Beitrag und dem seiner Darstellerin, scheinbar unmittelbares Leben zu gestalten, eine neues Wesen zu schaffen von seinem eigenen Fleisch und Blut und nicht nur adoptiert für die kurze Zeit der Dreharbeiten. Gretchen, selbst ganz Spiel, spielt nicht: Spiel ist ihr Wesen. Diese zweite Natur, mit der sie ausgestattet ist, macht sie immer ganz »natürlich«. Ihr Mitwirken bildet den Aspekt des Films, der objektiv am wenigsten veraltet ist; jedenfalls ist er äußerst lehrreich für einen Filmer von heute. Ihr Spiel hätte, leicht abgewandelt, auch noch in einem heutigen Film seinen Platz. Es beschränkt sich darauf, die direktesten Äußerungen von Gefühlsbewegungen wiederzugeben, die durch Worte nicht vollzogen werden könnten, die der Kamera keine andere Möglichkeit lassen, als sich davor zu postieren und sie ohne Umschweife aufzunehmen. Hier zeigt sich der Stummfilm dem Tonfilm weder unter- noch überlegen: der Unterschied besteht nicht darin, daß die Handlung anders gespielt würde, sondern darin, daß andere Momente der Handlung ge-

---

13 Vgl. Interview mit Murnau in *Cinéa-ciné* vom 1. April 1927: »Die Macht der Bühnentraditionen ist immer noch zu stark spürbar. Ich selbst habe alles vergessen müssen, was ich auf der Bühne gelernt habe, wir haben alles über Bord werfen müssen, was in unseren Ausdrucksmitteln ans Theater erinnerte ... Ich habe lieber mit Darstellern ohne Fachausbildung und Spezialkenntnisse gearbeitet, die vorher nie gedreht hatten, als mit Stars und berühmten Namen. Wie im Fall von Camilla Horn im *Faust* ... Das Geheimnis von Jannings' Ausdruckskraft liegt darin, daß er sich seines ganzen Körpers bedient, um zu suggerieren. Er kann riesig sein wie ein Gebirge, wenn er einen Mächtigen dieser Erde verkörpert, und auf unerhörte Weise zusammenschrumpfen, wenn er einen armen Teufel zu spielen hat.«

zeigt werden. Die Ordnung dessen, was wichtig und was unwichtig ist, wurde umgestürzt, aber wenn der Film eine starke Gefühlsbewegung zum Ausdruck bringen soll, zeigt er, ob stumm oder mit Ton, dieselben Tränen, dasselbe Lachen, dieselben glücklichen Ausbrüche, dieselben schmerzlichen Verzerrungen bei Murnau kaum nachdrücklicher als bei Bergman oder Fellini. Diese Natürlichkeit verbindet sich übrigens mit einem besonderen bildnerischen Erfindungsreichtum (vgl. den 3. Abschnitt des Anhangs zu diesem Kapitel). Nie zuvor hat Murnau seine menschliche Materie so gemeistert wie in diesem Werk, nie gelang es ihm vor *Tabu*, sie ähnlich bewegend zu gestalten.

Murnau will nicht vom Zeichen zurück zur Emotion, es geht ihm nicht darum, die Zeichen mittels eines besonders raffinierten Verfahrens unsichtbar zu machen: er filmt das Zeichen um seiner selbst willen. Körperbewegungen und Minenspiel werden bei ihm nicht als Indizien behandelt – viele seiner Zeitgenossen haben sich bemüht, sie fast gänzlich auszumerzen, in der Annahme, mit Kuleschow, daß ein Gesicht seine Expressivität eher aus dem filmischen Kontext als aus dem nackten Ausdruck beziehe. Gegen diese Kunst der Suggestion, diesen Impressionismus richtet sich von *Der Knabe in Blau* bis *Tabu*, was Murnaus fundamentaler *Expressionismus* genannt zu werden verdient – ohne jeglichen Bezug auf die Schule gleichen Namens –, sein Kult des Ausdrucks um seiner selbst willen, als Ziel seiner Absichten und Gegenstand unserer Betrachtung. Murnaus Hauptgegenstand sind nicht die Augenblicke des Nachgebens, sondern die Paroxysmen.

Die Geste bricht hervor, nackt, brutal, oft sogar erwartet, Träger einfachster Begriffe. Aber wozu bedarf es dieser Einmischung des Begriffs, dieser »Begriffsvermittlung«[14], um die sich das Kino so wenig kümmert wie, laut Wagner[15], die Musik? Der Ausdruck führt hier dazu, daß man nichts wahrnimmt als seine *Figur*, in der geometrischen Bedeutung des

---

14 Deutsch im Original. *Anm. d. Übers.*

15 »Das Bewußtsein, welches einzig auch im Schauen des Scheines uns das Erfassen der durch ihn sich kundgebenden Idee ermöglichte, dürfte endlich sich aber gedrungen fühlen, mit Faust auszurufen: ›Welch' Schauspiel! Aber ach, ein Schauspiel nur! Wo fass' ich dich, unendliche Natur?‹ Diesem Rufe antwortet nun auf das allersicherste die Musik. Hier spricht die äußere Welt so unvergleichlich verständlich zu uns, weil sie durch das Gehör vermöge der Klangwirkung uns ganz dasselbe mitteilt, was wir aus tiefstem Inneren selbst ihr zurufen. Das Objekt des vernommenen Tones fällt unmittelbar mit dem Subjekt des ausgegebenen Tones zusammen: wir verstehen ohne jede Begriffsvermittlung ...« (Richard Wagner, *Schriften über Beethoven*, Leipzig 1916, S. 106)

Wortes, gereinigt von allen gedanklichen Assoziationen, die der Gebrauch darauf abgelagert hat. Der Effekt ist manchmal grob, doch nicht um die Sache wahrnehmbarer zu machen. Wenn die Geste nur dazu diente zu verweisen, wäre sie Emphase, Pleonasmus. Ihr Wert liegt nicht in der Information, so wenig eine Opernarie dazu dient, die Seelenbefindlichkeit einer Person zu enthüllen: Diese wird als bekannt vorausgesetzt. Sie wird gesungen und nicht gesagt. Ebenso versteht es Murnaus Held, uns durch den Ausdruck seines Körpers in derselben Verzauberung zu halten wie eine Melodie. Nicht nur sind der Rhythmus seiner Gänge und seiner Gesten musikalisch. Sie sind selbst Musik. Bei Murnau organisiert das Kino den Raum ähnlich wie die Musik die Zeit. Es ergreift den Raum so total wie Musik die Zeit. Gleich der Musik, die es unternimmt, unsere intimen Schwingungen einzustimmen auf die der Welt, gehört Murnaus Kino eher der Kategorie des *Erhabenen* als der des Schönen an.[16]

Darin entfernt sich Murnau vom Theater, so sehr ihn auch seine Assistententätigkeit bei Max Reinhardt geprägt haben mag. Seine Konzeption der Szenengliederung bleibt immer von den Gewohnheiten der Bühne bestimmt; er bevorzugt die Entfaltungsmomente von Gefühlen gegenüber denen reiner Handlung, denen der Bühnenraum weniger Resonanz gibt als das Rechteck der Leinwand, da die bloße Tatsache auf den Brettern, hinter oder vor den Kulissen, nur zu einer schematischen Darstellung gelangt und nur soviel taugt, wie der mehr oder weniger leidenschaftliche Kommentar des Helden daraus macht. Dieser Kommentar aber – und hier liegt der Unterschied – ist in Murnaus Kino ausschließlich der Geste vorbehalten. Die Heftigkeit des Ausdrucks hat bei ihm nichts mit theatralischer Emphase zu tun, die notwendigerweise als gestische Rhetorik konzipiert ist und die verbale Beredsamkeit nur begleitet und unterstützt. Der Bühnenschauspieler bedient sich der Geste wie einer Balancierstange, eher zu seinem persönlichen Gebrauch, um sein Gleichgewicht zu sichern, Atmung und Aussprache zu erleichtern, als für das Publikum. Murnau dagegen will die Verwirrung zeigen, die von der Gefühlsbewegung hervorgerufen wird, den Reichtum der Bewegungen, mit denen sie den menschlichen Körper erfüllt. Dabei liegt ihm am meisten an den Bewegungen, die dank ihrer elementaren Kraft oder Spontaneität noch nicht

---

16 »Die Musik, welche einzig dadurch zu uns spricht, daß sie den allerallgemeinsten Begriff des an sich dunklen Gefühles in den erdenklichsten Abstufungen mit bestimmtester Deutlichkeit uns belebt, kann an und für sich einzig nach der Kategorie des *Erhabenen* beurteilt werden, da sie, sobald sie uns erfüllt, die höchste Ekstase des Bewußtseins der Schrankenlosigkeit erregt.« (a. a. O., S. 113)

vom Sozialen gezähmt worden sind. Daher in der Darstellung von Freude und Leid seine Neigung zum tiefen Atmen, Zusammenzucken, Hecheln, zu Verkrampfungen und Ergüssen in regelmäßigem Wechsel von Expansionen und Kontraktionen, von Spannungen und befreienden Entladungen. Diese ständige Pendelbewegung, die beiläufig schon erwähnt wurde, die doppelte Bewegung des Öffnens und Schließens, die schon beim Schimmern des Lichts festzustellen war[17], zeigt sich hier erneut, dem Ausdruck noch inniger verbunden und bestimmend für das dynamische Grundmuster des Werks.

## C. Die Hauptrichtungen
Seitlich/senkrecht/schräg

Nach welchen Hauptrichtungen orientiert sich nun bei Murnau der Raum? Die Frage scheint auf Anhieb schwer zu beantworten. Die üppige Imagination des Regisseurs nutzt alle nur möglichen Bewegungsrichtungen, die horizontale – etwa bei den Umzügen und den Reisen, die sich der Film mit zum Thema macht – ebenso wie die vertikale und die schräge. Diese erfaßt ebenso die Fläche der Leinwand, oftmals in statischer Form, wie bei den Strahlen, die schräg durch den Himmel des Prologs fallen (6, 23), durch das Kirchenschiff (299), den Schneesturm (547 f.) usw., wie auch die Tiefe des Bildraums, von hinten nach vorn oder umgekehrt – und dies so oft, daß man, um alle Beispiele zu nennen, den ganzen Film zitieren müßte. Die vertikalen Bewegungen sind seltener, aber auch expressiver, nach unten gerichtet verbunden mit der Vorstellung von Sturz, Ruin oder Tod, nach oben mit der des Auftauchens, Sich-Aufrichtens, Hervorbrechens oder auch mit der magischen und religiösen Vorstellung der »Erhöhung«.

Hier die auffälligsten Beispiele:

*Bewegungen nach oben*
109: Bei der Beschwörung wird das Buch hochgehoben.
111: Feuerkreise steigen hoch um Faust.
104: Der von Faust geheilte Mann richtet sich auf.
195: Die mit Gift gefüllte Schüssel wird hochgehoben.
205: Mephistos Auftauchen hinter Faust.
228: Mephistos Zaubermantel hebt sich in die Lüfte.

---

17 Vgl. S. 33 f., *Der Erzengel.*

263: Die Herzogin, von Faust fasziniert, erhebt sich.
271: Mephistos Auferstehung nach seiner Ermordung durch den Herzog.
280: Mephistos Auftauchen hinter dem Felsen.
312: Die Monstranz in der Kirche wird hochgehoben.
397: Der Deckel von Marthes Schmuckkasten wird geöffnet.
411: Mephistos »Cocktail« flammt auf.
473: Aus Mephistos Becher schlagen Flammen.
504: Gretchen richtet sich auf neben der Leiche ihrer Mutter.
509: Valentin richtet sich auf, um seine Schwester zu verfluchen.
574: Gretchen richtet sich auf, wenn der Büttel in die Zelle kommt.
589: Mephisto hebt den Spiegel hoch.

*Bewegungen nach unten*
 35: Der Äquilibrist, der auf den Händen ging, bricht zusammen.
 41: Die Leiche des Äquilibristen rollt von der Bühne.
 54: Das Mädchen wirft sich Faust zu Füßen.
 59: Die Phiole, von Faust losgelassen, fällt zu Boden.
 62: Das Mädchen wirft sich über das Bett seiner Mutter.
 74: Das Kreuz, das der Mönch hochgehalten hatte, fällt hin.
 79: Die Leiche des Mönchs fällt nach hinten zurück.
 83: Faust stürzt die Bücher um.
191: Der Sand rinnt in der Uhr.
197: Faust läßt die Schüssel fallen.
247: Im Palast schwebt der Mantel herunter.
269: Mephisto wird vom Herzog erstochen.
271: Tod des Herzogs.
276: Faust fällt vor Mephisto auf die Knie.
296: Gretchens Gebetbuch fällt zu Boden.
497: Valentin stürzt, von Faust erstochen, zu Boden.
508: Gretchen wirft sich über die Leiche ihres Bruders.
510: Valentins Tod.
519: Gretchen fällt vor dem Leichenzug zu Boden.
522: Gretchen wird ohnmächtig.
540: Gretchen fällt gegen den Sessel ihrer Mutter.
546: Gretchen fällt vor dem Baum in den Schnee.
547: Gretchen fällt vor dem Haus zu Boden.
548: Gretchen fällt gegen den Zaun.
572: Gretchen bricht auf dem Stroh im Verlies zusammen.
592: Mephisto wirft den Spiegel hin.

Doch die drei genannten Bewegungsrichtungen, seitlich, senkrecht und schräg, erweisen sich bei Murnau nur als besondere Fälle eines allgemeineren Grundmusters. Eine genauere Untersuchung zeigt, daß es im *Faust* eine reine horizontale Bewegung nicht gibt: die Leichenzüge überqueren die Leinwand niemals geradlinig, sondern in einem Bogen, dessen Mittelpunkt mehr oder weniger weit entfernt ist, oder sie bestehen aus Elementen, die auf einen Punkt inner- oder außerhalb des Bildfeldes hin zusammenlaufen (vgl. die ausführliche Untersuchung der Sequenz 7 im 2. Abschnitt des Anhangs zu diesem Kapitel). Ebenso erweist sich die Schräge immer als Radius eines Kreises, dessen Mittelpunkt allenfalls im Unendlichen liegen kann. Schließlich ist dem Sturz die Vorstellung der Kontraktion und der Erhebung die der Expansion zugeordnet. Einige der Stürze haben auch eine Dispersion zur Folge, die Gegenstand einer gesonderten Einstellung ist: die Menge fährt vor dem Gaukler zurück (37), Phiole (60) und Schüssel (198) prallen auf den Boden und zerspringen in tausend Stücke.

In jeder Einstellung des Films läßt sich ein sichtbarer oder versteckter, realer oder virtueller Mittelpunkt entdecken, auf den hin oder von dem weg die verschiedenen Bewegungen verlaufen, die sie mit Leben erfüllen. So erweist sich der ganze Film als eine Folge von Explosionen und Implosionen, die den diskontinuierlichen Charakter seiner Szenengliederung erklären. Die »Geburt«, von der die Rede war, und dementsprechend die Zerstörung, die in jeder Einstellung stattfindet, stellen sich, bildnerisch gesprochen, als Expansion und Kontraktion dar, die das zunächst herrschende Gleichgewicht zerstören und ein anderes, aber ebenso unsicheres, an seine Stelle setzen.

Deshalb ist Murnaus Kunst der des Tanzes, von der sich Chaplin und Eisenstein jeder auf seine Weise angezogen fühlten, entgegengesetzt. Denn deren Ziel ist das Gleichgewicht, der Moment der Ruhe, dessen Dauer vom Können und Willen des Tänzers abhängt, während im Kino, wie es hier verstanden wird, jeder Bruch darauf gerichtet ist, den nächsten zu provozieren, und unseren Blick mehr fesselt als die flüchtige Ruhe, aus der er kommt und bei der er endet.

Die Besonderheit dieses Grundmusters besteht darin, daß es sich in Begriffen von Fläche und Volumen und nicht von Linien darstellt. Murnau will nicht ein paar dünne Kraftlinien durch den Raum ziehen, die die ganze Dynamik der Einstellung aufsaugen und unser Auge blind machen für alles, was außerhalb des von ihnen bestimmten Verlaufs passiert. Wie ein Kieselstein die Oberfläche eines durchsichtigen Wassers stört, so bestimmen die von Murnau festgelegten Bewegungen das ganze Ausmaß des Bildes. Sie mobilisieren nicht nur eine mehr oder weniger breite Zone der Leinwand, sondern ihre ganze Oberfläche, vom Mittelpunkt zu den Rändern der Einstellung und umgekehrt.

Ob zentripetal oder zentrifugal gerichtet, scheinen sie immer mit einer bestimmten dramatischen Wirksamkeit und symbolischen Kraft ausgestattet. Sie bedeuten Expansion, Entfaltung, Keimen, Geburt oder im Gegenteil Zusammenbruch, Welken, Verfall, Tod. Oder auch Gut und Böse, Gott und Teufel, Licht und Finsternis. Alle Themen des *Faust* fügen sich in dieses dynamische Grundmuster: die philosophischen wie die bildnerischen, die wir oben herausgestellt haben. Der Konflikt zwischen Licht und Schatten, der im Mittelpunkt von Murnaus bildnerischen Intentionen steht, ist nur ein Sonderfall des Dramas des ganzen Universums, das dem doppelten Gesetz von Expansion und Kontraktion unterworfen ist.

Es ging Murnau – in ständig zunehmendem Maße, wie *Sunrise* und *Tabu* bestätigen – darum, Ordnung zu bringen in die Unordnung des Gefühls, dazu aber nicht dessen Äußerungen in ihrer Gesamtheit zu umfassen[18], sondern im Gegenteil von allen seinen sichtbaren Aspekten den hervorzuheben, der es nicht bezeichnet, sondern feiert, indem er seine Integration in die Welt ermöglicht. Als ob die inneren Wirrungen des Menschen durch die Einfügung der von ihm festgelegten Geste in den Raum ihre tiefe Verwandtschaft mit den Rhythmen des Universums bestätigten.[19]

So verstanden erscheint der Film nicht mehr als Abziehbild der Realität, als Darstellung der faktischen Welt in ihrer Zufälligkeit, sondern als Schöpfung einer notwendigen Welt, basierend auf einem oder mehreren

18 Auch wenn er seinen Darstellern gelegentlich Sparsamkeit der Mittel empfiehlt und im *Letzten Mann* Jannings daran hindert, in Tränen auszubrechen.

19 Um diese Bestätigung ging es schon der Malerei des sechzehnten und siebzehnten Jahrhunderts, aber die dem Film eigene Dynamik und sein Realismus verliehen ihr in besonderem Maße Nachdruck und Rechtfertigung.

dynamischen Grundmustern. Jede der beiden Kraftrichtungen verbindet sich für uns spontan mit einem bestimmten Eindruck, die zentrifugale mit einem positiven, die zentripetale mit einem negativen. Die zentrifugale Bewegung ist verbunden mit Vorstellungen von Expansion, Eroberung, Bereicherung, Geburt, Gesundheit, Leben, Freude usw. – und dies nicht zufällig, wie durch Erfahrung assoziiert, sondern ebenso notwendig, wie etwa eine algebraische Funktion verbunden ist mit der geometrischen Kurve, die sie darstellt. Und genauso bedeutet die zentripetale Bewegung nicht weniger notwendig Kontraktion, Verlust, Verarmung, Niedergang, Krankheit, Tod, Trauer usw. Der bloße Anblick eines sich ausdehnenden oder zusammenziehenden Körpers ruft das Gefühl einer bestimmten affektiven Färbung hervor, auch ohne daß der Gegenstand der Veränderung überhaupt zu erkennen wäre. Mehr noch als die Malerei entdeckt uns der Film die tiefe Verbindung zwischen einer sichtbaren Form und dem durch ihren Anblick vermittelten Gefühl. Und nie vor oder nach Murnau hat es ein Filmer so direkt und intensiv verstanden, Gefühlsbewegung zu malen durch das reine Spiel der Formen im Raum.

*Anziehung/Abstoßung*

Dieses Grundmuster ist nicht das einzige. Ihm aufgepfropft ist ein zweites, das sich bald mit ihm vermischt und seine Effekte verstärkt, bald sie wieder aufhebt. Zwar ist sein bildnerischer Wert geringer, seine dramatische Bedeutung dafür aber umso offensichtlicher. Es ist nicht nur für Murnau spezifisch: Sobald ein Film einen Konflikt beschreibt, organisiert er automatisch die Reaktionen der Widersacher in einem Wechselstrom von Anziehung und Abstoßung, zugleich im physischen wie im moralischen Sinn der Begriffe. Aber das Thema des *Faust* bietet diesem Prinzip ein ganz besonderes Anwendungsfeld, und wenn wir die Bewegungen untersuchen, die die Helden gegeneinander aktivieren, dann stellen wir fest, daß sie alle diesem Typ angehören: sie haben keinen anderen Ursprung, keinen anderen Grund als die sichtbare oder verborgene Kraft, die von einem bestimmten Wesen oder auch Gegenstand ausgeht und die die anderen Wesen oder Gegenstände anzieht oder abstößt. Die Verhaltensweisen sind immer von Leidenschaft bestimmt, nie von Vorsicht geleitet, sie kümmern sich nicht um ihre Wirkung auf Personen oder Dinge. Jeder Umgang mit anderem, jedes Herstellen ist in Murnaus Faustfilm magischer Natur.

Abstoßung ist insgesamt häufiger: Angst (oder Mißtrauen) ist das Gefühl, das die Personen einander am häufigsten entgegenbringen: Mephistos Widerwille gegen sakrale Gegenstände, das Kreuz der Monstranz (312) und die Muttergottesstatue (336); Fausts Ekel, nachdem er Mephistos Geschöpf geworden ist (169); der Widerwille der Menge gegenüber dem Pestkranken (37); die allgemeine Abneigung gegen Gretchen nach ihrem Fall (519, 547, 548).

Anziehung finden wir in den liebevollen Haltungen Gretchens gegenüber ihrer Mutter (290) und ihrem Bruder (328), in den verliebten Haltungen, die sie Faust gegenüber einnimmt (432), aber auch in den Beziehungen von Valentin zu seiner Mutter, von Faust und Mephisto, Faust und der Herzogin.

Bestimmte Szenen sind auch aus einer dichten Abfolge von wechselnden Momenten der Anziehung und Abstoßung komponiert, etwa die Begegnungen zwischen Gretchen und Valentin, Gretchen und Faust, Marthe und dem jungen Mann, Marthe und Mephisto.

Man muß dieses zweite Grundmuster streng von dem ersten unterscheiden und nicht etwa die Anziehung für einen Sonderfall der Kontraktion halten – wenn sie auch oft dieselbe Form annimmt – oder die Abstoßung für einen Sonderfall der Expansion. Im übrigen sind diese Termini nicht geometrisch zu verstehen, sondern inszenatorisch; Bewegungen in derselben Richtung können Träger einer ganz gegensätzlichen Gefühlssubstanz sein, je nachdem, ob sie die Beziehungen des Wesens zu sich selbst betreffen (Expansion/Kontraktion) oder zu anderen (Anziehung/Abstoßung).

Es kommt aber auch vor, daß sie zusammenfallen, etwa in den Bewegungen der Menge, die sich ausdehnt, wenn sie zurückweicht, und sich zusammenzieht, wenn sie näherkommt. Oder auch in den Umarmungen, die Anziehung bedeuten, aber auch Kontraktion der beiden Partner, als Gruppe wie auch individuell: Valentin etwa, wenn er mit soldatischem Schwung seine Mutter umarmt (323). Oder die beiden Grundmuster sind, abstrakt gesehen, Träger entgegengesetzter Bedeutungen. Kontraktion und Anziehung sind beide zentripetal gerichtet, aber die Kontraktion wird negativ, die Anziehung positiv bewertet. Ebenso Abstoßung und Expansion. Aber dieser Widerspruch ist rein theoretisch, die Vorstellungen von Heil und Unheil richten sich nach dem Interesse, das wir den jeweiligen Partnern des Konflikts entgegenbringen. Wenn die Menge auseinanderweicht (37, 77, 177), ist diese Ausdehnung vor allem die der Leere, die sich in ihrem Zentrum bildet, also der Sieg eines negativen Elements. Genauso kann sich auch die Vorstellung vom Triumph Satans mit Abstoßung verbinden. Die Entfaltung seines Wesens ist für andere keineswegs anziehend, sondern wirkt im Gegenteil abstoßend und entmutigend gerade auf jene, die sich mit ihm einlassen wollen – ebenso wie ein Lichtschimmer je nach seiner Intensität uns die Augen entweder öffnet oder schließt. Der Triumph, der sich den ganzen Film hindurch in Explosionen und Flammen ausdrückt, ist nur der Triumph destruktiver Kräfte.

Dennoch bleibt der Widerspruch in einigen Fällen unaufgelöst, vor allem bei den Umarmungen (323, 328). Sie drücken nicht nur Liebe aus, die freie wechselseitige Anziehung zweier Wesen, sondern auch Besitzergreifung, eifersüchtige und egoistische Aneignung, weshalb bei Murnau allein durch das abstrakte Spiel der Bewegungen noch die scheinbar ungetrübte Freude mit Bitterkeit getränkt ist. Darin drückt sich kein puritanisches Mißtrauen gegenüber dem Fleischlichen aus, wie bei Hitchcock, Dreyer oder Fellini, sondern das Erkennen eines allgemeinen Naturgesetzes, des allen sichtbaren Formen immanenten Dramas der Ambivalenz ihrer Bedeutungen. Genauer gesagt: alle Bereicherung setzt Enteignung voraus, alle Ausdehnung eine Verminderung, jedes »Mehr« ein »Weniger« und, moralisch gesprochen, jede Freude einen Schmerz, jedes Gute ein Böses. So bestätigt Murnau mit den seiner Kunst eigenen Mitteln nach Goethe die absolute Unlösbarkeit des Konfliktes, der der Geschichte des Doktor Faust im Tiefsten zugrundeliegt.

*Anhang*

## 1. Hauptbewegungsrichtungen in Sequenz 3

In den meisten Einstellungen dieser Sequenz manifestieren sich die Kraftlinien deshalb besonders deutlich, weil die Gesten einer einfachen, geraden, von der Beleuchtung betonten Richtung folgen. Wir können sie als
die Radien eines Kreises auffassen, dessen Mittelpunkt, innerhalb oder
außerhalb des Bildfelds, Pol entweder von Anziehung oder Abstoßung ist.

48 – Faust sitzt am Tisch, eine Phiole haltend. Er umfaßt sie mit beiden Händen und hebt sie bis zur Stirn, die er senkt. So wirkt zur Phiole in der Bildmitte hin eine Konvergenz, deren Mittelpunkt sich in dem Maße vorschiebt, in dem die Phiole gehoben wird. Die beiden Unterarme und die Mittellinie des Gesichts, der die Neigung des Kopfes folgt, bilden ein dreiarmiges Kreuz. Wenn der Kopf sich wieder hebt, entsteht eine Divergenz.

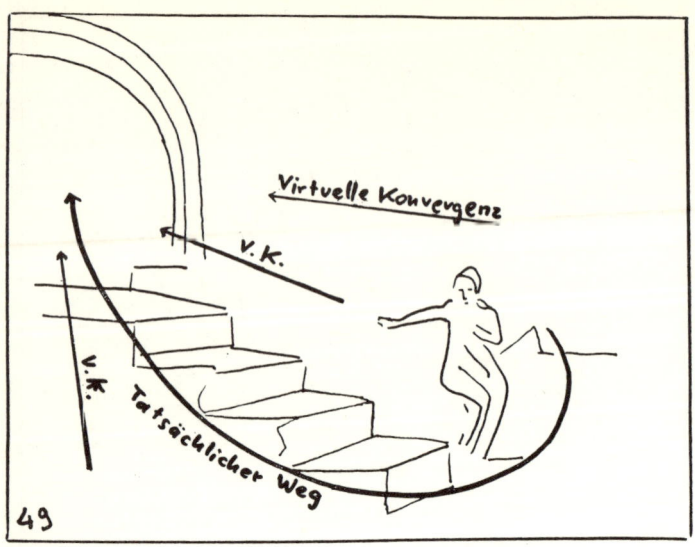

Virtuelle Konvergenz
v.k.
v.k.
Tatsächlicher Weg
49

49 – Die Frau läuft die Treppe herauf und verschwindet im Türbogen: ein spiralförmiger Weg, der die Leinwandfläche ganz ausfüllt. So erscheint ein virtueller Kreis, dessen Mittelpunkt die Tür ist, und vermittelt die Vorstellung einer Konvergenz.

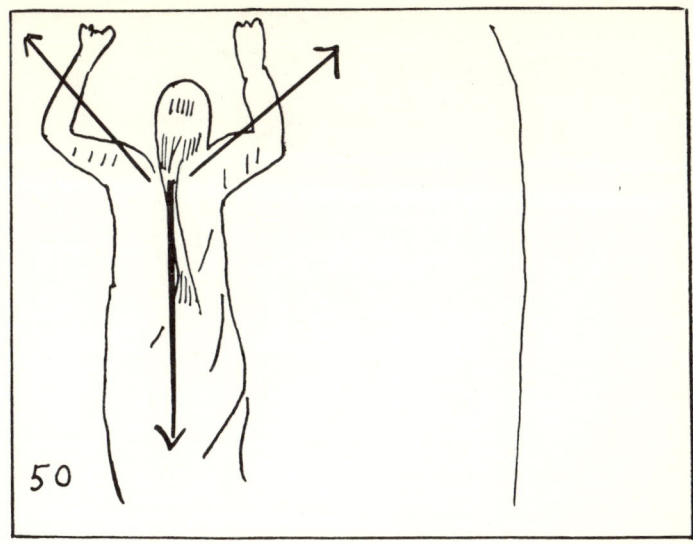

50 – Die Frau, die an die Tür klopft, bildet dabei ein dreiarmiges Kreuz.

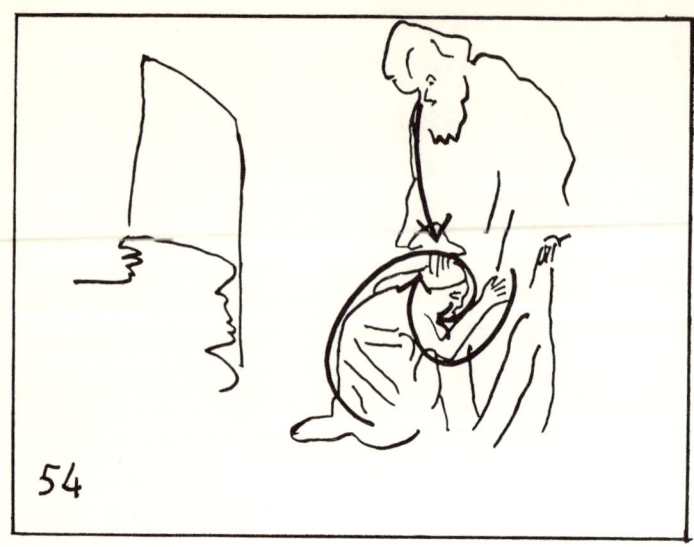

54

54 – In einer antiken Bittgebärde, wie sie später in *Tabu* wiederkehrt, wirft die Frau sich Faust zu Füßen. Die Bewegung verläuft hier weit komplexer: zugleich vertikal – Fausts Gewand hinab zum Kopf der Frau hin – und in doppelter Spirale – der Körper der Bittenden in sich zusammengezogen. Ein bezeichnendes Beispiel für eine mit dem Eindruck des Schmerzes verbundenen Kontraktion. Man kann in der Form, die der Rücken der Frau, ihr und Fausts Arm bilden, auch einen Stern mit gebogenen Strahlen sehen, die Andeutung eines Hakenkreuzes – Emblem der Sonne, bei Murnau indes verbunden mit Tränen, mit dem Schwindel der Verzweiflung – wie auch später wieder in zwei Haltungen des weinenden Gretchen, vor der Kirchentür und dem Stuhl der Mutter (vgl. Anhang 3).

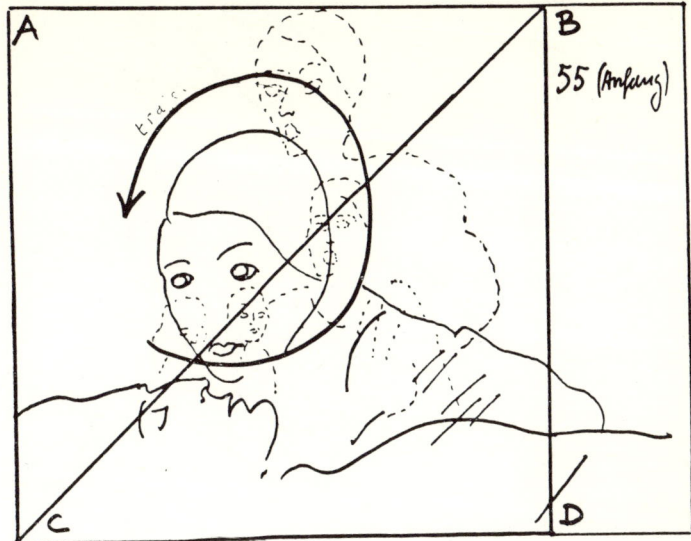

55 – Die Kraftlinie ist die Mittellinie des Winkels unten links bei C. Sie bestimmt das Quadrat ABCD, das die Handlung einschließt und den rechten Bildrand ausspart. Der Körper der ausgestreckt liegenden Mutter bildet die Basis des Winkels, die virtuelle Linie ihres Blicks die Diagonale CB. Um sie herum windet sich die Spirale des Weges, auf dem die Tochter herbeieilt. Danach richtet sich die Tochter entsprechend der vertikalen Seite des Winkels auf. Faust bildet dann die gegenüberliegende Seite des Quadrats, und sein Blick auf die Mutter folgt der Linie BC.

Die Bewegungen von Anziehung und Abstoßung, die den Rest der Szene bestimmen, orientieren sich mehr an dieser Linie: Faust schiebt mit dem Arm die Tochter weg, neigt sich zu der Sterbenden und richtet sie auf.

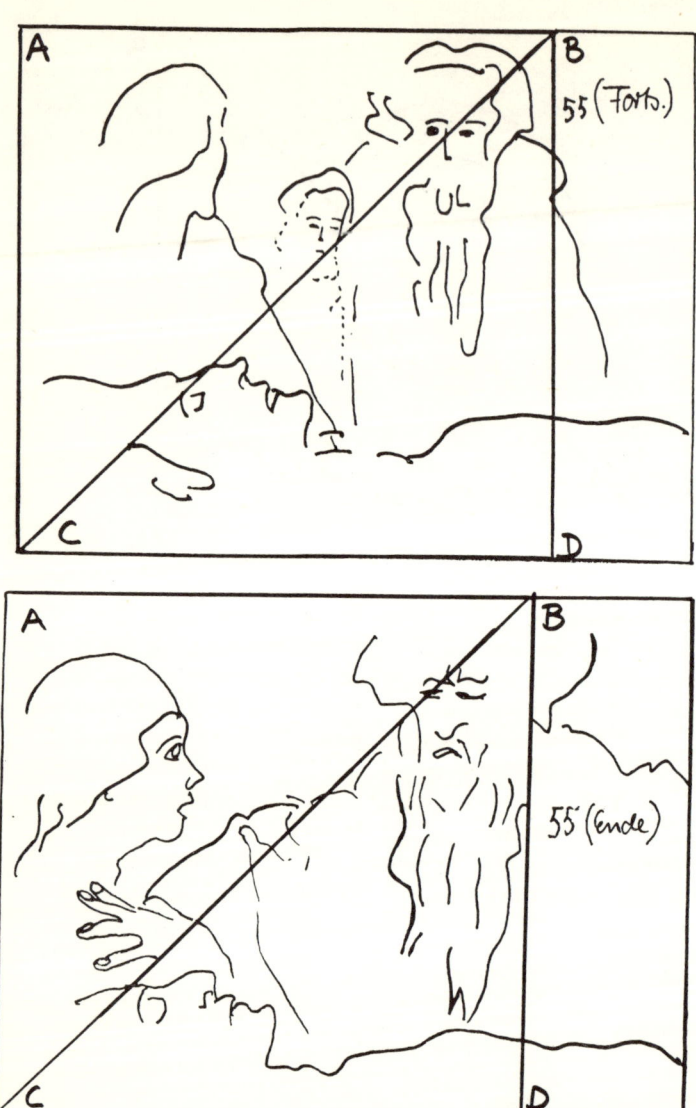

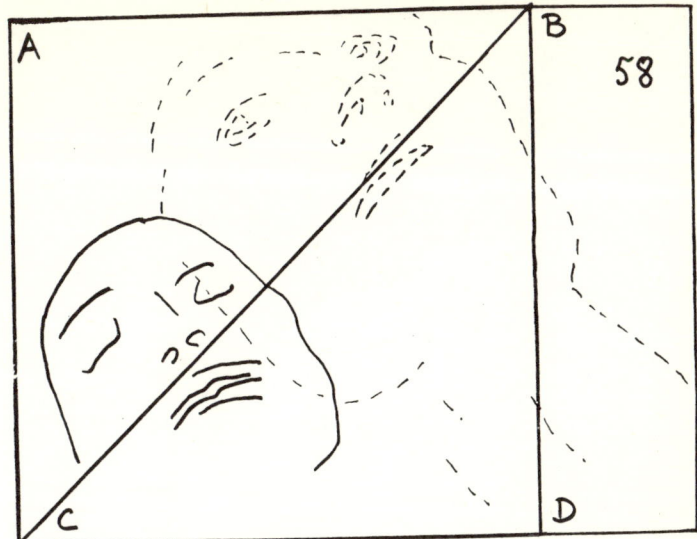

56-58 – Wenn in der Großaufnahme der Mutter das statische Gleichgewicht des Bildes auf der Diagonale AD ruht, folgt der Mund, das einzige
dynamische Element, der Linie CB. Der Umriß des Gesichts bildet fast
einen Kreis, dessen Mittelpunkt der Mund ist: wenn er sich öffnet, entsteht der Eindruck einer positiven Expansion.

59 – Der Kreis wird hier durch die Verschmelzung zweier Halbkreise
konstituiert, der eine ist die Sterbende, der andere Faust, über sie gebeugt.
Die Phiole bildet den Mittelpunkt; zugleich steht sie im Schnittpunkt der
beiden Diagonalen des Quadrats, das sich ausnahmsweise nach rechts
verschoben hat. Die Diagonalen sind hier besonders dynamisch. Faust
hebt seine Hand entsprechend AD und der sich aufrichtenden Sterbenden
und läßt sie entsprechend CB zurückfallen.

Die Umarmung der Sterbenden hat einen eindeutig zentripetalen
Aspekt: schmerzvolle Kontraktion. Ihr Loslassen ist zentrifugal, verbindet sich aber mit der Vorstellung des Falls. Diese Figur aus zwei Personen
gehört eher zum Typ Expansion/Kontraktion als zum Typ Anziehung/
Abstoßung.

Danach neigt Faust den Kopf leicht zu der Toten, immer noch nach BC.
Dann hebt er den rechten Arm und wirft die Phiole von sich (Divergenz).

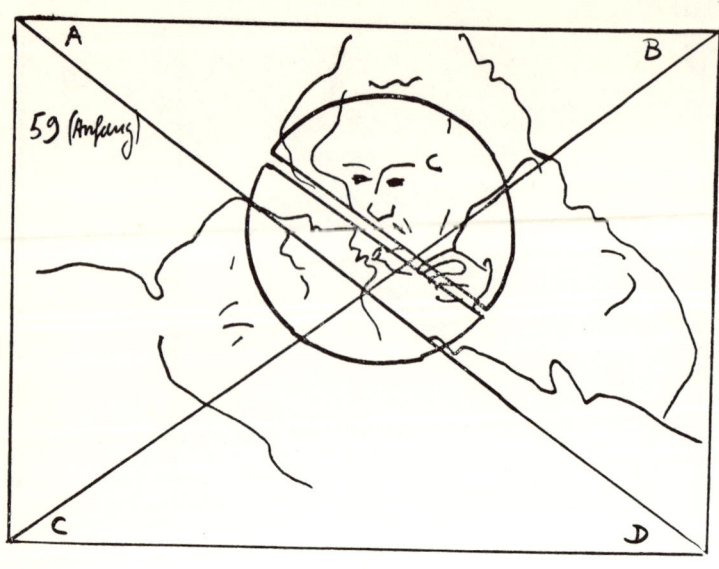

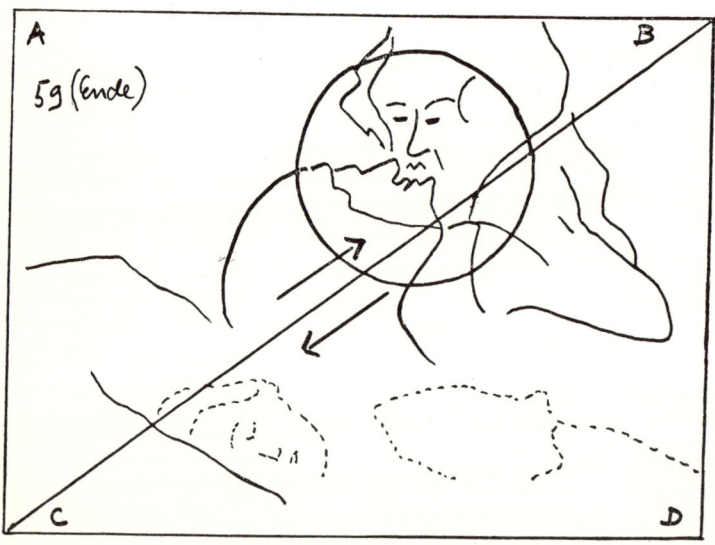

94

60 – Die Phiole zerschellt und verursacht Flecken auf dem Boden. Der Eindruck des Zerspringens (Expansion), verbunden mit dem des Bruchs ist negativ: nicht Entfaltung, konstruktives Wachsen, sondern destruktive Explosion. Die bildnerische Schönheit der Zeichnung ist zu bemerken, die wir erst heute, nach dem action painting und den »Spritzern« auf Dalís Don Quichote richtig zu schätzen wissen.

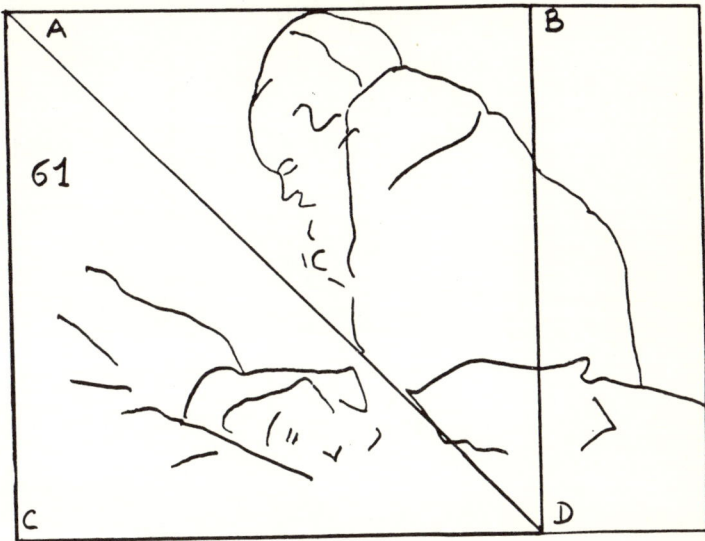

61 – Faust wendet sich um, entsprechend DA.

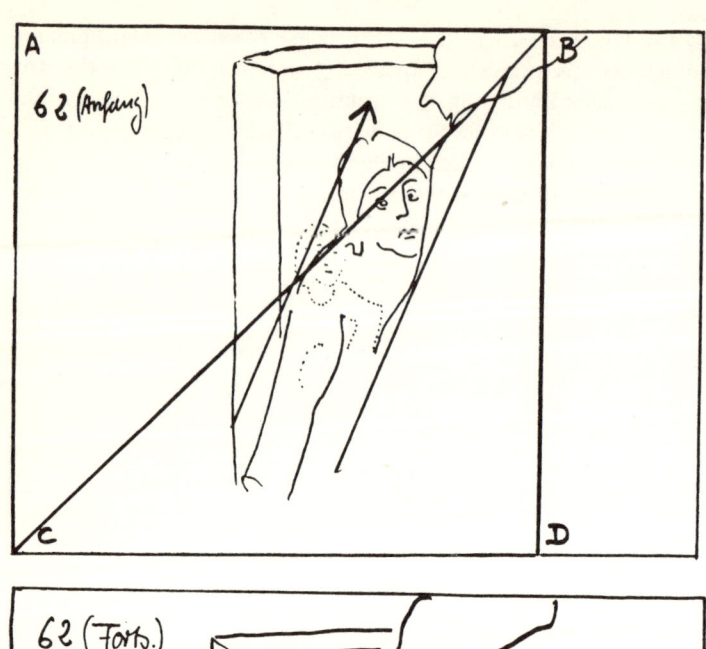

62 – Die Trennungslinie ist die an Fausts Ärmel entlang merklich aufgerichtete Linie CB. Die junge Frau stellt sich parallel zu ihr, vorgeneigt, den Arm eng am Körper. Wie oft bei Murnau ist die Dynamik der Einstellung konvergent in der Tiefe, und ihre Statik legt sich schräg über die Oberfläche der Leinwand. Die Tochter sieht die Mutter und läuft links nach vorn (Divergenz verbunden mit einer konvergenten Bewegung von den Armen zum Kopf).

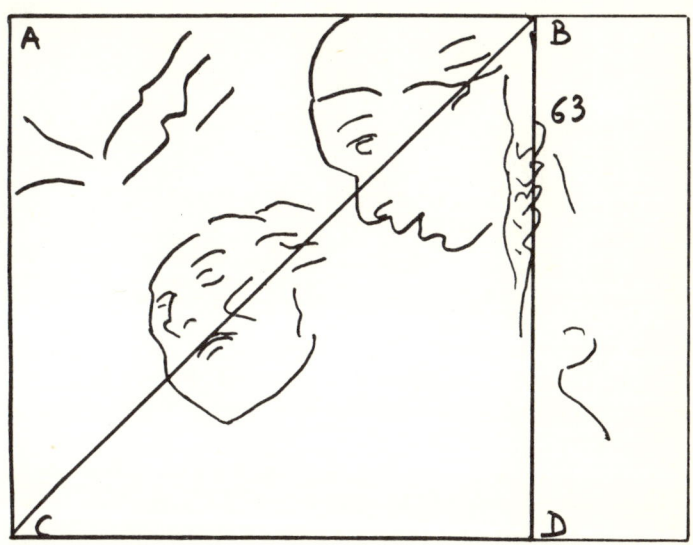

63 – Die junge Frau wirft sich über ihre Mutter, der verlängerten Linie BC entsprechend. Wenn sie sich aufrichtet, führen die Bewegung ihres Arms nach hinten und ihr Profil die Linie AD wieder ein, die nach ihrem Zurückfallen genau der Trennungslinie zwischen den beiden Körpern entspricht.

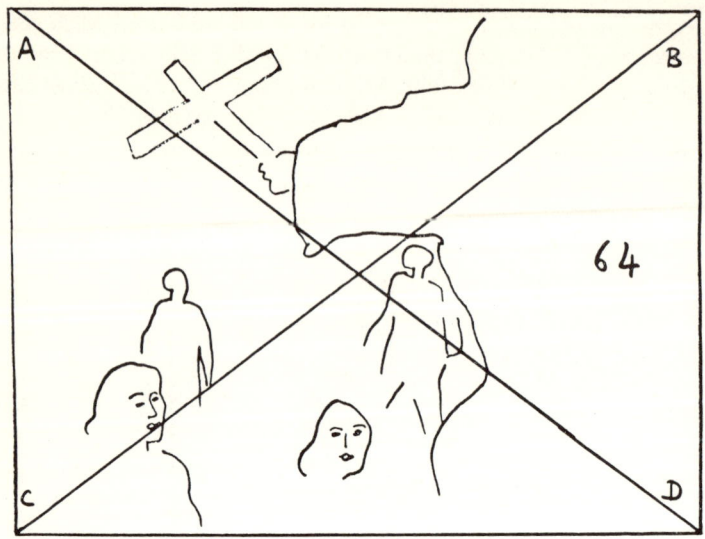

64 – Das Kreuz wird von dem Mönch der Linie DA entsprechend gehalten, die jetzt mit der Diagonale der Leinwand übereinstimmt. In den folgenden Einstellungen betont das Kreuz, im Bild als X, dieselben Schräglinien wie zuvor.

68 – Beim ersten Erscheinen des Zuges fügen die gestreckten Arme, die gehobenen Schwerter, Trompeten usw. dem Weg eine vertikale Komponente hinzu, und so entsteht eine große Anzahl von X, die ebenso schnell verschwinden wie sie auftauchen.

69 – Der Zug formt im Mittelgrund eine Spirale um eine zentrale Säule herum. Virtuell findet sich darin das X wieder.

72 – Der Mönch nimmt selbst die Form eines Kreuzes an.

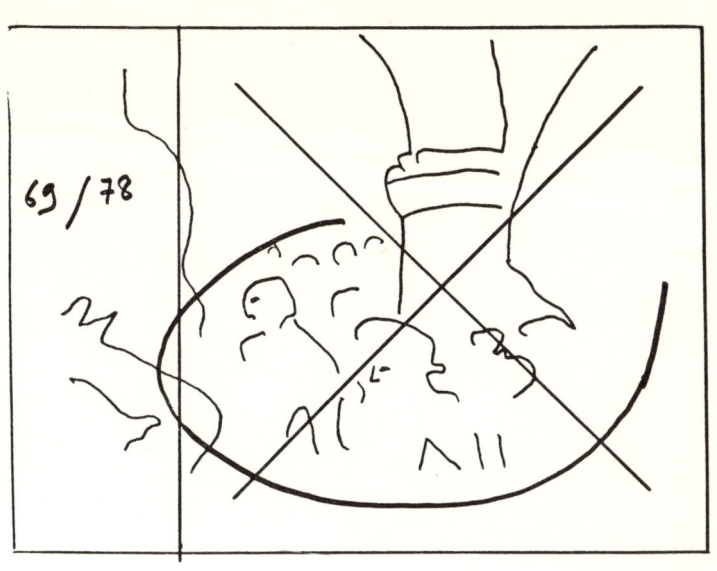

69/78

72

99

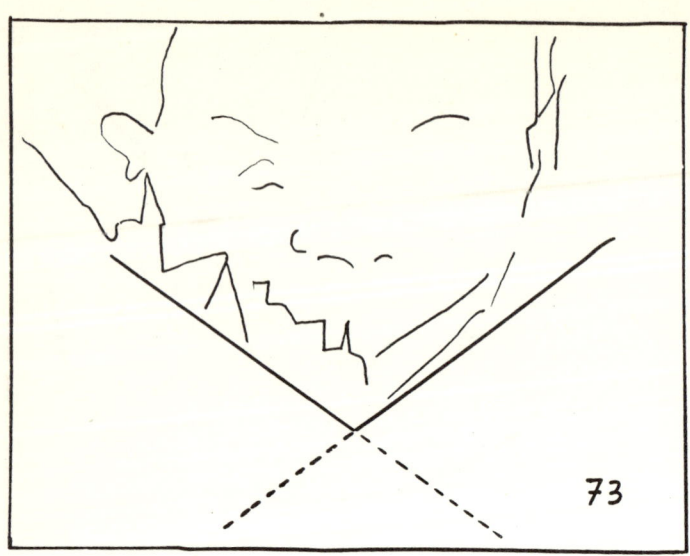

73 – Vom X bleiben nur die beiden oberen Arme, die nun von den Silhouetten der Dächer gebildet werden, hinter denen riesenhaft das Gesicht Mephistos auftaucht.

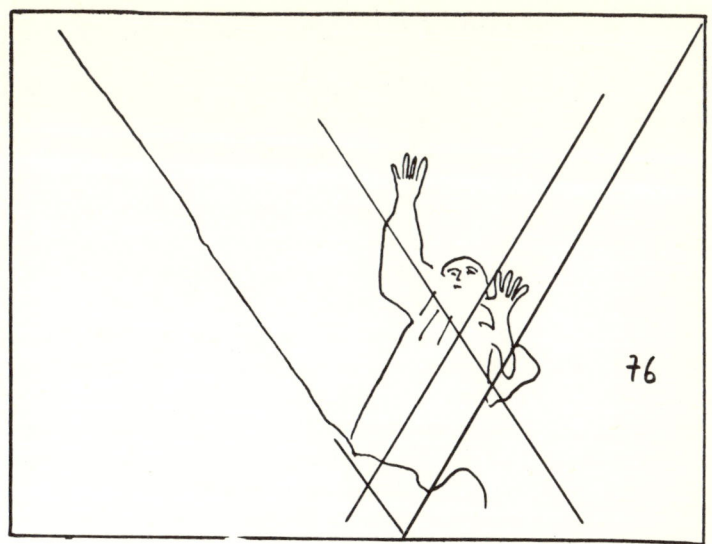

74-76 – Zentripetale Bewegung des zurückweichenden Mönchs und sein Fall.

77-78 – Auseinanderlaufen der Menge: Expansion und Abstoßung. Das X ist virtuell immer noch da, aber mit der in alle Richtungen fliehenden Menge wendet es sich, dreht durch, es entsteht der Eindruck eines Drehkreuzes.

79 – Faust nähert sich der Leiche des Mönchs: Konvergenz. Anordnung nach demselben Prinzip wie in der Szene mit der Sterbenden, nur in einer weiter gefaßten Perspektive.

80 – Die Menge hängt sich an Faust. Anziehung, vor allem aber Kontraktion, Erstickung.

## 2. Konvergenz- und Divergenzpunkte in Sequenz 7

Am Beispiel der Sequenz 7 wollen wir die Mittelpunkte feststellen, zu denen hin die Kraftlinien des Bildfeldes konvergieren. Diese Punkte liegen zumeist im Inneren der Einstellung, nur gelegentlich auch außerhalb. Verschiedene Fälle sind möglich.

Erstens: Konvergenz und Divergenz besitzen keine besondere Aussagekraft. In diesem Fall beschränken wir uns darauf, entweder die eine oder die andere zu erwähnen oder die eine nach der anderen.

Zweitens: Die eine ist verbunden mit der Vorstellung der Anziehung, die andere mit der der Abstoßung. Wir geben das eine und/oder das andere dieser beiden Antriebsprinzipien in der rechten Spalte an, bemerken dazu aber, daß nur eins von beiden für eine Folge von Divergenzen und Konvergenzen bestimmend sein kann, so wie die Gesamtbewegung von Ebbe und Flut sich aus der Summierung vom Zurückweichen und Vorandrängen von tausend einzelnen Wellen ergibt.

Drittens: Sie sind gebunden an die Vorstellung von Kontraktion bzw. Expansion. Während das zuvor genannte Grundmuster in den Einstellungen mit mehreren Personen dominiert (wobei das Zentrum des Interesses sich auf den Punkt reduzieren kann, in dem sie zusammentreffen), gilt dieses für Einstellungen mit einer einzelnen Person: Mephisto, bei dem auf eine Kontraktion oft eine Abstoßung folgt – beim Hören von Kirchenliedern verstopft er sich die Ohren (306), seine Züge verkrampfen sich beim Anblick der Muttergottes (338) –, oder aber Gretchen, bei der umgekehrt eine Expansion aus einer Anziehung resultiert – etwa wenn sie lachend den Schal anprobiert, den der Bruder ihr geschenkt hat.

Viertens: mit diesen Konvergenzen und Divergenzen verbinden sich zuweilen andere seitliche Bewegungen oder kreisförmige ohne bestimmten Mittelpunkt.

Fünftens: Schließlich fehlt bei einigen Gängen der Figuren jeder Bezug auf einen bestimmten Kreis, auch wenn man ihnen fast immer einen virtuellen Pol des Interesses zuordnen kann.

| 286 | *Die Ecke des Geländers*, an dem Faust und Mephisto stehenbleiben | Konverg./Diverg. | Anziehung |
|---|---|---|---|
| 287 | *Der Punkt*, an dem Faust und der Bauer sich treffen | Konvergenz | Anziehung |
| 288 | *Der Mund* des lachenden Bauern | Divergenz | *Expansion* |
| 289 | *Der Punkt am Horizont*, in dem die Verläufe konvergieren | Konvergenz | Anziehung |
| 290 | *Die Vase*, aus der Gretchen die Blumen nimmt | Konverg./Diverg. | |
| | *Die Mutter*, die Gretchen umarmt | Konverg./Diverg. | *Expans./ Kontrakt.* Anziehung |
| 291 | *Die Hausecke* | Konverg./Diverg. | Anziehung |
| 292 | *Die Kirchentür* | Konvergenz | Anziehung |
| 293 | Seitlicher Verlauf rechts-links | | |
| 294 | *Die Köpfe* der Kinder, die Faust streichelt | Konvergenz | Anziehung |
| 295 | *Der Eingang* (außerhalb des Bildfelds), in dem die Gänge konvergieren. Das Seitliche überwiegt. | Konverg./Seitlich | Anziehung |
| 296 | *Mephisto* bleibt an der Ecke der Treppe stehen, Gretchen sieht Faust. | Konverg./Diverg. | Anziehg./Abstoßg. |
| 297 | *Gebetbuch* und *Blumenstrauß*, von Faust aufgehoben | Konverg./Diverg. | Anziehung |
| | Gretchens Flucht | Divergenz | Abstoßung |
| 298 | *Mephisto* hält Faust zurück. | Konverg./Diverg. | Anziehg./Abstoßg. |
| 299 | *Gretchen* unbeweglich; Vorgehen und Zurückweichen Fausts | Konverg./Diverg. | Anziehung |
| 300 | *Die Sonne* (außerhalb des Bildfelds) wirft Strahlen. | Divergenz | *Expansion* |
| 301 | *Das Barett*, in das sich Fausts Hände vergraben | Konvergenz | Anziehung |
| 302 | *Gretchen*, von Faust betrachtet | Konvergenz | Anziehung |

| 303 | Dasselbe | | |
|---|---|---|---|
| 304 | *Die Tür*, die Mephisto anzieht und abstößt | Konverg./Diverg. | Anziehg./Abstoßg. |
| 305 | *Die Münder* der Sänger-knaben | Divergenz | *Expansion* |
| 306 | *Mephisto*, der sich die Ohren zustopft | Konvergenz | *Kontraktion* |
| 307 | *Der Winkel*, in dem die Züge sich treffen | Konvergenz | Anziehung |
| 308 | *Die Mutter*, die Valentin mit offenen Armen entgegeneilt | Konvergenz | Anziehung |
| | *Valentin* öffnet die Arme. | Divergenz | *Expansion* |
| | *Umarmung* von Mutter und Sohn | Konvergenz | Anziehung |
| 309 | *Der Altar* hinten im Kirchen-schiff | Konvergenz | Anziehung |
| 310 | *Der Bischof* | Divergenz | *Expansion* |
| 311 | *Die Tür*, von der Faust sich abwendet | Divergenz | Abstoßung |
| 312 | *Die Monstranz* | Divergenz | *Expansion* |
| 313 | *Mephisto*, das Gesicht in den Armen verbergend | Konvergenz | *Kontraktion* |
| 314 | *Mephisto* bläst. | Divergenz | *Expansion* |
| 315 | *Der Eingang* mit der Mittel-säule | Konverg./Diverg. | |
| 316 | Gretchen kommt heran. | | |
| 317 | Faust kommt heraus. | | |
| 318 | *Zusammentreffen* von Faust und Gretchen | Konverg./Diverg. | Anziehg./Abstoßg. |
| 319 | *Faust*, von Mephisto zurück-gehalten | Konverg./Diverg. | Anziehg./Abstoßg. |
| 320 | *Umklammerung* Fausts und Mephistos | Konverg./Diverg. | Anziehg./Abstoßg. |
| 321 | *Mephisto* bläst den Brust-kasten auf und lacht. | Konverg./Diverg. | *Expans./Kontrakt.* |
| 322 | *Hausecke* | Seitlich/Konverg. | Anziehung |
| 323 | *Der Schal*, auseinanderge-faltet | Divergenz | *Expansion* |

| | | | |
|---|---|---|---|
| | *Die Schultern* der Mutter, um die der Schal gelegt wird | Konvergenz | |
| | *Gelächter* | Divergenz | *Expansion* |
| | *Umarmung* von Mutter und Sohn | Konvergenz | Anziehung |
| 324 | Gretchen tritt ins Haus. | Kreisförmig | |
| 325 | *Valentins Kopf*, lachend | Divergenz | *Expansion* |
| 326 | Gretchen durchs Bild | | |
| 327 | Valentin durchs Bild | | |
| 328 | *Gretchen*, der Valentin die Hände auf die Augen legt | Konvergenz | *Kontraktion* |
| 329 | Gretchen und Valentin durchs Bild | | |
| 330 | Mephisto kommt. | | |
| 331 | Mephistos *Schatulle* | Konvergenz | Anziehung |
| 332 | Mephisto tritt ins Haus. | Kreisförmig | |
| 333 | Mephisto tritt ins Schlafzimmer. | | |
| 334 | Mephisto tritt ans *Bett*. | Konvergenz | Anziehung |
| 335 | Die geöffneten *Vorhänge* | Divergenz | Expansion |
| 336 | *Die Muttergottes*, vor der Mephisto erschreckt | Divergenz | Abstoßung |
| 337 | *Die Muttergottes* | Divergenz | *Expansion* |
| 338 | *Mephistos* erst breite, dann zusammengezogene Züge | Diverg./Konverg. | *Expans./Kontrakt.* |
| 339 | *Mephisto* wendet sich ab. | Diverg./Konverg. | *Kontraktion* |
| 340 | *Die Muttergottes*, strahlend | Divergenz | *Expansion* |
| 341 | *Die Muttergottes*, die Mephisto erschreckt | Divergenz | *Expansion* |
| | *Die Schatulle*, die ihn anzieht | Konvergenz | Anziehung |
| 342 | Mephisto durchs Bild | | |
| 343 | *Gretchen*, sich den Schal umlegend | Diverg./Konverg. | *Expansion* |
| 344 | *Gretchen*, lachend | Divergenz | *Expansion* |
| 345 | *Valentin*, lachend | Divergenz | *Expansion* |
| 346 | *Gretchen*, sich umwendend | Kreisförm./Diverg. | *Expansion* |
| 347 | *Valentin*, lachend | Divergenz | *Expansion* |

| 348 | *Valentin* zieht Gretchen auf seine Knie. | Konvergenz | Anziehung |
|---|---|---|---|
| 349 | *Valentin*, lachend, während Gretchen sich losmacht und den Schal abnimmt | Divergenz | *Expansion* Abstoßung |
| 350 | *Die Hausecke* | Konvergenz | Anziehung |
| 351 | *Gretchen*, bedrückt | Divergenz | *Kontraktion* |
| 352 | Das offene *Fenster* | Divergenz | *Expansion* |
| 353 | *Faust*, grüßend | Divergenz | *Expansion* |
| 354 | *Gretchen*, sich aufrichtend | Divergenz | *Expansion* |
| 355 | *Die Schatulle* | Divergenz | Expansion |
| 356 | *Die Schatulle* (außerhalb des Bildfeldes) | Konvergenz | Anziehung |
| 357 | *Die Kette*, die Gretchen nimmt und umlegt | Konverg./Diverg. | Anziehung |
| 358 | Die Mutter kommt herein. | | |
| 359 | *Der Punkt*, an dem Gretchen und die Mutter sich treffen | Konvergenz | Anziehung |
| 360 | *Gretchen*, von der Mutter gestreichelt | Konvergenz | Anziehung |
| 361 | *Die Muttergottes* | Konvergenz | Anziehung |
| 362 | *Trennung* Gretchens und der Mutter | Divergenz | |
| 363 | Mutter geht hinaus. | | |
| 364 | Die *Schublade* | Konverg./Diverg. | Anziehg./Abstoßg. |
| | *Die Kette* | Konvergenz | Anziehung |
| | *Gretchen*, hingerissen | Divergenz | *Expansion* |
| 365 | *Gretchen* kommt herein. | Konvergenz | |

In einigen Einstellungen ist das Spiel indes so komplex, daß einander diametral entgegengesetzte Lesarten möglich sind, je nachdem man die Beziehungen zwischen den Personen oder jede Person für sich betrachtet. Die Bewegung, mit der Valentin den Schal um die Schultern der Mutter legt (323), ist konvergent und drückt Anziehung aus. Aber nachdem dieser Schal der Mutter umgelegt ist, verleiht er ihr eine divergierende Ausstrahlung, die stärker ist als das voraufgehende Muster. Die Umarmung von Sohn und Mutter gegen Ende derselben Einstellung kann zugleich in zentripetalem Sinn (zwei konvergierende Teile) und in zentrifugalem (ein Ganzes in Expansion) gelesen werden, wie gezeichnete Würfel, die man zugleich hohl und ausgefüllt sehen kann.

## 3. Motorische Grundmuster in den Sequenzen 10 bis 12

Hier sind wir im Zentrum der Kunst Murnaus, der nie so sehr er selbst ist, wie wenn er sich auf eine einzelne Person im Dekor konzentriert. Zu dieser Einsicht, die schon die Untersuchung seiner Konzeption der Bauten und der Gegenstände nahelegte, gelangen wir nun auf einem anderen Weg. Murnau interessiert das Abbilden nicht von Handlung, sondern von Gefühl. Er will weniger das Aufeinandertreffen zweier Raumfragmente, von Menschen oder Dingen zeigen, weniger die Funken, die es dabei gibt, die Wunden, die dabei entstehen, als einem einzelnen Wesen folgen und den Form- und Strukturveränderungen, denen es unter dem Eindruck eines Gefühls unterliegt, durch das es gestärkt oder um seine Substanz gebracht wird.[20]

In den Sequenzen 10 bis 12 ist Gretchen ständig gegen einen – den linken oder rechten – Seitenrand der Einstellung abgedrängt, sie besetzt die Sehne eines Bogens, dessen Mittelpunkt sich etwa am gegenüberliegenden Rand befindet und der einen Punkt der Anziehung und Abstoßung zugleich darstellt, dem sie zustrebt und der sie abstößt, sei's ein Licht, die Menge oder ein Mensch.

20 Die von Murnau behandelten Themen erweisen sich bei näherer Betrachtung als Abbildung eines Verhältnisses nicht von sich zum anderen, sondern von sich zu sich. Das eigentliche Thema, wie es, über das Drehbuch hinaus, die Kunst des Filmers vermittelt, ist nicht die Feindseligkeit der physischen und sozialen Welt gegenüber der Sünderin, sondern das Bewußtsein, das sie zu ihrer Scham und Verzweiflung davon bekommt. Ebenso kommt es in *Nosferatu* weniger auf die Beziehung des Vampirs zu seinen Opfern an als auf die bloße Erscheinung des Ungeheuers, das sein Ungenügen und sein Verderben in sich trägt und uns reichlich Zeit läßt, seine Form zu betrachten, auf die Gefahr hin, daß dadurch ihr Geheimnis verlorengeht. Der Film ist vor allem das persönliche Drama des Vampirs und seiner unerträglichen Fremdheit. Das Thema vom *Letzten Mann* ist mehr die Vorstellung, die einer von sich selbst hat, als die, die er anderen vermitteln kann. Ebenso kultiviert Tartüff bis zur Unwahrscheinlichkeit seiner Heuchelei »für sich«. In *Sunrise* und *Tabu* bilden die Helden fast immer ein Paar, doch was ihr Spiel auszudrücken und die Kamera zu erfassen sucht, sind ihre einsamen Überlegungen.

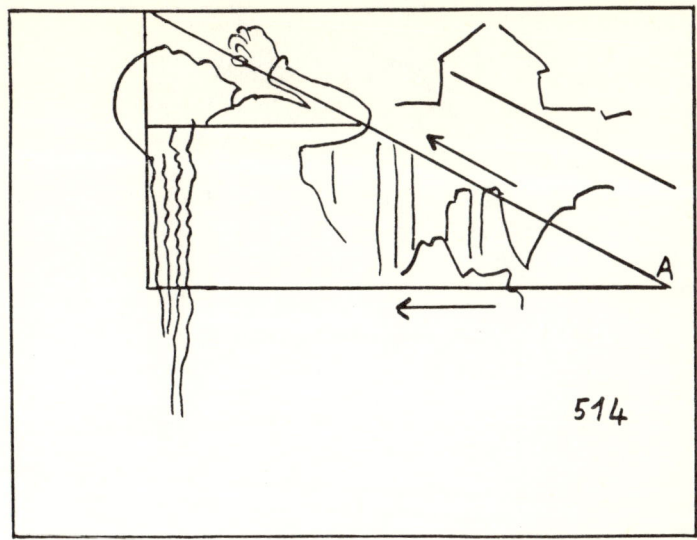

514 – Gretchen kniet ganz links. Der Pol ist die Helligkeit, die vom Altar ausgeht. Ihr gebeugter Arm, der sich vom hellen Grund abhebt, verlängert die Linie der Kerzen und geht bildlich zusammen mit dem Winkel der abstoßenden Kräfte.

516 (Anfang)

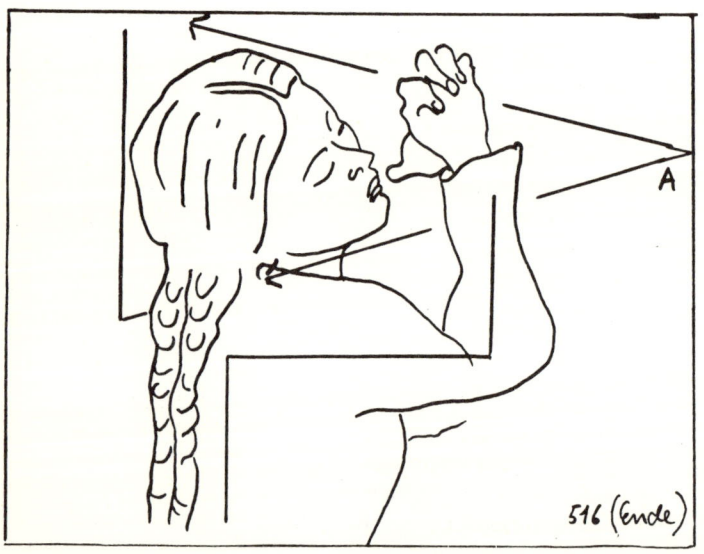

516 (Ende)

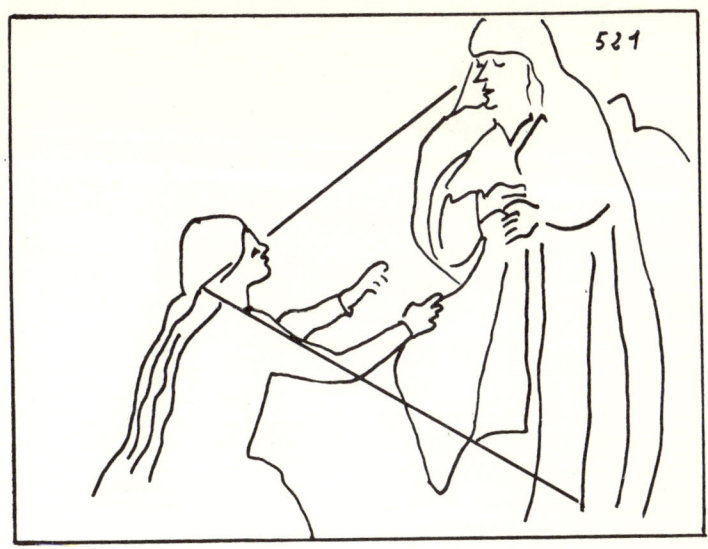

516 – Die Stellung des Ellbogens hat sich verändert: sie ist jetzt niedriger. Arm, Schulter und Zopf bilden etwa den Arm eines (baskischen) Hakenkreuzes, dessen rechter Abschnitt, ein wenig mehr zurück als sonst, den Eindruck von Kontraktion vermittelt.

518 – Gegenläufige Bewegung, nach innen zum Ellbogen hin, Eindruck des In-sich-Zurückgehens, defensiv (Konvergenz).

519 – Gretchen breitet die Arme aus, wodurch sich eine Kraftlinie bildet, die senkrecht zu der vorhergehenden verläuft und Gretchens Aufstehen und Hinfallen beschließt. Der Arm eines Mannes aus dem Zuge unterstreicht das noch.

521 – Gleiche Bewegung der Arme, schräg auf Marthe zu. (In den letzten beiden Beispielen ist das ursprüngliche Muster umgekehrt: Gretchen bildet die Spitze des Winkels, der offen ist auf die Person zu, die sie anfleht.)
    Die Anziehung verbindet sich mit der Vorstellung der Divergenz (Öffnen der Arme), die Abstoßung mit der der Konvergenz (In-sich-Zurückziehen). Obgleich es sich um die Beziehung zweier Personen handelt, erweist sich so das erste Muster (Expansion/Kontraktion) als fruchtbarer.

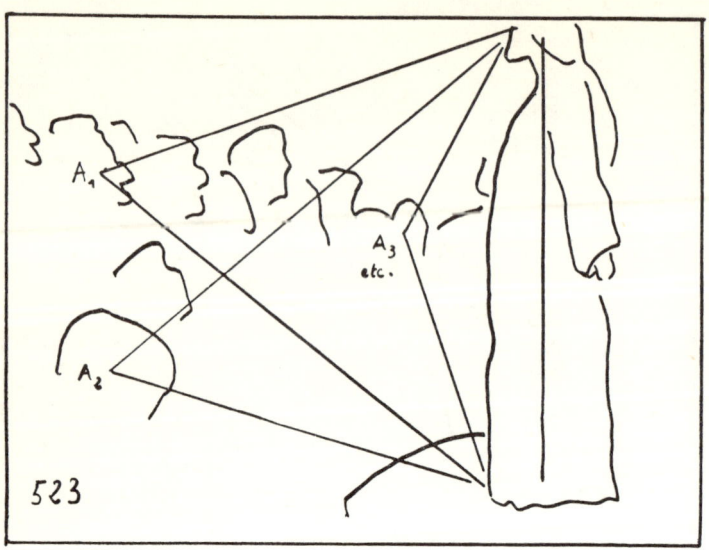

523

522 – Gretchens Fall. Theatralisches Spiel, das sich nur schwer in eins unserer beiden Grundmuster einordnen läßt.

523 – Der Pranger. Schräg nach oben gerichtet die Blicke der Menge. Wiederkehr des ursprünglichen Grundmusters von Winkeln, die in Richtung auf Gretchen geöffnet sind.

524 ff. – Im Prinzip dasselbe Grundmuster bei den Großaufnahmen der Zuschauer. Eine genaue Untersuchung zeigt das Vorhandensein des Winkels bei A:

526 – Ellbogenwinkel der Alten, die sich eine Träne wegwischt.

527 – Winkel, den der kleine Junge mit seiner Brotschnitte bildet, die ihrerseits dreieckig ist.

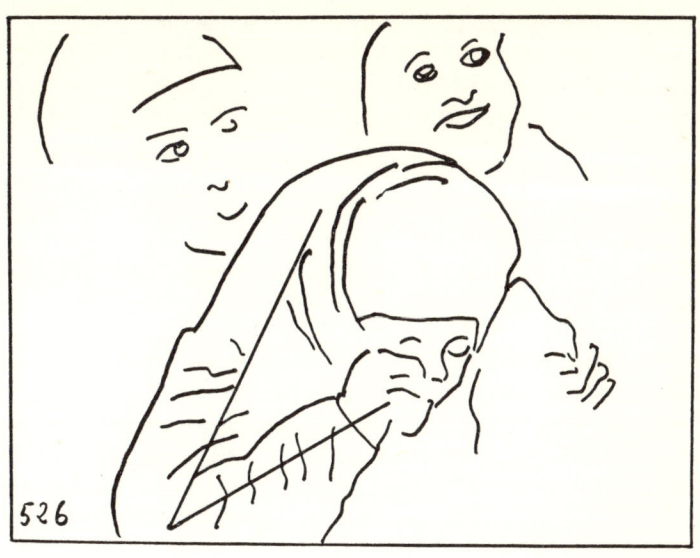

528 – Das übertriebene Lachen der Dirnen: Expansion.

530 – Gretchen zart und bewegungslos. In einer Haltung, die sie noch einmal einnimmt, wenn sie etwas später in ihr Zimmer tritt.

532 – Gretchen, wie sie ihre Hände zum Gesicht hebt: eine typische Kontraktion.

533 – Gretchen entfernt sich vom Pranger, entsprechend einer Schräglinie, die dem oberen Schenkel des Winkels bei A entspricht.

534 – Gretchens Weg quer durch den Vorraum. Diese Szene ist einer der Höhepunkte des Films, eine der in ihrer Einfachheit wirkungsvollsten, die beim ersten Sehen besonders treffen und am längsten in der Erinnerung haften. Von Anfang an herrscht ein Eindruck von Ungleichgewicht. Gretchen, nach vorn gebeugt, wendet dem Anziehungspol den Rücken zu, der, wie man gleich sehen wird, der Stuhl der Mutter ist, und wendet sich so rückwärts den Kraftlinien der Sequenz zu. Sie werden in dieser Einstellung von der Fluchtlinie der linken Seitenwand gebildet, die sich fortsetzt im äußeren Rand der Treppe. Der Lichtausschnitt des Treppenhauses bildet dazu in gewisser Weise eine Entsprechung.

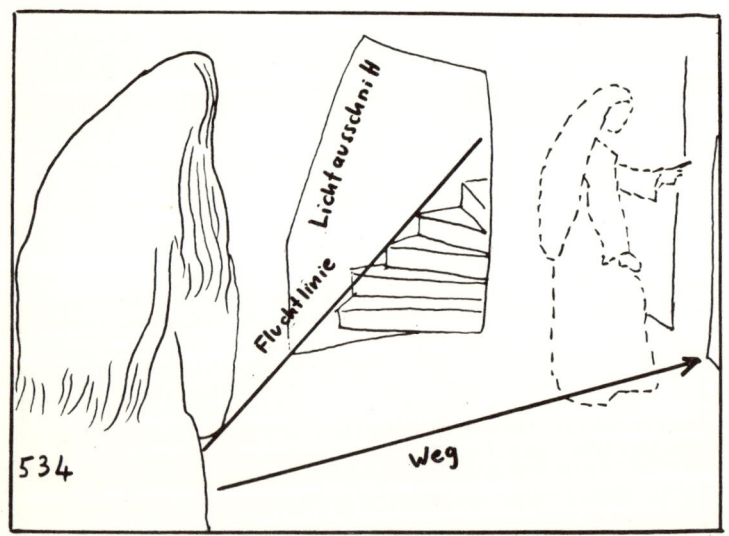

535 – Gretchen hat die Tür zu ihrem Schlafzimmer geöffnet. Auch da wird der Winkel wieder von der Mittellinie der Schatulle (links im Anschnitt), der der Kommode (rechts) und ganz zu Beginn dem Schatten der Person gebildet. Diese bleibt erst auf der Schwelle stehen, geht dann einige Schritte, bleibt wieder mit hängenden Armen stehen. In diesem Schlußteil des Films sieht man Gretchen mehrmals, wie sie sich gegen Wände stützt, die ihr als physischer und moralischer Halt dienen; hier dagegen ist sie konfrontiert mit einer Leere (der leerstehenden Wohnung), die man nicht sieht, die allein durch Gretchens Haltung suggeriert wird.[21]

536 – Erneutes Durchqueren des Flurs, jetzt in die »richtige« Richtung.

---

21 Diese Untersuchung gibt nicht vor, alle Interpretationsmöglichkeiten zu erschöpfen. Selbst unter dem einfachen Aspekt der Formendynamik könnte diese Einstellung, wie die voraufgehenden und nachfolgenden, anders »gelesen« werden, beispielsweise vertikal. Die Szene erinnert an den schwankenden Gang Nosferatus, wenn er aus dem Sarg steigt, wobei hier der Sarg durch den Türrahmen angedeutet wird. Gerade die Vielfalt der möglichen Lesarten macht den Reichtum eines solchen Films aus.

537

537 – Eintreten ins Schlafzimmer der Mutter. Ein kurzer Augenblick der Erholung, des Gleichgewichts, aber eines unsicheren, gespannten Gleichgewichts, das aus der wechselseitigen Aufhebung der Kraftlinien herrührt, die in fast alle Richtungen V-förmige Winkel bilden, die auf den Umrissen der Person basieren. Haupteindruck ist eine Kontraktion, Ausdruck einer heftigen und schmerzhaften Nachdenklichkeit.

Gretchens Blick auf den Sessel führt eine neue Linie ein, die senkrecht zur Bildebene verläuft.

538 – Die Mutter, die Arme über den Lehnen des Sessels öffnend, stellt zuletzt einen Anziehungspol her.

539

539 – Die Spannung von 537 löst sich in einem Ausdruck gesteigerten Gefühls, eine Verbindung von Ausdehnung (der Mund) und zugleich Einschnürung (die Augen). In Wirklichkeit ist die Ausdehnung nur scheinbar; es überwiegt die Vorstellung des geöffneten Mundes, der sich schließt, dann die des geschlossenen Mundes, der sich öffnet. Die Gesichtszüge weisen nach unten und suggerieren Konvergenz.

540 – Gretchens Körper, der sich bis dahin an der Wand stieß, an der Ablehnung der anderen oder einfach an der Leere, findet schließlich einen Ort, wo er sich nicht nur anlehnen, sondern einschließen kann. Nachdem er zusammengezogen, gespannt war, wird er jetzt unvermittelt schmiegsam, fast schlaff, rückhaltlos von Schluchzen erschüttert. Die vielen V, die in 537 einander gegenüberstanden und Kontraktion ausdrückten, wenden sich jetzt voneinander ab und markieren, in der Form eines X, befreiende Expansion. In dieser Stellung scheinen sich die Zuckungen der Heldin mehr nach außen als nach innen zu richten, und die konvexe Linie des Rückens schafft eine Spannung nicht mehr nach unten, wie zuvor, sondern nach oben.

Diese Konstruktion wird für einen Augenblick unterbrochen durch eine schräg nach oben gerichtete Bewegung Gretchens, die der Rückenlehne des Sessels folgt. Das X weicht erneut dem V: wieder das ursprüngliche Grundmuster und der Eindruck von Widerstand und Leere zugleich – einer Leere, die ein Widerstand ist, denn der leere Sessel öffnet sich nur, um mit der Rückenlehne desto hartnäckiger Widerstand zu leisten. Das Muster hat sich umgekehrt, und die Sehne von A ist ganz Pol der Anziehung und der Abstoßung geworden.

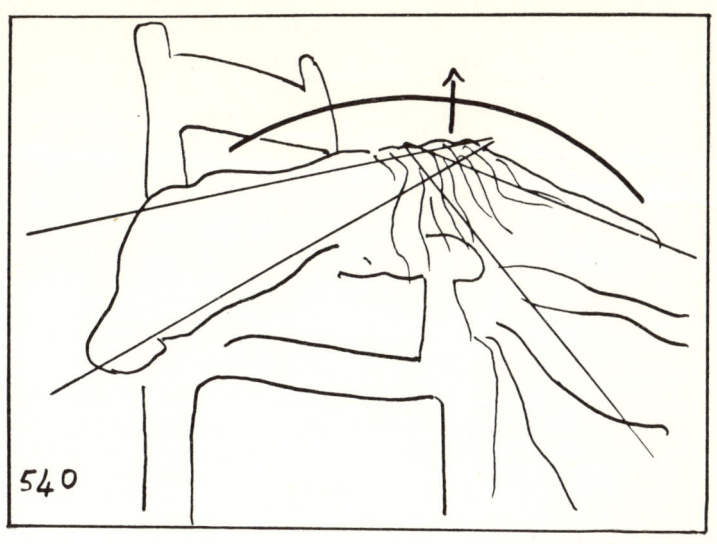

540

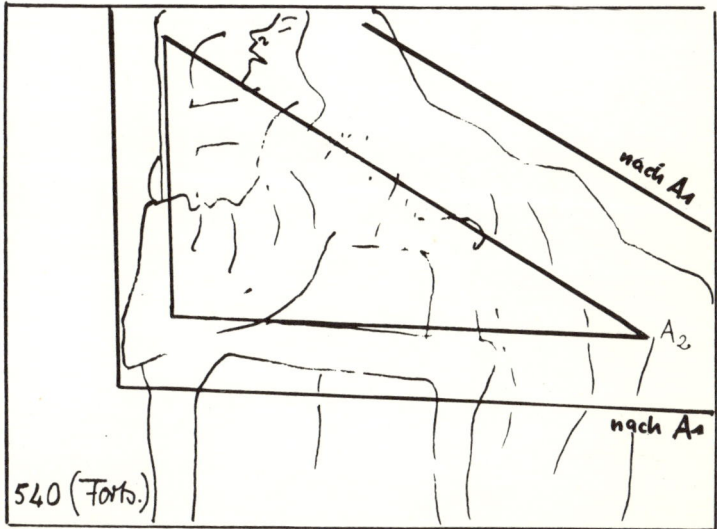

540 (Forts.)

nach A₁

nach A₀

$A_2$

543 – In Sequenz 12 vereinfacht sich das Grundmuster wieder und reduziert sich auf mehrere Schräglinien: etwa die, in denen Gretchens Gesten den Dachbalken und der Diagonale AD parallellaufen.

544 – Arm und Schleier bilden eine Parallele, etwas oberhalb der Diagonale.

545 – Gretchen richtet sich auf und entfernt sich gebeugt in derselben Richtung.

546 – In den nun folgenden Landschaften erscheinen die Elemente des Dekors, Bäume und Zäune, in expressionistischer Manier gekippt. Einwände dagegen wurden schon im Kapitel über den Bildraum vorgebracht. Doch obwohl diese Vorliebe für schräggestellte Dekorelemente bei der Statik der Formen ein wenig aus dem Rahmen fällt, trägt sie doch auch dazu bei, die Dynamik der Einstellung zu verstärken. Der Wind, der Bewegung Gretchens entgegengerichtet, stellt dynamisch den Winkel A wieder her, der sich so in einem Bündel von Abstoßung materialisiert, dem Gretchen hartnäckig trotzt.

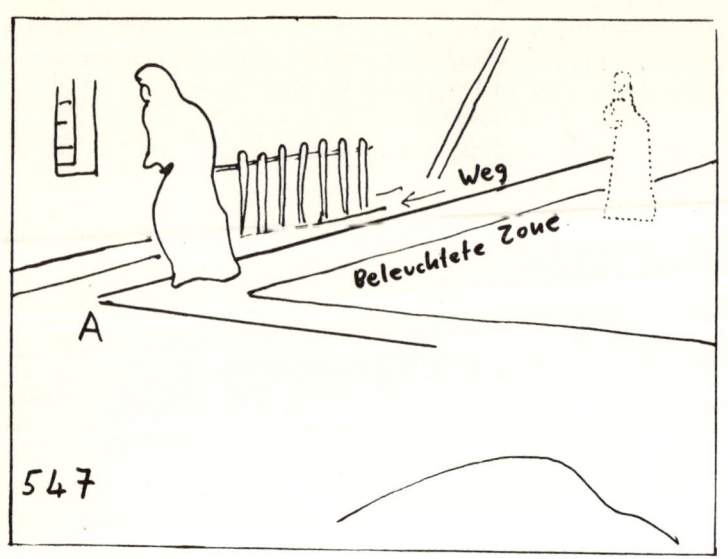

A

547

Weg

Beleuchtete Zone

547 – Dieses Bündel nimmt hier die Form eines hellen Dreiecks auf dem Boden an.

548 – Das Strahlenbündel fällt jetzt, immer noch feindlich, aus dem sich öffnenden Fenster.

549 – Gretchen kommt näher, vorgeneigt parallel zu den Pfählen im Vordergrund.

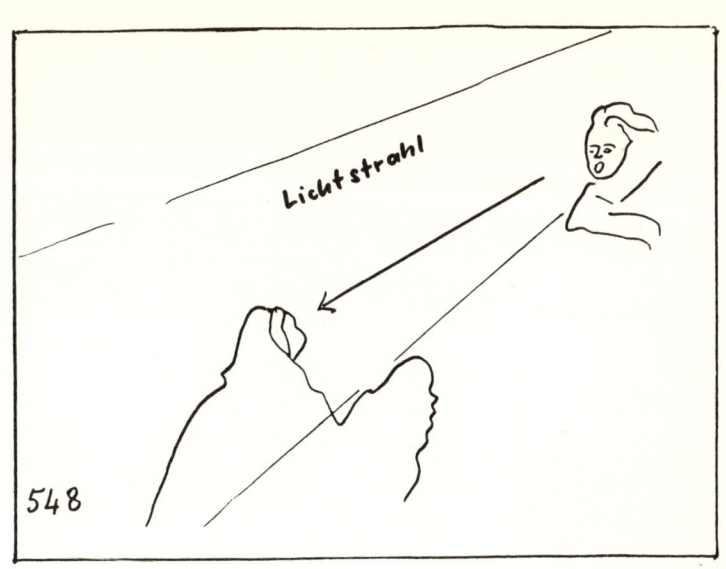

548

Lichtstrahl

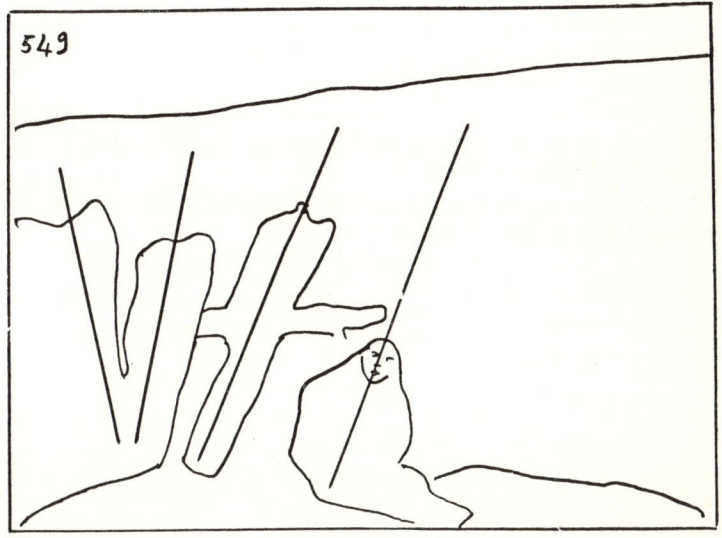

549

123

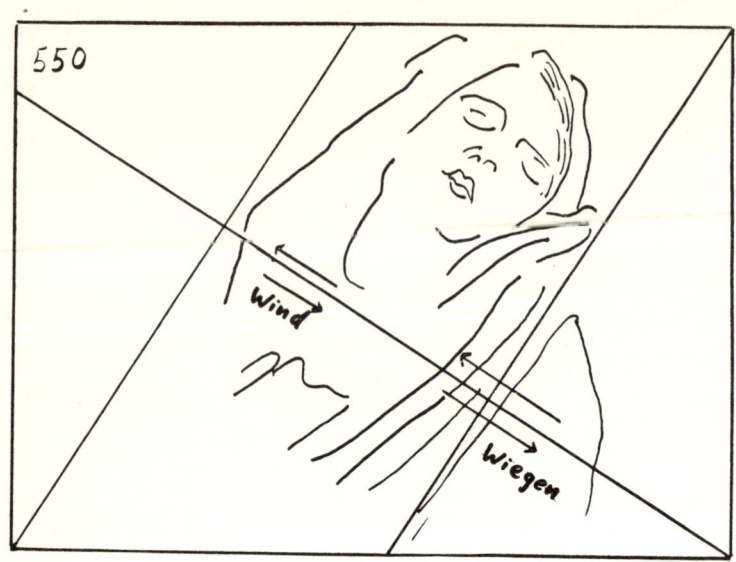

550 – Die schräge Haltung der Figur entspricht CB. Dann Wiegen des Kindes und Bewegung des Schleiers im Wind, entsprechend AD.

551 – Das schräge Schaukeln Gretchens wird überlagert (durch Trick) von dem der Wiege. Wenn auch absolut passend für die Einstellung, fügt es sich weniger selbstverständlich in die Grundmuster des Films ein als das der – seitlich gesehenen – Schaukel auf der Kirmes (39) und das des Lüsters im Herzogspalast (272).

555-558 – In der Szene mit den näherrückenden Soldaten wird die Diagonale wieder beherrschend (die Lanzen, der Weg, die Bewegung des Arms gegen Kind und Mutter).

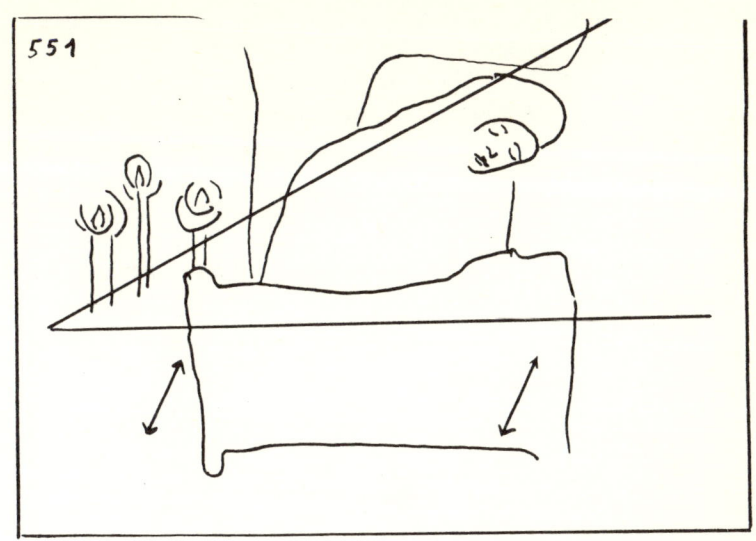

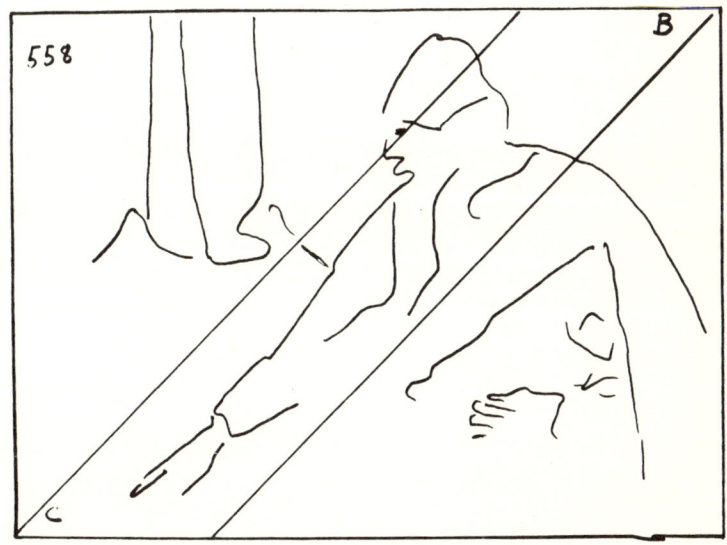

125

559 – Gretchens Schrei. Expansion, in der sich ein äußerster Höhepunkt des Schreckens ausdrückt.

560-561 – In Doppelbelichtung die Landschaft über Gretchens schreiendem Mund. Zwei Bewegungen zugleich: erstens zentrifugal die des Mundes und des vom Wind bewegten Schleiers; zweitens von vorn nach hinten, zentripetal, gegen das Innere des Mundes gerichtet. Der Widerspruch zwischen diesen beiden Bewegungen wirkt allein aus sich heraus dramatisch. Die zentrifugale Bewegung wirkt hier nicht wohltuend, der Eindruck von »Lücke« entsteht.

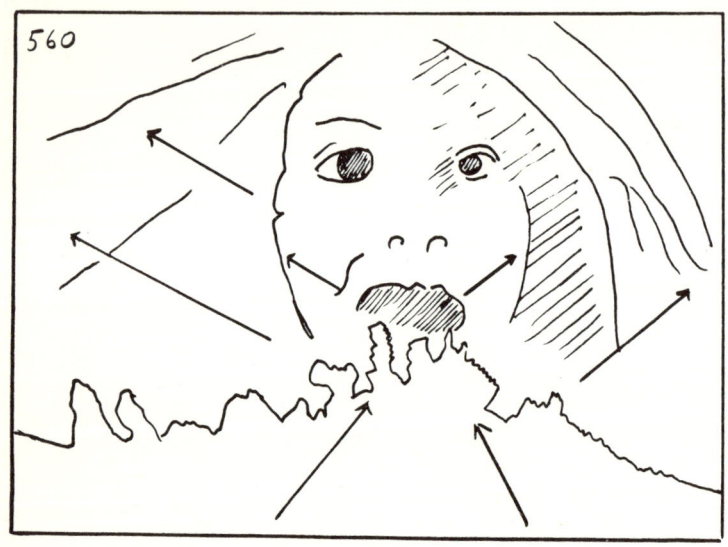

568-569 – Im Gefängnis, zwei Kraftlinien. Eine schräge (statische), etwas oberhalb der Diagonale BC, und eine Kreisbewegung, die sie zur Achse hat.

Anfangs ist der Körper schräg gegen die Wand gelehnt. Das Wiegen ist halb Drehung, halb Schwanken.

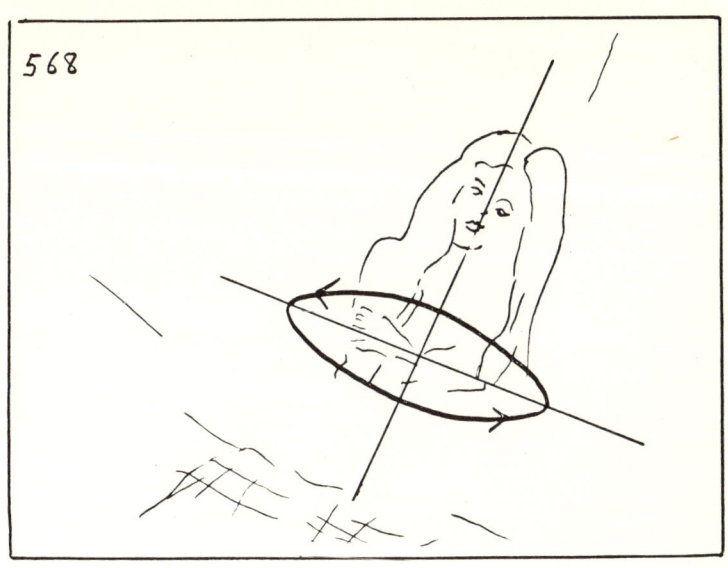

127

570-571 – Der Schatten, der vom Fenster fällt, konstituiert die Schräge.
Drehbewegung beim Flechten des Kranzes.

Dann in Doppelbelichtung der Ringelreihen, im Halbkreis näherkommend Faust.

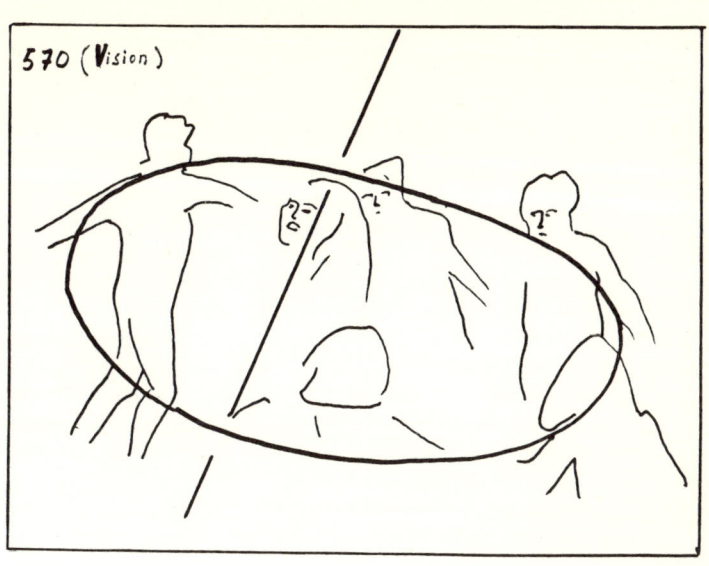

570 (Vision)

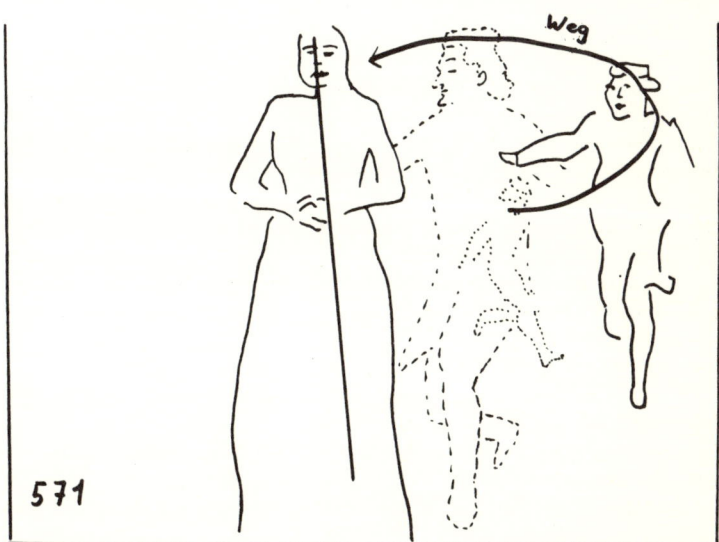

Weg

571

129

# Bibliographie

## Texte über Murnau

Wenn man absieht von Peter Dittmars materialreicher Dissertation (*F. W. Murnau. Eine Darstellung seiner Regie und seiner Stilmerkmale durch die Rekonstruktion der verlorenen und unvollständig überlieferten Filme,* Berlin 1962), gibt es über den Regisseur des *Faust* nur ein Werk aus erster Hand: Lotte H. Eisner, *F. W. Murnau,* le Terrain Vague, Paris 1964 – deutsch: *Murnau,* Kommunales Kino, Franfurt/Main 1979 (dazu die Ausführungen derselben Autorin in *L'Écran Démoniaque,* ebenfalls bei le Terrain Vague – deutsch: *Die dämonische Leinwand,* Kommunales Kino, Frankfurt/Main 1975 –, vor allem die zum Faustfilm in Kapitel XVIII, »Höhepunkt des Helldunkel«). Das Buch enthält alle Informationen zum Thema, die derzeit verfügbar sind, jedenfalls zur deutschen Periode Murnaus, was uns der Notwendigkeit reiner Quellenforschung enthebt. Die Tatsachen, die die Autorin anführt, die von ihr zitierten Zeugnisse und Dokumente, ihre Urteile, auch wenn wir sie nicht immer teilen, waren bei unseren Überlegungen eine unerläßliche Hilfe.

Die Studie *Murnau* von Charles Jameux, Auszug aus einer Abschlußarbeit am Idhec, im darauffolgenden Jahr (1965) bei den Éditions Universitaires erschienen, erwähnt Lotte Eisners Buch nicht in der Bibliographie und bezieht sich nur auf Artikel der Autorin in verschiedenen Zeitschriften, sowie auf Siegfried Kracauers Buch *From Caligari to Hitler,* New York 1947 – jetzt vollständig deutsch bei Suhrkamp. Jameux räumt allgemeinen Ideen mehr Platz ein als der Geschichte. Die gleichnamige Arbeit von Jean Domarchi in der Reihe *Anthologie du Cinéma,* Paris 1965, stellt sich ebenfalls, wenn auch mit einer ganz anderen Perspektive, als Kritik und Theorie dar. Domarchi bezieht sich auf das Buch von Lotte Eisner und entlehnt ihm seine Filmographie. Da beide Arbeiten mehr die Problematik des Werks als die Inszenierung Murnaus zum Gegenstand haben, waren sie uns von nur geringer Hilfe.

Eine Anzahl von Zeitschriftenartikeln sei hier ohne Kommentar aufgeführt:
Alexandre Astruc, *Le feu et la glace* (*Cahiers du Cinéma,* Nr. 18).
Jean Domarchi, *Présence de F. W. Murnau* (*Cahiers du Cinéma,* Nr. 21).
Jean Douchet, *Venise 1962* (*Cahiers du Cinéma,* Nr. 137).
Eric Rohmer, *Le celluloid et le marbre: de la métaphore* (*Cahiers du Cinéma,* Nr. 51).
Maurice Scherer, *Le cinéma art de l'espace* (*Revue du Cinéma,* Nr. 14).
Ders., *Vanité que la peinture* (*Cahiers du Cinéma,* Nr. 3).

*Werke über den Faust-Mythos*

Gaston Baty und Rene Chavance, *Les Marionnettes allemandes et le Puppenspiel de Faust* (*Revue d'histoire du théâtre*, Nr. IV, 1950).

Charles Dedeyan, *Le Mythe de Faust dans la littérature européene* (Éditions des Lettres modernes).

A. Fuchs, *Méphistopheles* (*Études Germaniques*, Nr. 2 und 3, Juni und Juli 1965).


*Ikonographie*

Jacqueline Armingeat, *Le Faust de Delacroix* (l'Oeil, Nr. 12, Weihnachten 1955).

Franz Neubert, *Vom Doctor Faustus zu Goethes Faust*, Leipzig 1932.

Willy Storck, *Goethes Faust und die bildende Kunst*, Leipzig 1912.

Wolfgang Wegner, *Die Faustdarstellung*, Amsterdam 1962.

*La Peinture allemande à l'époque du Romantisme*, Katalog zur Ausstellung in der Orangerie der Tuilerien, Oktober 1976 bis Februar 1977.

# II. Szenisches Protokoll

# Vorbemerkung

Uns standen für dieses Protokoll drei verschiedene Kopien des Films zur Verfügung. Sie unterscheiden sich nicht nur durch den Schnitt, sondern auch durch den Inhalt der Einstellungen und wurden demnach wahrscheinlich von verschiedenen Negativen gezogen. Bekanntlich gab es zur Stummfilmzeit noch keine Duplikate; Exportkopien und Kopien für einen Masseneinsatz wurden von einem zweiten oder dritten, aus anderen Aufnahmen montierten Negativ gezogen.

1. Eine unlängst in Ostberlin von einem wiederentdeckten Negativ gezogene Kopie, die wir mit dem Buchstaben B bezeichnen.
Sie ist die vollständigste und enthält, bis auf zwei oder drei Ausnahmen, alle Zwischentitel. Doch ist damit nicht gesagt, daß es sich um die »Originalfassung« handelt, die der Berliner Erstaufführung vom 14. Oktober 1926. Vielmehr ist die Qualität der Aufnahmen geringer, jedenfalls weniger einheitlich als in den beiden anderen Fassungen, und die zuweilen chaotische Montage läßt vermuten, daß es dem Cutter an Material gefehlt hat. Deshalb halten wir es für möglich, daß sie nach einem »Sicherheits«-Negativ gezogen wurde, das aus – wenigstens nach Meinung des Regisseurs – weniger guten Aufnahmen zusammengestellt wurde.

2. Kopie W mit zweisprachigen, englisch-deutschen Zwischentiteln, im Deutschen Institut für Filmkunde in Wiesbaden.
Sie weist, verglichen mit der vorhergehenden, einige Lücken auf, vor allem was die Zwischentitel betrifft; die Zahl der Einstellungen ist etwas kleiner (um etwa zehn), aber die Auswahl der Einstellungen scheint uns besser, deshalb gehen wir bei unserer Zählung von ihr aus und begnügen uns damit, die Varianten von B in Fußnoten anzugeben. Eine Ausnahme: die Pestsequenz, die hier vollkommen unlogisch montiert ist (Faust wirft zuerst die Bücher ins Feuer), weshalb wir es vorgezogen haben, hier den anderen beiden Fassungen zu folgen.

3. Kopie D mit dänischen Zwischentiteln, die sich in der Cinémathèque Française befindet.
Sie stand uns am häufigsten zur Verfügung. Dem Inhalt der Einstellungen nach unterscheidet sie sich kaum von W, aber einige sehr auffallende

Abweichungen lassen vermuten, daß sie von einem anderen Negativ, möglicherweise sogar einem von besserer Qualität, gezogen wurde. Andererseits enthält sie zahlreiche Lücken, sogar im Inneren von Einstellungen, und das parodistische Entblättern der Sonnenblume durch Mephisto (440-443) fehlt ganz. Lücken und fehlende Einstellungen werden durch eckige Klammern bezeichnet.

Handelt es sich hier um die Fassung, die im September 1926 bei der Kopenhagener Welturaufführung gezeigt wurde? Das ist allerdings nur eine Hypothese, die beim gegenwärtigen Stand unserer Nachforschungen keine Bestätigung gefunden hat.

Die Abbildungen in diesem Buch entsprechen der Fassung B.

# Faust
# Eine deutsche Volkssage

Regie: Friedrich Wilhelm Murnau
Drehbuch: Hans Kyser
Kamera: Carl Hoffmann
Bauten und Kostüme: Robert Herlth und Walter Röhrig

Darsteller
Faust: Gösta Ekman
Mephisto: Emil Jannings
Gretchen: Camilla Horn
Die Mutter: Frieda Richard
Valentin: Wilhelm Dieterle
Marthe: Yvette Guilbert
Der Herzog: Eric Barclay
Die Herzogin: Hanna Ralph
Der Erzengel: Werner Fütterer

**Sequenz 1**

Titel    *Siehe!*

Titel    *Aufgetan sind die Pforten der Finsternis und die Schatten[1] der Völker jagen über die Erde ...*

**1.** Halbnah.[2] Mephisto hält schützend den Unterarm vor die Augen. Er senkt ihn und blickt nach oben.
**2.** Totale. Schwarz, dann ein sich bewegender Fleck mit phantastischen Konturen vor einem Grund von blendendem Licht.

In Doppelbelichtung erscheinen mitten in Wolken, die sich ihnen entgegen bewegen, die vier Apokalyptischen Reiter. In leichter Zeitlupe scheinen sie, in stampfender Bewegung, nach links zu galoppieren.
**3.** Totale. Auf der schwarzen Leinwand, unten, in der rechten Mitte ein leuchtender Punkt, der sich zu einer sich ständig vergrößernden Scheibe erweitert und breite Strahlen aussendet.

---

1 In B: »Schrecken«.
2 Fehlt in B.

**4. Totale** (enger als 2). Die Reiter. Rechts der Tod. Ein zeitweilig unterbrochener Lichtstrahl fegt über die Leinwand, leicht geneigt von links nach rechts.

**5. Totale.** Wieder die Scheibe, die sich weiter vergrößert, aber ohne Strahlen. Sie nimmt fast die ganze Leinwand ein.

**6. Totale.** Die Reiter. Der Strahl, der schräg über die Leinwand geht, teilt sich auf in ein Bündel aus vielen Strahlen, hinter denen langsam die Reiter verschwinden, während man ganz oben in der Einstellung, in einem schmalen dunklen Streifen, Mephistos Silhouette und seine glimmenden Augen erkennt.

Langsam verbirgt er das Gesicht hinter seinem Flügel.

**7. Halbnah.** Die strahlende Scheibe erkennt man jetzt als das Licht, das vom Erzengel ausgeht, dessen Form sich plötzlich verdeutlicht.

Titel     *Zurück! Halt ein! Was geißelst Du die Menschheit mit Krieg, Pest, Hungersnot!*

**8. Halbnah.** Mephisto die Flügel entfaltet[3], das Gesicht von Licht überflutet, hält dem Anblick des Erzengels stand. Er spricht.

Titel     *Mein ist die Erde!*

**9. Halbnah.** Angeschnitten, im Gegenlicht, in der unteren rechten Ecke Mephisto von hinten, er schaut nach links oben zu dem strahlenden Erzengel, der spricht.

Titel     *Nie wird die Erde Dein sein! Der Mensch ist Gottes.*

Der Erzengel reckt sein Schwert schräg nach unten. Er spricht.

Titel     *Sieh dort hinab.*

**10. Totale.** Wallendes Gewölk gibt den Blick frei auf einen leuchtenden Globus; neben ihm ein aufgeschlagenes Buch in den Händen des Doktor Faust inmitten eines Kreises von Schülern. Er spricht, bald an seine Zuhörer gewendet, bald in das Buch schauend. Er macht eine weitausladende Geste.

Titel     *Wunderbar sind alle Dinge Himmels und der Erde! Doch der Wunder Größtes ist die Freiheit des Menschen: zu wählen zwischen Gut und Böse!*

---

3 In B verdeckt Mephisto zuerst mit seinem Flügel die Augen.

**11.** Groß. Das Gesicht Fausts, der weiter spricht und zum Himmel schaut. Er verschwindet langsam hinter sich hochwindenden Wolken.[4]

**12.** Halbnah. Der Kopf des Erzengels in der linken oberen Ecke; sein schräg gestellter Flügel verdeckt fast ganz die Leinwand. Mephisto von der Seite, unten rechts. Der Erzengel spricht.

Titel  *Sahst Du den Faust?*

**13.** Nah. Mephisto von vorn, in der unteren Hälfte der Einstellung, den linken Flügel aufgestellt. Er schaut in Richtung Erde und spricht.

Titel  *Ein Schelm wie alle! Er lehrt das Gute und treibt das Böse.*[5]

Titel  *Gold will er schaffen und den Stein der Weisen.*[6]

**14.** Halbnah. Schimmernder Dampf, hinter dem der Doktor Faustus in seinem Laboratorium erscheint.

Er beobachtet eine über einer Flamme auf einem Dreifuß stehende Retorte.

---

4 In Wahrheit zwei ineinandergeblendete Einstellungen.
5 Fehlt in B.
6 Fehlt in B.

**15.** Groß. Die Retorte im Vordergrund, dahinter Faust.

**16.** Groß (enger als 15). Der Rand der Retorte links im Vordergrund. Rechts im Mittelgrund Fausts Bart.

Faust senkt den Kopf, sein Gesicht kommt ins Bild. Die Stirn umstrahlt vom Reflex der Flammen, untersucht er den Inhalt der Retorte, dann richtet er sich langsam wieder auf.

**17.** Nah. Faust neigt sich nach rechts, um nach etwas, das außerhalb des Bildes ist, zu greifen: eine Phiole, deren Inhalt er von hinten in – oder auf – die Retorte zu schütten scheint.

**18.** Groß, Fausts Gesicht, die Retorte betrachtend. Eine Flamme leuchtet im undeutlichen Vordergrund, unten in der Einstellung.

**19.** Nah. Die Retorte im Vordergrund, unten in der Einstellung, fast in der Mitte, dahinter Faust. Sie glitzert. Er schüttet noch einmal etwas aus der Phiole in die Retorte. Rauch steigt auf.

Eine Explosion. Der Rauch zieht ab, und man sieht Faust, das Gesicht hinter den Armen versteckt. Dann nimmt er langsam die Arme herunter. Rauch hüllt ihn von neuem ein.

**20.** Nah. Mephisto unten in der Einstellung, den Kopf gesenkt, die Flügel zusammengefaltet. Er spricht, während hinter ihm Wirbel und Explosionen das Gewölk bewegen.

Titel     *Was gilt die Wette: Ich ringe Gott die Seele Faustens ab!*

Er hebt triumphierend den Arm.

**21.** Halbnah. Der Erzengel verdeckt mit seinem schräggestellten Flügel fast die ganze Oberfläche der Leinwand. Er spricht.

Titel     *Kannst Du in Faust das Göttliche zerstören: dein sei die Erde.*

**22.** Halbnah. Der Erzengel, von Strahlen umflossen. Er löst sich auf in ihrem Glanz.

**23.** Halbnah. Mephisto faltet seine Flügel ganz auseinander, Nebel ziehen über sie hinweg und lassen schräg einen Strahl hervortreten. Er spricht mit triumphierend erhobenem Arm.

Titel     *Dem Bösen widersteht kein Mensch. Die Wette gilt.*

**24.** Groß. Mephistos Kopf. Mephisto steigt hinab und verschwindet unten an der Leinwand, während erst dunkles, dann helles Gewölk am Himmel hochsteigt. Abblende.

**25.** Totale. Aufblende. Gesamtansicht einer kleinen mittelalterlichen Stadt. Die spitzen Dächer drängen sich um einen gotischen Kirchturm.

**26.** Totale. Eine Kirmes. Im Vordergrund: ein Seiltänzer, als Harlekin verkleidet, spaziert über eine Bühne und schlägt Purzelbäume; damit bringt er die Menge zum Lachen, die sich im Mittelgrund drängt, von vorn aus der Untersicht.

Das Schauspiel wird aufmerksam verfolgt auch von einem jungen Mann, der auf einer Schaukel hockt und, noch weiter hinten rechts, hin und wieder ins Blickfeld kommt.

Im Hintergrund schließlich noch ein Gaukler, der auf einem Seil balanciert.

**27.** Halbnah. Drei Schaukeln, eine mit zwei Personen in der Mitte des Bilds; die anderen beiden, im Anschnitt, schaukeln über der Menge vor und zurück.

**28.** Totale. Links im Mittelgrund der Bühne kämpft ein Mann mit einem Bären. In der Mitte die Zuschauer, die einen ihm zugewandt, die anderen dem Schauspiel im Vordergrund: ein Äquilibrist, der von rechts hereinkommt, auf den Händen gehend. Im Anschnitt unten links sieht man Schattenspiele auf einer Leinwand.

**29.** Halbnah. Die Leinwand, von hinten gesehen, verdeckt die Einstellung und läßt im Mittelgrund einen Teil des Publikums erkennen. Die Schatten ahmen zwei Murmeltiere nach, die ihre Mäuler aneinanderreiben und sich die Pfote geben. Zum Schluß nimmt der Schattenspieler die Hände auseinander und löst so die Illusion auf.

**30.** Totale (enger als 25). Die Dächer der Stadt um den Kirchturm herum, sie glänzen.

In Doppelbelichtung am Himmel die riesige Gestalt Mephistos. Er entfaltet seine schwarzen Flügel, und der Schatten fällt auf die Dächer.

**31.** Halbnah (wie 29). Der Schattenspieler erscheint, jetzt in Person, angeschnitten im Bild, von hinten ganz rechts. Er macht einen Vogel nach, der mit den Flügeln schlägt. Dann wendet er sich zum Publikum, links, und zeigt ihm seine Hände.

**32.** Totale. Die schwarzen Flügel Mephistos über der Stadt ausgebreitet wie ein Leichentuch.

**33.** Totale. Ein Äquilibrist läuft auf den Händen vorn über eine Bühne. Er trägt ein federbesetztes Trikot. Im Mittelgrund vorn die Menge am Fuß des großen Zelts versammelt.

**34.** Totale (wie 32). Schwarzer Rauch quillt unter Mephisto hervor und zieht über die Stadt.

**35.** Totale (wie 33). Der Äquilibrist hält sich in der Mitte der Einstellung unbeweglich auf beiden Händen.

Plötzlich bricht er zusammen, versucht sich wieder aufzurichten und bricht von neuem zusammen. Leute klettern auf die Bühne, die einen kommen von hinten, die anderen von vorn ins Bild. Sie heben ihn halb hoch.

**36.** Groß. Hände heben die Maske vom Gesicht des Äquilibristen, man sieht sein Gesicht im Profil. Die Augen sind geschlossen.

Titel     *Die Pest!*

**37.** Halbnah. Die Bühne aus der Höhe der Bretter aufgenommen, ausgestreckt darauf liegend der Mann. Die Leute um ihn herum springen von der Bühne und laufen auseinander, das übrige Publikum macht es ihnen nach. Der bewegungslose Körper bleibt allein zurück, ein heftiger Windstoß bläst die Leinwand, die Rückwand des großen Zeltes auf.

**38.** Totale (wie 32 und 34). Der Rauch breitet sich weiter aus.

**39.** Halbnah (wie 27?). Der Mann, der bis zuletzt auf der Schaukel saß, springt herab; sie schaukelt leer weiter.

**40.** Totale. Links im Vordergrund schlägt eine Leinwand im Wind, während die Menge vorm Hintergrund hoher Fassaden nach rechts flieht.

**41.** Halbnah (wie 37). Der Wind bläst immer noch. Der Äquilibrist, der auf der Bühne liegt, hebt einen Arm und läßt ihn wieder zurückfallen. Er kriecht in den Vordergrund bis zum äußersten Bühnenrand, seine Glieder versagen ihm den Dienst, er fällt wieder hin.

**42.** Nah. Der Mann fällt vornüber und bleibt, den Kopf nach unten, auf den Treppenstufen der Bühne liegen. Leinwandfetzen, vom Wind getrieben, fallen neben ihm zu Boden. Abblende.

# Sequenz 3[7]

Titel    *Verheerend wütete die Seuche. In wenig Tagen lag die halbe Stadt im Sterben.*

**43.** Totale. Unter einem Bogengang kommt, einen halbkreisförmigen Weg beschreibend, von links nach rechts ein Zug von Krankenträgern, die Köpfe verborgen unter hohen, spitzen Kapuzen. Sie tragen Leichen. Ihnen vorauf an der Spitze des Zuges tragen zwei Männer, ebenso gekleidet, rauchende Kohleglut in flachen Pfannen. Im Hintergrund brennt ein Feuer, halb verdeckt durch den Bogengang.

**44.** Totale (wie 32, 34 und 38). Die schwarzen Flügel Mephistos über der Stadt. Der Rauch verzieht sich, Kirchturm und Dächer werden sichtbar.

**45.** Halbnah. Eine Leiche, perspektivisch verkürzt. Im Vordergrund heben sich ihre riesigen Füße ab von einem durch das Feuer erhellten Hintergrund. Von dorther, von links, kommt der Leichenzug. Die Feuerträger bleiben in der Mitte der Einstellung stehen, genau über den Füßen der Leiche. Ein Mann kommt von vorn ins Bild und deckt die Leiche mit einem dunklen Laken zu. Ein anderer geht ganz vorn durchs Bild und verdeckt für ein paar Sekunden die ganze Leinwand. Dann tragen die beiden den Toten nach rechts aus dem Bild.

Titel    *Um das Hilfsmittel gegen die Pest zu finden, rang Faust Tag und Nacht im Gebet mit Gott.*

**46.** Halbnah. Faust in seiner Studierstube am Tisch sitzend von vorn. Er hält eine Phiole in der Hand und hebt sie bis in Augenhöhe. Er wirft einen Blick nach links auf ein aufgeschlagen daliegendes Buch auf dem Tisch, dabei tut er die andere Hand, die auf dem Buch lag, zur Seite.

**47.** Groß. Seine Hand im Vordergrund entfernt sich noch weiter und gibt den Blick frei auf das Buch, in dem man, nicht ohne Mühe, den Text lesen kann, der dann als Titel folgt.

Titel    *und es war ein Geschrey im gantzen Aegyptenland, denn es war nicht ein Haus, in dem nicht ein Toter lag.*[8]

**48.** Nah.[9] Faust schräg von links. Er verschränkt die Hände über der

---

7 Wir folgen in dieser Sequenz der Einstellungsfolge in B und D (vgl. Vorbemerkung).
8 Fehlt in B.
9 In B: Halbnah (wie 46).

Phiole und hebt sie an die Stirn, die er gleichzeitig senkt. Dann hebt er den Kopf langsam und schaut zum Himmel.

Titel     *Segne das Werk der Rettung, Herr, mein Gott! Nur Du kannst in diesem Jammer helfen!*

Faust, die Augen zum Himmel erhoben.[10]

49. Totale. Eine in Stufen ansteigende Straße verläuft im Hintergrund zwischen hohen Häusern. Sie beschreibt fast einen ganzen Kreis, indem sie am unteren Bildrand entlangführt und im Mittelgrund links bei einem Torbogen endet. Eine junge Frau, die aus dem Hintergrund kommt, läuft die Treppenstufen hinauf und verschwindet in dem Torbogen.
50. Halbnah. Eine Tür. Die Frau kommt, von hinten gesehen, ins Bild, wirft sich gegen die Tür und trommelt mit beiden über den Kopf erhobenen Fäusten.
51. Nah (wie 48). Faust umklammert immer noch die Phiole. Er senkt die Lider. Dann öffnet er die Augen wieder und dreht den Kopf langsam nach rechts.
52. Halbnah (wie 50). Die Frau klopft immer noch.

10  In B: Nah.

53. Halbnah (wie 46). Faust sitzt an seinem Tisch, von vorn. Er steht auf und geht, gebeugt, langsamen Schrittes nach hinten und links aus dem Bild.

54. Halbnah. Der andere Teil des Zimmers. Im Vordergrund Berge von Büchern. Im Hintergrund die Tür. Faust, von hinten gesehen, geht auf sie zu und öffnet sie, worauf die Frau, die sich von außen gegen die Tür gestemmt hatte, nach vorn fällt und ihm zu Füßen sinkt.

Titel       *Hilf ... hilf! Meine Mutter stirbt!*

An die Falten von Fausts Mantel geklammert zieht sie sich hoch und fleht ihn an mit Worten und Gesten. Dann bricht sie wieder zusammen. Faust legt ihr die Hände auf den Kopf.

55. Nah. Parallel zum Bildrand ein Bett. Die Mutter auf dem Rücken liegend. Ihr ausgemergeltes Gesicht hebt sich im Profil ab vom dunklen Hintergrund des Zimmers, aus dem die junge Frau gelaufen kommt. Sie läuft bis in den Vordergrund und wirft sich über die Mutter, umschlingt sie mit beiden Armen, streichelt ihre Wange; dann richtet sie sich auf und weicht nach links zurück; dadurch wird Faust sichtbar, der langsam aus dem Schatten tritt. Er verhält einen Augenblick, tritt dann ans Bett, schiebt mit der Hand die junge Frau weg, die ihn angstvoll betrachtet, und beugt sich zu der Sterbenden.

56. Groß. Vorn in der linken Ecke der Einstellung auf dem Kopfkissen der Kopf der Mutter mit schmalen Lippen und geschlossenen Augen.

57. Nah (etwas weiter als 55). Faust richtet sich auf, holt die Phiole unter seinem Mantel hervor, nimmt sie in die Linke und schiebt die Rechte unter den Kopf der Mutter.

58. Groß (wie 56). Fausts Hand kommt ins Bild, schiebt sich unter den Kopf der Mutter und hebt ihn hoch. Die Lider öffnen sich, die Augen sind weggerutscht. Dann öffnen sich die Lippen für die Phiole, die Faust ihr hinhält.

59. Halbnah. Faust gießt ihr den letzten Rest des Inhalts der Phiole in den Mund und zieht seinen Arm weg. Die Sterbende richtet sich halb auf, umklammert ihn, nähert ihren Kopf ganz nah dem seinen, schaut ihm in die Augen. Dann plötzlich läßt sie ihn los und fällt ins Kissen zurück. Faust schaut einen Moment zu ihr voll Aufmerksamkeit und Erschrecken, dann wirft er mit einer plötzlichen Bewegung die Phiole von sich.

60. Groß. Die Phiole fällt zu Boden und zerschellt, der Inhalt breitet sich aus und bildet eine sternförmige Lache.

**61.** Halbnah (wie 59). Faust dreht sich, niedergeschlagen, langsam um und geht mit gebeugtem Rücken nach hinten links weg.

**62.** Halbnah. Faust kommt, mit dem Rücken zur Kamera, von vorn links ins Bild. Er öffnet die Tür, hinter der die junge Frau, sitzend, den Kopf gesenkt, sichtbar wird. Sie richtet sich auf und kommt mit fragendem Blick auf ihn zu. Nachdem sie über die Schwelle getreten ist, wirft sie einen Blick nach links, in Richtung des Bettes. Dann nimmt sie ihren Kopf in beide Hände und fällt nach vorn.

**63.** Nah. Das Bett von oben und von vorn. Die Mutter liegt, den Kopf geneigt, schräg im Profil in der oberen linken Ecke. Von rechts fällt die junge Frau auf das Bett, die Arme nach vorn. Ihr Kopf stößt gegen den der Mutter. Dann richtet sie sich ein wenig auf. Sie schreit und weint. Abblende.

Titel     *Todesangst und Todesraserei erfüllte die Stadt.*

**64.** Halbnah. Aufblende. Ein Mönch, im Vordergrund von hinten, hält ein Kreuz in die Höhe, über die Menge, die um ein Kohlefeuer herumsteht.

**65.** Totale. Die Menge im Schein des im Hintergrund leuchtenden Feuers.

**66.** Halbnah. Der Mönch von vorn. Er gestikuliert. Er zückt das Kreuz.

Titel    *Tuet Buße, fastet, betet! Der Glaube nur bezwingt den Tod.*

67. Halbnah. Gegenschuß. Im Vordergrund, angeschnitten, der Arm des Mönchs mit dem Kreuz. Ein Knieender ergreift und küßt es. Die anderen machen es ihm nach.

68. Totale. Ein Bogengang. Ein Zug kommt vorüber. Männer tragen eine Frau auf den Schultern. Es folgen Musikanten, dann ein Trupp vergnügter Leute, die noch eine Frau tragen oder auch ein Paar, dann ein Karren, auf dem ein Trompetenspieler hockt.

69. Totale. Von oben, schräg von hinten auf den Zug, der noch einmal ganz vor unseren Augen vorüberzieht und sich dann entfernt, eine geschwungene Linie beschreibend, auf den Mönch zu, den man im Hintergrund des Bildes das Kreuz zücken sieht.

70. Groß. Der sich ereifernde Mönch.

Titel    *Habt Ehrfurcht vor dem Tod!*

71. Halbnah. Der Zug zieht an dem Kreuz vorbei, das der Arm des Mönchs, im Anschnitt, hält. Die Leute grinsen den Prediger herausfordernd an.

Titel    *Noch leben wir, noch lieben wir: soll uns der Tod beim Tanz umarmen ...*

72. Halbnah. Der Mönch, von vorn in Untersicht, schreit und zückt das Kreuz.

Titel    *Wer da glaubet, der wird leben. Die Gottlosen aber wird der Tod zerschmettern.*

Der Mönch, immer noch das Kreuz mit der linken Hand schwingend, streckt den rechten Arm gegen den Himmel.

73. Totale. Die Dächer bilden eine konkave Linie, in die sich riesig und von Gewölk umgeben das Gesicht Mephistos einfügt.

74. Halbnah (wie 72). Der Mönch schaut erschrocken zum Himmel, er läßt das Kreuz fallen.

75. Totale (wie 73). Mephisto über den Dächern, lauernd.

76. Halbnah. Etwas weiter als 72). Der Mönch bedeckt voller Schrecken sein Gesicht mit beiden Armen und fällt vornüber.

77. Halbnah. Die bestürzte Menge.

Titel    *Die Pest! Die Pest!*

Die Menge flieht.

**78.** Totale. Unter den Bogengängen laufen die Leute, die zu dem Umzug gehörten, in alle Richtungen.

**79.** Halbnah. Der Mönch liegt leblos da. Faust kommt von rechts zu ihm, hebt ihn auf, schaut ihm in die Augen und läßt ihn nach hinten zurückfallen. Er betrachtet einen Augenblick lang den leblosen Körper, dann geht er weg in der Richtung, aus der er gekommen ist.

**80.** Totale. Faust, aus dem Hintergrund kommend, steigt die Treppen hinauf inmitten einer Gruppe, die ihn umringt und sich an sein Gewand hängt.

Titel    *Erbarmen Faust. Nur Du kannst uns retten.*

Faust macht sich los.

Titel    *Laßt ab von mir! Wir sind verloren. Es hilft kein Glaube, es hilft kein Wissen! Alles ist Lüge!*

Faust geht nach links aus dem Bild. Sie bleiben auf den Knien liegen, die Hände ihm nachgestreckt.

**81.** Halbnah. Innen. Fausts Studierstube. Ganz vorn, angeschnitten, ein Bücherstapel. Im Mittelgrund öffnet sich die Tür, Faust kommt herein. Er bleibt auf der Schwelle stehen und schaut nach links vorn ins Zimmer.[11]

**82.** Totale. Die Studierstube, von der Tür aus gesehen, im Anschnitt Bücherstapel. Im Mittelgrund ein Tisch, auf dem sich weitere Bücher häufen, rechts daneben ein runder Stuhl. Im Hintergrund Bücherberge.

**83.** Halbnah. Gegenschuß. Im Anschnitt Bücherstapel, die Faust, der immer noch auf der Schwelle steht, von vorn gesehen, einrahmen.[12] Er tritt vor, stößt den rechten Stapel um, dann den linken. Staub steigt auf.

**84.** Halbnah (gleiche Achse wie in 83). Die etwas weitere Einstellung läßt durch die Staubwolke einen dritten Stapel erkennen, hoch aufgetürmt hinter den umgestürzten Büchern. Faust bückt sich und hebt ihn hoch.

**85.** Halbnah. Der Kamin. Faust, schräg von hinten, kommt von rechts und wirft den Bücherstoß ins Feuer.

**86.** Halbnah (gleiche Achse wie in 85). In der noch weiter gefaßten Einstellung sieht man im Vordergrund zwei Bücherstapel links und rechts an den Rändern der Einstellung.[13] Faust geht auf den linken zu.

---

11 In B folgt: 81a. Nah. Faust.

12 In B folgt: 83a. Halbnah. Gegenschuß. Anschluß in der Bewegung.

13 Der rechte befindet sich wahrscheinlich auf dem Tisch, der linke unter den Haufen im Hintergrund des Zimmers.

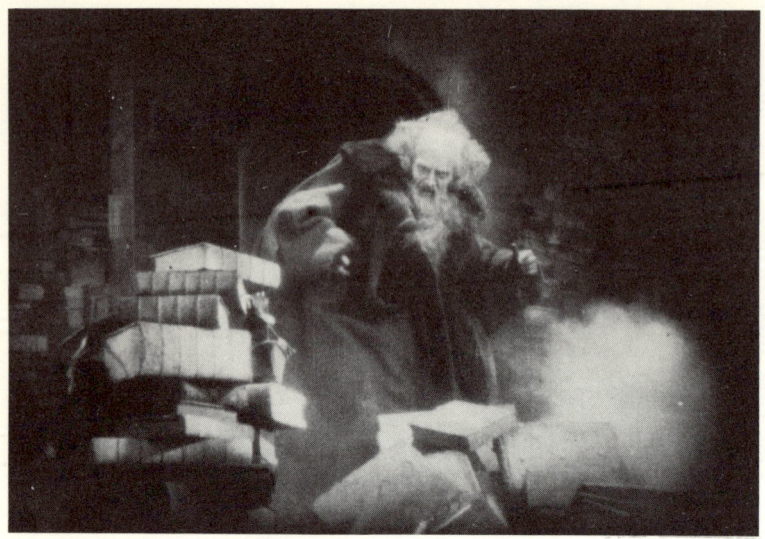

(Einst. 86)

**87.** Groß.[14] Seine Hand durchblättert (oder schließt) ein Buch.

**88.** Halbnah (wie 86). Er geht zurück zum Kamin, um die Bücher hineinzuwerfen.

**89.** Nah. Faust, leicht im Profil, beugt sich zum Feuer. Dann wendet er den Kopf und blickt zum Tisch, nach vorn rechts im Bild.

**90.** Groß. Ein Buch mit einem eingravierten Kreuz auf dem Deckel. Das Bild ist zunächst leicht unscharf. Es wird scharf, indem die Kamera auf das Buch zufährt und das Kreuz erfaßt.

**91.** Nah (wie 89). Faust betrachtet das Buch. Ohne den Blick zu verändern, macht er einen Schritt nach rechts und geht aus dem Bild.

**92.** Halbnah (wie 86 und 88). Im Vordergrund der Tisch, im Hintergrund der Kamin. Faust tritt heran und schaut irritiert auf das Buch. Schließlich ergreift er es mit beiden Händen, hebt es über den Kopf und will es in die Flammen werfen.[15]

**93.** Groß. Das Buch fällt, geschlossen, in die Flammen.

**94.** Halbnah. Einstellung von hinter dem Feuer aufgenommen. Über den Flammen, die im Vordergrund die ganze Höhe der Einstellung einnehmen, sieht man Faust zum Tisch zurückgehen und dann noch weitere Bücher ins Feuer werfen.

14 Fehlt in B.
15 In B: Eingeschnitten in 92 einmal, groß, das Buch und einmal, groß, Faust.

95. Groß. Brennendes Buch, das sich unter dem Einfluß der Hitze öffnet.
96. Halbnah (wie 94). Im Vordergrund das brennende Buch. Faust, der gerade ein anderes hineinwerfen will, läßt es sinken und beugt sich interessiert übers Feuer.

97. Groß. Das offene Buch mit schon angekohltem Schnitt. Man liest: *Der Dreyfach gewaltige Schlüssel zum Zwange der höllischen Geister.*
98. Nah. Hinter den Flammen das Buch, Faust von vorn darübergebeugt.
99. Groß. Unter der Einwirkung des Feuers blättern die Seiten um. Es erscheinen nacheinander:
– eine Zeichnung, die einen gehörnten Teufel darstellt, der hinter einem Wissenschafter an seinem Arbeitstisch auftaucht und dessen Bücher durcheinanderwirft;
– Text: *Sic me servan ... Apollo ... (?) ... iterum ... (?) ...;*
– eine Zeichnung: zwei durch eine Kette verbundene Ringe, von denen einer Flammen (?) einschließt, der andere den Blitz (?);
– eine völlig verkohlte Seite;
– Text: *Malum bene conditum no(n) (?) moveris. (?) ... dem pollet et illud (?) id est (?) apophia;*
– unleserlicher Text;
– deutscher Text, den der folgende Zwischentitel wiedergibt.

**100.** Halbnah. Faust von vorn, er beugt sich, reißt das Buch aus den Flammen und liest, es mit einer Hand haltend, mit gesenktem Kopf.

Titel[16]   *Und willst Du den Herrn der Finsternis verschwören, daß Er Dir helfe und Dir gebe alle Macht und Herrlichkeit der Welt ...*

Titel   *... so gehe an einen Kreuzweg, und rufe ihn an dreymal.*

Faust, in derselben gebeugten Haltung, wendet die Seiten des Buches. Abblende.


**Sequenz 4**


**101.** Totale. Aufblende. Im Vordergrund rechts eine Böschung und zwei Bäume mit dicken knorrigen Stämmen, die einen Bogen bilden. Nach allen Seiten Zweige ohne Blätter. Das Ganze hebt sich als Silhouette ab von einem bewölkten Himmel, in dessen Mitte der Mond leuchtet.
   Faust kommt unten links ins Bild, unterm Arm trägt er das Buch. Er verschwindet hinter der Böschung.
**102.** Totale. Landschaft. Am Himmel rechts leuchtet der Mond. Links im Mittelgrund begrenzt ein geneigter Baum eine leicht unebene Fläche, die in Nebel und Mondlicht getaucht ist. Faust kommt im Vordergrund links von hinten ins Bild, geht unter dem Baum her und bleibt in der Mitte der Einstellung stehen. Er dreht sich um.
**103.** Halbnah (gleiche Achse wie 102; die Einstellung umfaßt die ganze Figur; Baum und Mond sind nicht mehr zu sehen). Faust wendet sich ganz um und blickt um sich herum. Dann hebt er das Buch, es in beiden Händen haltend, hoch und hält es einen Augenblick über seinem Kopf, zum Himmel gewandt.[17] Dann nimmt er es in seine rechte Hand und nähert es sich bückend dem Boden.
**104.** Nah.[18] Faust beginnt sich aufzurichten. Das Buch flach über den Boden haltend, dreht er sich um und zieht um sich, unsichtbar, einen Kreis. Er richtet sich auf.
**105.** Halbnah.[19] Faust hat sich ganz aufgerichtet. Er drückt das Buch gegen seine linke Schulter. Dann, es mit beiden Händen aufgeschlagen

16  In B stattdessen: Groß, das Buch.
17  In B Schluß von 102.
18  In B Fortsetzung von 103.
19  In B Schluß von 103.

haltend, streckt er es über seinen Kopf. Es weiter offen nach oben haltend, neigt er sich, wirft sich auf den Boden, richtet sich wieder auf, macht eine halbe Drehung, wirft sich wieder auf den Boden, mit dem Rücken zur Kamera, richtet sich wieder auf und beginnt eine Drehung nach rechts.

**106.** Groß. Die Scheibe des Mondes, vor dem von rechts nach links dunkle Wolken vorüberziehen.

**107.** Halbnah (wie 105). Faust wirft sich nach links zu Boden. Er richtet sich wieder auf, hält das Buch hoch und beginnt eine Drehung nach rechts.

**108.** Nah. Faust beendet seine Drehung, man sieht ihn jetzt von vorn. Er spricht.

Titel    *Um Hilfe rufe ich Dich an, Geist der Finsternis: Erscheine!*

**109.** Halbnah (gleiche Achse wie 108). Faust, in ganzer Größe, hält das geöffnete Buch über seinem Kopf.
   Ein Feuerkreis bildet sich auf der Erde um ihn herum.

**110.** Nah (wie 108). Faust, immer noch das Buch haltend, schaut erschrocken zu seinen Füßen.

**111.** Halbnah (weiter als 110). Der Kreis löst sich vom Boden und steigt nach oben, um Fausts Körper herum eine Menge ähnlicher Kreise.

112. Groß. Der Widerschein der Kreise, die hochsteigen, erleuchtet hin und wieder Fausts erschrecktes Gesicht.

Titel     *Erscheine, Dämon des Bösen!*

Er schließt die Augen wie geblendet und verzieht das Gesicht, wie von einem unangenehmen Luftzug berührt.

113. Halbnah. Keine aufsteigenden Kreise mehr. Nur der am Boden brennt noch mit kleinen Flammen, dunkler Rauch steigt auf. Ein heftiger Wind geht.

Am Himmel erscheint, von rechts kommend, ganz weiß, die Gruppe der vier apokalyptischen Reiter. Sie ziehen über Faust hinweg, der sich erschrocken bückt, dann richtet er sich wieder auf, das offene Buch vor sein Gesicht haltend.

114. Halbnah (enger als 114). Faust, das Gesicht vom Buch verdeckt, richtet sich ganz auf, während der Wind die Flammen und die Falten seines Mantels bewegt.

Titel     *Wie Du Dich nennst, mit Deinem höllischen Namen ...*[20]

Titel     *Mephisto, erscheine!*

115. Totale. Den Himmel durchzucken zwei gradlinige Blitze, die einen spitzen, nach oben gerichteten Winkel bilden.

116. Totale. Ein anderes Stück Himmel mit schnell ziehenden Wolken vor zwei parallelen, gezackten Blitzen.

117. Totale. Die Landschaft von 104. Der Blitz fährt links von Faust nieder und erleuchtet ihn. Gezackte Blitze gehen um den Baum herum nieder und umgeben ihn mit einer sternförmigen Aureole.

Dann scheint das ganze Licht sich in einem diffus schimmernden Feuerball zu konzentrieren, der rechts vom Himmel zur Erde kommt, wo er sich in eine Lohe verwandelt, deren Flammen bis oben an den Bildrand sprühen.

118. Halbnah (gleiche Achse wie 117, das Feuer etwas mehr in der Mitte). Während sich im Mittelgrund der Feuerkreis neuerdings entzündet, blendet in Doppelbelichtung im Vordergrund inmitten der Flammen Mephistos Silhouette auf, sitzend, von der Seite gesehen. Er ist in Lumpen gehüllt und trägt ein Käppchen auf dem Kopf.

20 In B zwischen 113 und 114.

Die Flammen erlöschen, ebenso, in größerer Entfernung, der Feuerkreis. Faust, am Boden liegend, kaum zu erkennen, richtet sich auf. Er
sieht Mephisto und springt mit einer abwehrenden Geste auf die Füße.
Mephisto grüßt ihn bedächtig, indem er seine Mütze abnimmt und wieder
aufsetzt. Faust, die Augen auf ihn heftend, weicht zurück und geht rechts
weg. Mephisto wendet sich um, Gesicht zur Kamera, und grinst. Sein
Gesicht ist ganz schwarz, seine Augen wirken wie glühende Kohlen.
119. Halbnah. Ein anderer Ort. Faust tritt von links hinten heran. Der
Teufel sitzt im Vordergrund, vor Zweigen rechts, und grüßt mit der gleichen Geste wie vorher. Erschreckt macht Faust eine Kehrtwendung.
120. Halbnah. Die Landschaft von 101, näher. Mephisto steht auf der
schrägen Böschung, gegen einen der Baumstämme gelehnt. Faust kommt
hinten rechts ins Bild und geht hinter den beiden Bäumen her. Er bleibt
stehen, als er Mephisto sieht, der sich ihm zuwendet und ihn grüßt. Er
verbirgt den Kopf in seinem Mantel und flieht überstürzt nach vorn.

121. Totale (wie 49). Die Treppe und das Portal vor Fausts Haus. Faust
nimmt mit raschen Schritten die Stufen; ehe er eintritt, bleibt er stehen
und schaut sich suchend um.
122. Totale. Fausts Studierstube. Angeschnitten rechts ein Teil des Bo-

gens, der vom Boden ausgeht; im Hintergrund der Stuhl und der Tisch, die den Kamin verdecken, fast die gleiche Achse wie in 83. Die Einstellung betont den Teil rechts von der Tür. Mephisto, in derselben Verkleidung wie vorher, erscheint durch Doppelbelichtung, auf dem Stuhl sitzend.

123. Nah. Von außen gesehen die Tür der Studierstube. Faust, von hinten, kommt links ins Bild. Er öffnet die Tür, und man sieht, in dem Teil des Ausschnitts, den er nicht verdeckt, Mephisto hinten grüßend im Zimmer sitzen.

124. Halbnah. Gegenschuß. Faust, in der Tür, schaut sprachlos. Rechts erhebt sich pyramidenförmig ein Bücherstapel bis an den oberen Bildrand.

125. Nah. Mephisto schräg von vorn, die Mütze schief auf dem Kopf, schaut amüsiert und zuckt die Schultern.

126. Nah. Faust, von vorn, schaut ihn mit ungläubigen Augen an.

127. Nah (wie 125). Mephisto mit einem sardonischen Lachen. Er spricht.

Titel     *Du hast mich gerufen?*

Mephisto betrachtet Faust mit blinzelnden Augen.

Titel     *Hier bin ich!*

128. Halbnah (wie 124). Faust tritt mit weit aufgerissenen Augen vor.

129. Halbnah. Der Tisch im Mittelgrund, von der Seite gesehen. Mephisto sitzt, schräg von hinten gesehen, im Vordergrund rechts. Faust kommt links im Profil ins Bild und bleibt einen Schritt von ihm entfernt stehen.[21]

Mephisto holt ein Pergament unter seinem Mantel hervor und entrollt es über seiner Brust.[22]

130. Nah. Drei Viertel der Einstellung ausfüllend das entfaltete Pergament, darüber Mephistos maliziös grinsendes Gesicht. Das Blatt ist weiß, aber dann verzehrt sich seine oberste Schicht, sie löst sich in Rauch auf, darunter tritt ein Text hervor.

131. Groß. Fausts erschrockenes Gesicht. Er weicht unmerklich zurück.

132. Groß. Das Pergament füllt fast die ganze Leinwand aus und läßt nur oben ein wenig von Mephistos Stirn sehen und links seine Finger, die das Blatt halten. Man liest in einer lateinischen Kursivschrift, die deutlich, aber unbeholfen geschrieben ist:

21 In B Mephisto von vorn, Faust von hinten.
22 In B: 129a. Groß. Faust.

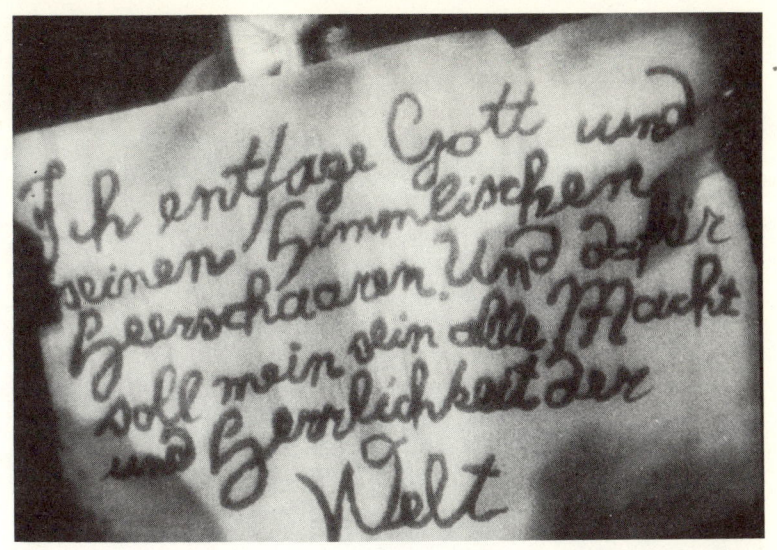

*Ich entsage Gott und seinen Himmlischen Heerschaaren. Und*
*dafür soll mein sein alle Macht und Herrlichkeit der Welt.*[23]

**133.** Nah. Faust hebt beide Arme mit gespreizten Fingern als Zeichen
seiner erschrockenen Ablehnung.

Titel    *Hebe Dich weg von mir, Satan!*

**134.** Groß. Ganz unten in der Einstellung der obere Rand des Perga-
ments. Darüber Mephistos Gesicht, zunächst ernst, dann zieht er ein
mageres Lächeln auf, das zugleich animierend und spöttisch ist.

**135.** Nah. Faust, die Hände noch immer über dem Kopf, wie um sich zu
schützen, wendet sich um und geht in den Hintergrund. Er öffnet ein
Fenster und schaut hinaus.

**136.** Totale. In Aufsicht. Auf der Straße bewegt sich ein Zug mit Bahren-
trägern, die Köpfe unter Kapuzen versteckt, die Treppenstufen hinauf.
Die ersten beiden tragen eine Leiche. Die beiden folgenden nehmen im
Vorübergehen trotz des Widerstands der Angehörigen eine Leiche, die im
Vordergrund liegt, und bedecken sie mit einem Leichentuch.

**137.** Nah. Faust von hinten, das Fenster verdeckend. Er schließt es wieder, neigt sich nach vorn und schaut im Halbprofil zum Himmel.

23  In B folgt: Schwenk nach oben auf Mephistos Gesicht über dem Pergament.

159

Titel    *Nur einen Tag heraus aus dieser Ohnmacht!*

**138.** Halbnah. Links im Anschnitt der Tisch. Im Hintergrund der Kamin, in dem ein Feuer brennt. Mephisto, vor dem Stuhl stehend, hält den Pakt in beiden Händen. Er legt ihn hinter sich auf den Tisch und springt, sich auf eine Ecke stützend, auf Faust los nach vorn links ins Bild.
**139.** Nah (wie 137). Von rechts kommend stößt Mephisto Faust an, der sich nach hinten gegen einen Mauervorsprung stützt. Er spricht.

Titel    *Ein Tag! Versuchs! Ein Probetag!*

Mephisto hebt die Hand, die Finger gespreizt, auf die Höhe von Fausts Augen.

Darauf erscheint eine Sanduhr. Mephisto kippt sie leicht, dann kehrt er sie ganz um. Er spricht.

Titel    *Wenn sich das Glas gefüllt hat ...*

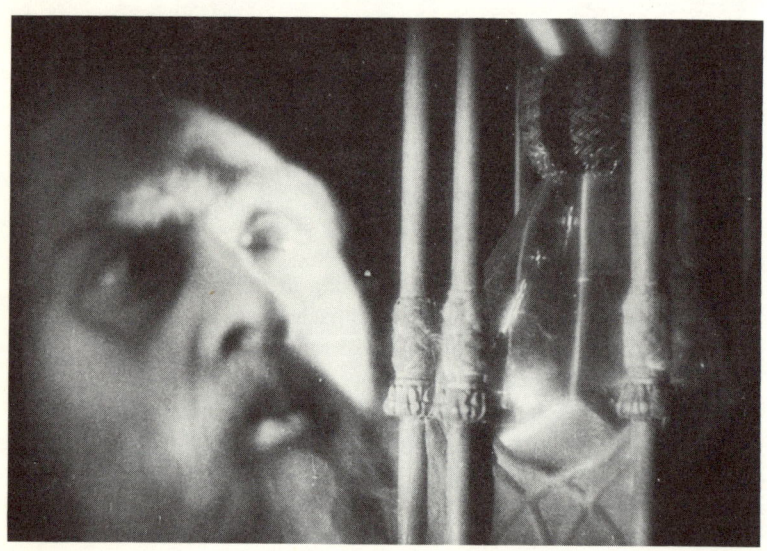

**140.** Groß. Rechts im Vordergrund das untere Glas, in das der Sand rieselt. Links, leicht zurück, Fausts aufmerksames Gesicht.

Titel    *... steht es Dir frei, den Pakt zurückzufordern! Unterschreibe!*

**141.** Groß. Symmetrisch umgekehrt im Verhältnis zu 140. Links die Sanduhr, rechts Mephistos spöttisches Gesicht.

**142.** Halbnah. In leichter Aufsicht.[24] Unten am Rand der Einstellung angeschnitten der Tisch. Mephisto, schräg von hinten, hält Faust die Sanduhr unter die Augen, während er mit der Hand auf den Pakt zeigt, der auf dem Tisch liegt.

**143.** Groß. Faust, schräg von vorn, schaut.

**144.** Groß. Auf das Pergament fallen Lichtstreifen, die sich um eine horizontale Achse drehen.

**145.** Groß (enger als 144).[25]

*HERRLICHKEIT, MACHT*

Allein diese beiden Wörter erscheinen, verschwinden und kommen in größerem Format wieder, ihre Buchstaben, leuchtend auf dunklem Grund, senden rotierende Strahlen aus.

**146.** Groß. Fausts Gesicht, erleuchtet vom bewegten Licht der Buchstaben. Er schaut nach links, ins Weite.

**147.** Nah. Überblendung von 146. Inmitten des Schattens, der die Körper und Gesichter verbirgt, bittend ausgestreckte nackte Arme.

**148.** Groß. Überblendung von 147. Faust in Gedanken, dann schaut er ins Weite, rechts.

Titel    *Kannst Du den Hungrigen und Kranken helfen?*

**149.** Halbnah. Mephisto, von vorn, hält Faust immer noch die Sanduhr vor die Augen. Er steht rechts, im Anschnitt schräg von hinten. Er spricht.

Titel    *Was Du begehrst, ich werde es erfüllen: Du bist der Herr und ich Dein Knecht!*

Er zeigt mit dem Arm auf den Pakt.

**150.** Halbnah (wie 142). Der Tisch im Vordergrund. Mephisto rechts, Faust vor dem Hintergrund links. Mephisto ist dabei, sich zum Tisch zurückzuwenden. Er stellt die Sanduhr hin, nachdem er sie umgedreht hat. Dann hebt er mit einer Hand den Pakt leicht in die Höhe und zeigt ihn mit der anderen Faust, der einen Schritt nach vorn tritt.

**151.** Nah[26] (gleiche Achse wie 150). Hinter der Sanduhr, rechts im Anschnitt, zeigt Mephisto immer noch auf den Pakt. Faust setzt seinen Gang

---

24 In B: In Untersicht, Mephisto schräg von vorn, Faust im Anschnitt von hinten.
25 In B Fortsetzung von 144.
26 In B halbnah, fast gleiche Achse und sogar fast dasselbe Bild wie 150.

bis zum Tisch fort, nimmt eine weiße Feder, beugt sich und will unterzeichnen. Heftig unterbricht ihn Mephisto, nimmt ihm die Feder ab und
reicht ihm eine andere, eine schwarze, die er unter seinem Mantel hervor-
holt. Dann streckt er seine linke Hand vor.

Titel    *Ein Tröpfchen Blut.*

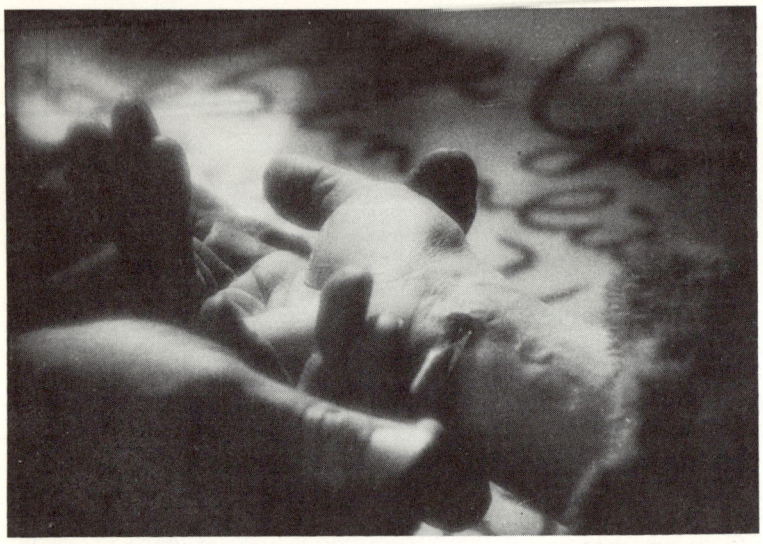

**152.** Groß. Über dem Pergament, flach auf dem Tisch liegend, kommt
Mephistos Arm näher. Er ergreift außerhalb des Bildes Fausts Hand und
holt sie, die Handfläche nach oben, in die Bildmitte. Dann erscheint seine
rechte Hand, die die Feder hält. Sie schiebt mit dem Handrücken Fausts
Ärmel zurück und legt die Innenseite des Unterarms frei.[27] Die Spitze der
Feder richtet sich am Handgelenk auf eine Ader, die sie verdeckt, während sie hineinstößt. Die Hand senkt sich ein wenig, und man sieht die
Spitze voll Blut, das aus der Wunde rinnt. Mephisto läßt Fausts Hand los.
**153.** Groß. Mephisto hinter der Feder, die im Vordergrund vertikal die
Szene verdeckt, richtet ein wenig den Kopf auf und schaut Faust – von
links, nach oben – schräg an. Er spricht.

Titel    *Es schreibt sich bindender mit Blut.*

27 In B fehlt der Anfang von 152.

**154.** Halbnah (wie 142 und 150). Mephisto reicht Faust die Feder, der beugt sich, um zu unterzeichnen. Aber er zögert und richtet sich wieder auf.

Titel    *Für einen Tag?*[28]

Titel    *Bis sich das Glas gefüllt hat.*

Faust wirft einen Blick auf Mephisto.

**155.** Nah.[29] In leichter Untersicht, die Achse um 45 Grad weiter links als in 145. Die Sanduhr steht hervorgehoben vorn links. Hinter ihr Mephisto, den Ellbogen auf Bücher gestützt. Er streckt die Hand vor.

**156.** Halbnah (wie 142, 150 und 154). Mephisto setzt seine Bewegung mit einem ausholenden Kreisen seines Arms nach hinten fort. Faust beugt sich, unterzeichnet und richtet sich auf. Mephisto greift nach dem Pergament. Er spricht.

Titel    *So helfe ich denn in Teufels Namen!*[30]

**157.** Totale (heller und weiter als 137). Die Straße von oben gesehen. Hohe Dächer zeichnen sich ab über den Treppenstufen, die eine Gruppe von Leichenträgern hinaufsteigt.[31] Durch den Vordergrund geht eine Frau, die in den Armen ein lebloses Kind trägt.

**158.** Halbnah (wie 142, 150, 154 und 156). Mephisto hält das Pergament und will es zusammenrollen. Faust scheint auf Geräusche draußen zu horchen.

[...] Er stürzt zur Treppe links außerhalb des Bildes.

**159.** Halbnah. Faust, von hinten, geht zur Tür, die noch offensteht, und nach draußen.

**160.** Halbnah (enger und weniger von oben als 158). Mephisto bricht, als er Faust hinausgehen sieht, in Gelächter aus. Dann, der Kamera gegenüber, schwingt er siegesgewiß seinen Pakt. Er lacht heftig, senkt den Arm, rollt das Pergament zusammen und steckt es mit wichtigtuerischer Miene unter seinen Mantel.

**161.** Nah. Mephisto, von vorn, greift nach der Sanduhr, die im Vordergrund rechts steht. [...] Er hebt sie mit beiden Händen bis vor seine

---

28  In B folgt Fortsetzung von 154: Mit nach vorn ausgestreckter Hand zeigt Mephisto auf den Pakt.
29  In B Fortsetzung von 154.
30  In B ist der Titel in 158 eingeschnitten und somit Faust zugeschrieben.
31  In B Titel: *Faust! Hilf uns!*

Augen und betrachtet sie aufmerksam. Er spricht. [...] Er stellt sie auf ihren Platz zurück, sie immer weiter betrachtend.

162. Halbnah (wie 160). Mephisto, von vorn, wie er auf den Lärm draußen horcht. Er wendet sich um und läuft zum Fenster im Hintergrund des Bildes.

163. Totale. In Aufsicht. Die Straße. Inmitten einer Gruppe von etwa fünfzehn Leuten beugt Faust sich über einen Körper. Nachdem er ihm leicht die Haare gestreichelt hat, hebt er seinen Kopf hoch. Der Mann steht auf.

164. Halbnah (gleiche Achse wie 163). Der Mann hat sich jetzt ganz aufgerichtet und erscheint, von hinten gesehen[32], unten im Bild. Er streckt beide Arme weit aus und dreht sich glücklich um.

Titel     *Ein Wunder! ... Ein Wunder!*

165. Nah. Die Anwesenden werfen sich auf die Knie.

166. Nah. In Aufsicht. Faust aufrecht, von der Menge umgeben, die sich an seinen Mantel klammert.

167. Halbnah. Leute kommen die Stufen hinunter, sie tragen Leichen. In ihrer Mitte gestikuliert eine Frau.

168. Halbnah. Die Leichenträger kommen zu der Gruppe um Faust. Von rechts stürzt sich die Frau auf ihn und hängt sich bittend an seine Schul-

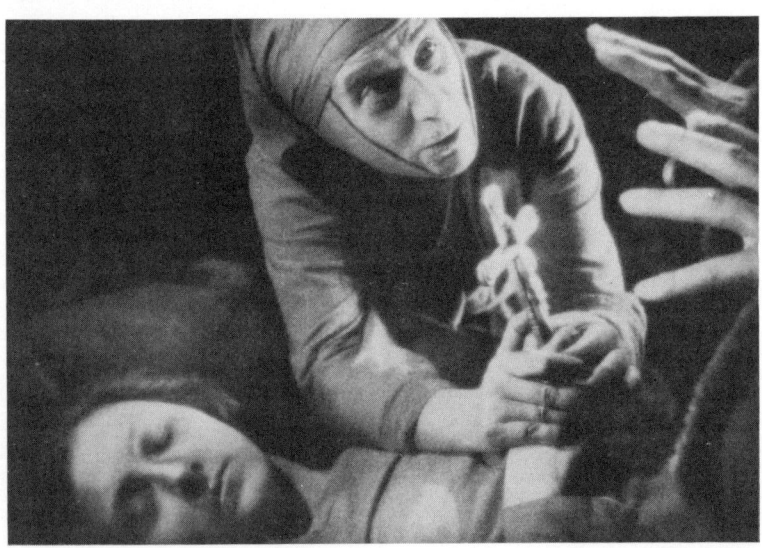

ter. Sie neigt sich über eine auf einer Bahre ausgestreckte Leiche, wobei sie die Bahre ein wenig anhebt. Faust tritt heran.

**169.** Nah. Links unten die Tote, die in ihren gefalteten Händen ein Kreuz hält. Über sie beugt sich, rechts, die Frau, die weiter die Bahre hochhebt und Faust einen bittenden Blick zuwirft. Sie spricht.

Titel     *Im Namen des Gekreuzigten, hilf meinem Kinde!*

**170.** Nah. Faust, von vorn, tut einen Schritt[33] und zögert dann.

**171.** Nah. Man sieht den Oberkörper der Sterbenden, das Kreuz ganz deutlich in den Vordergrund gerückt. Es beginnt zu strahlen.

**172.** Nah (wie 170). Faust bleibt vor dem Kreuz stehen in einer schrägen Haltung – wie einer der Helfer, den man unscharf im Mittelgrund wahrnimmt. Er hebt leicht die Hände.

**173.** Halbnah. Die Studierstube. Ein Teil des Bogens ganz im Vordergrund verdeckt die linke Seite der Einstellung. Rechts unten der Tisch, darüber die Sanduhr und hinter ihr, im Hintergrund des Zimmers, Mephisto von der Seite, gegen das Fenster gelehnt, dessen langen schrägen Mittelbalken man deutlich erkennt. Er lacht, geht weg durch den Bogen.

**174.** Nah. In Untersicht. Unten im Bild, im Vordergrund, schimmert das Kreuz. Faust, dahinter, betrachtet es erschrocken. Eine Männerschulter und ein Frauengesicht, unscharf, füllen den Hintergrund rechts aus. Faust streckt seine Hände vor, aber eine Kraft, die von dem Kreuz ausgeht, scheint sie aufzuhalten, und er zieht sie zurück. Dann streckt er sie von neuem aus.

Titel     *Er kann das heilige Kreuz nicht sehen!*

**175.** Nah. Unten im Bild und parallel zum Bildrand liegend umklammert die Sterbende das schräg liegende Kreuz, entsprechend einer Diagonale von oben links nach unten rechts. Hinter ihr kniet die Mutter, die Achse ihres Gesichts parallel zum Kreuz. Fausts Hände kommen von rechts ins Bild. Sie verhalten ganz in der Nähe des Kreuzes und fahren zurück, während die Mutter, die Hände ihrer Tochter ergreifend, das Kreuz ganz gerade hochhält, wie um seine Macht zu betonen. Sie spricht.

Titel     *Der Teufel ist mit ihm im Bund!*
          *Steiniget ihn! Steiniget ihn!*[34]

32 In B von vorn gesehen.
33 In B: Faust steht.
34 In B sind die Titel aus 169, 174 und 175 versetzt in 175, 177 und 178.

**176.** Nah (wie 174). Faust nähert seine Hand noch einmal dem Kreuz. Sie ist eingetaucht in das fast unerträgliche Licht, das von dem Kreuz ausgeht. [...] Schließlich zieht er sie zurück und wendet sich ab, mit dem Arm sein Gesicht verbergend.

**177.** Halbnah. Die Leute schauen Faust mißtrauisch nach – außerhalb des Bildes links. Sie murmeln, wenden sich ab und schicken sich an, rückwärts die Treppe hinunterzugehen.

**178.** Halbnah. Eine andere Gruppe. Die Leute weichen zunächst zurück auf der Treppe, dann bücken sie sich, um Steine aufzuheben, und werfen sie nach vorn. [...]

**179.** Totale. Faust steht links auf der Treppe in einem Hagel von Steinen, die aus der rechts unten zusammengedrängt stehenden Menge geworfen werden.

**180.** Halbnah (wie 178). Die Menge wirft weiter, immer heftiger.

**181.** Nah. Es regnet Steine um Faust herum, dessen Kopf sich abhebt von einem Hintergrund aus Dächern. Einer trifft ihn an der Schläfe. [...] Er schützt sein Gesicht mit beiden Händen und wendet den Angreifern den Rücken.

**182.** Halbnah. Faust hat sich umgedreht, läuft nach hinten und nach links aus dem Bild. Die Menge stürzt ihm nach.

**183.** Halbnah. Die Studierstube gegenüber der Eingangstür. Sie steht offen. Faust kommt laufend herein und schließt sie heftig. Gegen sie gelehnt, ringt er nach Atem.

**184.** Halbnah. Die Fensternische. Ein von draußen hereingeworfener Stein zertrümmert eine der Scheiben.

**185.** Halbnah (wie 183). Faust hebt den Kopf und schaut, sich ein wenig aufrichtend, hinten ins Zimmer. Plötzlich stürzt er nach vorn.

**186.** Nah. Eine Nische in der Wand. Auf einem Berg von Gegenständen liegt ein Totenkopf. Faust kommt laufend links ins Bild und greift außerhalb des Bildes rechts nach einer Flasche.

**187.** Groß. Ein Skelett ist auf die Flasche gemalt, die Faust in der Hand hält. Er hebt sich ab von einem dunklen Hintergrund, in dem der Totenkopf, oben rechts, wie ein großer fahler Fleck wirkt.

Mit seiner freien Hand, die am unteren Bildrand entlangfährt, ergreift Faust, außerhalb des Bildes rechts, eine Schale. Er neigt die Flasche nach vorn. Man sieht das dunkle von seinen Fingern umgebene Loch des Halses.

**188.** Nah (wie 186). Faust, von vorn, schüttet ein wenig von dem Flascheninhalt in die Schale, stellt die Flasche, außerhalb des Bildes, zurück und nimmt die Schale mit beiden Händen.

**189.** Nah (etwas weiter links als 188). Faust hebt langsam die Schale an die Lippen. Er hält an und hebt die Augen zum Himmel.

Titel       *Erlöse Du mich, Trank des Todes!*[35]

Er führt die Schale an die Lippen. Mephistos Hand kommt rechts ins Bild und ergreift Fausts Handgelenk. Faust wendet den Kopf.

**190.** Halbnah. Links Faust im Profil. In der Mitte Mephisto, den Körper von der Seite, das Gesicht von vorn, die Hand auf die Schale gelegt.

Er steht etwas höher als Faust, den er um eine gute Kopfeslänge überragt. Rechts im Anschnitt der Tisch.

Titel       *Du darfst mir nicht entfliehen! Denk an den Pakt! Noch ist der*
            *Probetag nicht um.*

Mephisto umfaßt mit der rechten Hand immer noch Fausts Gelenk und streckt den linken Arm in Richtung des Tisches aus. Er spricht.

**191.** Groß. Die Sanduhr. Kamera auf sie zu. Man sieht immer deutlicher den rinnenden Sandstrahl.

**192.** Halbnah. Faust links. Mit erhobenem Kopf reicht er Mephisto kaum bis zur Brust. Er macht seine Hand los. Er spricht.

Titel       *Der Tod steht dem Menschen frei!*

Faust hebt die Schale an die Lippen. Mephisto streckt die Hand über seinen Kopf. Er hält inne und schaut in die Schale.

---

35  In B zwischen 188 und 189.

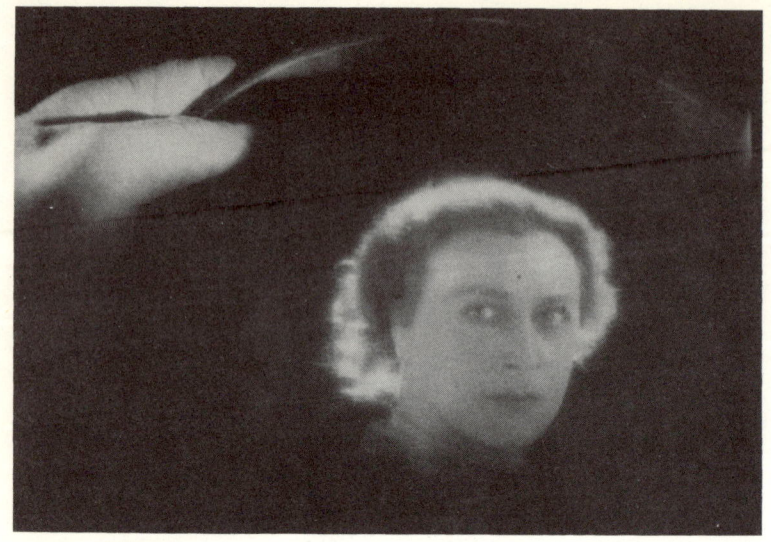

**193.** Groß. Die Schale von oben. Nach und nach blendet in ihr das Gesicht eines jungen Mannes auf. Er öffnet die Augen und schaut Faust an.

**194.** Halbnah (wie 192). Mephisto hält weiter seine Hand über Faust, der redet.

Titel    *Ist das der Tod?*

**195.** Nah. Mephisto zieht seine Hand zurück und legt seine Wange an Fausts Kopf. Er spricht.

Titel    *Es ist das Leben, Faust! Ist Deine Jugend!*

Faust hebt die Schale hoch und schaut.

**196.** Groß. In der Schale blendet ein Totenkopf auf.

Titel    *Sieh seine Gier!*[36]

**197.** Nah (wie 195). Erschrocken läßt Faust die Schale fallen.

**198.** Groß. Auf dem Fußboden sieht man die Schale in Stücke springen.

**199.** Nah (wie 195 und 197). Unter Mephistos ironischem Blick schließt

36  Fehlt in B.

Faust die Augen, neigt gequält seinen Kopf nach hinten. Mephisto flüstert ihm ins Ohr.

Titel  *Unseliger, warum suchst Du den Tod: Du hast noch nicht gelebt!*

200. Groß. Im Mittelgrund, ganz rechts, Mephistos Mund, wie er Faust ins Ohr spricht. Der antwortet ihm, indem er weit die Augen öffnet und dann wieder schließt.

Titel  *Verhaßt ist mir das Leben!*

Mephisto spricht.

Titel  *Dein Leben war nur Bücherstaub und Moder! Genuß ist alles!*

201. Nah (wie 195, 197 und 199). Faust schüttelt den Kopf und schließt die Augen.

Titel  *Ich bin zu alt!*

202. Halbnah (gleiche Achse wie 201). Faust macht einen Schritt nach vorn.
203. Halbnah. Der Stuhl, angeschnitten im Vordergrund. Hinter ihm der Tisch. Im Hintergrund gestapelte Bücher. Faust kommt von links und läßt sich auf den Stuhl fallen.
204. Halbnah (wie 202). Mephisto, noch an derselben Stelle, betrachtet ihn.
205. Halbnah (wie 203). Mephisto, den man gerade noch vor Faust gesehen hat, taucht jetzt hinter ihm auf, faßt ihn bei den Schultern und hält ihm einen kleinen Spiegel vor. Er spricht.

Titel  *Ich biete Dir das höchste Glück: Die Jugend ... Greif zu!*

Mephisto, Faust den Spiegel vorhaltend.[37]
206. Nah (gleiche Achse wie 205). Faust wendet langsam den Kopf zum Spiegel – als Silhouette ganz im Vordergrund.
207. Groß. Der Spiegel, von Mephistos Hand gehalten. Er reflektiert das Gesicht des jungen Faust. Das Gesicht verschwimmt und blendet aus.
208. Nah (wie 206). Faust greift nach dem Spiegel und schaut.

Titel  *Gibt mir die Jugend!*

37 Fehlt in B.

**209.** Halbnah (wie 203 und 205). Mephisto nimmt den Spiegel wieder an sich, und Faust fällt zurück, mit dem Kopf auf den Tisch. Mephisto beugt sich über ihn, schaut ihm einen Moment in die Augen, dann hinter sich, nach rechts.

**210.** Halbnah. Aus dem Inneren des Kamins her gesehen. Im Vordergrund ein Flammenvorhang. Hinten links der Tisch, an dem Faust eingeschlafen sitzt. Mephisto läuft nach vorn zu den Flammen. Er fährt mit der Zunge über seine Lippen. Er holt aus den Flammen ein Stück Stoff, das er entfaltet, dabei geht er ins Zimmer zurück.

**211.** Halbnah (wie 209, nur näher, die Achse etwas weiter links). Mephisto kommt von links, und mit einer weiten Bewegung, die die von 210 fortsetzt, bedeckt er Faust mit dem Tuch.

**212.** Halbnah (gleiche Achse wie 210, aber weiter; man sieht den oberen Rand des Kamins oben in der Einstellung). Mephisto geht zum Kamin zurück. Er beugt sich weit nach vorn über das Feuer und bläst hinein, um es anzufachen. Rauch umgibt ihn. Er weicht zurück und wendet sich um.

**213.** Totale. Weite Einstellung aus der Tiefe des Zimmers, man sieht die Wölbung der Decke. Im Vordergrund der Tisch und Faust unter dem Tuch. Im Hintergrund die Bücherstapel.

Rechts Mephisto über das Feuer gebeugt, dessen Flammen die Einstellung begrenzen. Er hat sich jetzt völlig umgedreht und aufgerichtet. Unvermittelt streckt er den Arm in Richtung des Stuhls aus. Eine hohe Flamme schlägt aus dem Tuch. Er tritt heran und verschränkt über dem Tuch die Arme. Alles um ihn herum steht in Flammen. Er lacht. Seine Augen leuchten. Er senkt die Hand flach auf das Tuch, das Feuer beginnt sich zu beruhigen.[38]

**214.** Nah. Flammen und Rauch haben sich verzogen. Mephisto, von vorn vor dunklem Hintergrund, lacht weiter. Er holt unter seinem Mantel den Spiegel hervor und betrachtet ihn.

**215.** Groß. Der Spiegel zeigt das Bild des alten Faust. Er kommt ein wenig näher, beunruhigt.

**216.** Nah (wie 214). Mephisto spricht und betrachtet den Spiegel.

Titel    *Den Alten hätte ich eingefangen.*

Er steckt den Spiegel wieder unter seinen Mantel und zwinkert in Richtung der Kamera.

**217.** Groß. Der Kopf des schlafenden jungen Faust.

---

38 In B: 213 a. Der Stoff verbrennt und verschwindet allmählich, wodurch der Kopf des jungen schlafenden Faust im Profil erscheint.

**218. Halbnah.** Mephisto, von vorn und in voller Größe, hebt sich ab von einem dunklen Grund, in dem nur in der äußersten Rechten die Flammen des Kamins leuchten. Von ihm löst sich, mittels eines Tricks, ein zweiter Mephisto, gekleidet wie bei Goethe (v. 1535-1539) »als edler Junker, das Mäntelchen von starrer Seide, die Hahnenfeder auf dem Hut, mit einem langen, spitzen Degen«.

Die neue Erscheinung, die rechts neben der alten Platz genommen hat, bedeutet ihr mit einer kleinen Handbewegung zu verschwinden, was sehr komisch wirkt. Der alte Mephisto verschwindet (Abblende). Der zweite wendet sich mit feierlichem Schritt um und tritt dann zu Faust.

**219. Nah.** Links unten in der Einstellung, auf dem Tisch liegend, der Kopf des schlafenden jungen Faust. Rechts im Hintergrund Bücherstapel.[39] Mephisto kommt von rechts ins Bild, beugt sich über Faust, macht ein paar beschwörende Gesten und tritt wieder zurück, aus dem Bild. Faust öffnet die Augen.

**220. Halbnah** (gleiche Achse wie 219). Mephisto über Faust gebeugt. Er richtet sich auf und macht mit dem Arm eine weitausladende Kreisbewegung gegen den Hintergrund des Zimmers.

Darauf blendet vor dem Bücherstapel, in ein diffuses Licht getaucht,

39 Vgl. 203, 210, 212 und 213.

eine unbestimmte menschliche Form auf. Mephisto verbeugt sich vor Faust und fordert ihn mit einer Geste auf, sich zu erheben.

**221.** Totale (gleiche Achse wie 219 und 220). Die Erscheinung ist jetzt ganz rechts in der Einstellung. Faust erwacht plötzlich und springt auf die Füße; der Kamera zugewandt streckt er die Arme aus und atmet tief. Er sieht die helle Form und hält überrascht inne. Dann knit er nieder. Die Erscheinung kommt auf ihn zugeglitten. Die Aura, die ihre Konturen verschwommen machte, verschwindet. Aber in dem Augenblick, in dem sich die Gestalt einer Frau klar abzuzeichnen beginnt, blendet sie aus.

**222.** Nah. Mephisto, von vorn vor dunklem Grund, betrachtet spöttisch die Szene.

**223.** Nah. Faust, auf den Knien, streckt die geballte Hand gegen Mephisto.

Titel      *Zu ihr ... Zu ihr!*

**224.** Halbnah. Links im Vordergrund Faust von hinten. Rechts im Mittelgrund der Kamin. Faust bückt sich, zieht aus den Flammen ein Stück Stoff und breitet es auf dem Boden aus. Er fordert Faust auf, Platz zu nehmen.

Titel      *Auf meinen Mantel tritt ...*

**225.** Nah.[40] Mephisto breitet beide Arme wie Flügel aus.

Titel      *... und um dich kreist die Erde!*

**226.** Halbnah. Mephisto, von hinten, streckt waagerecht die Arme aus, mit den Händen die Falten seines Umhangs haltend.[41] Faust, der immer noch kniete, steht auf und nimmt auf dem Mantel Platz. Mephisto stürzt sich auf ihn und legt ihm eine Hand auf die Schulter, während er ihm mit der anderen das Fenster zeigt.

**227.** Groß. Der Fensterrahmen löst sich und fällt nach vorn weg.

**228.** Halbnah. Faust und Mephisto, aufrecht auf dem Tuch stehend, heben sich in die Lüfte durch das Fenster und in den dunklen Himmel hinein.

---

40 In B, D und W kein Anschluß zwischen 224 und 225 und zwischen 225 und 226.
41 In 225 sind die Hände frei.

**229.** Totale (in Bewegung). Die Dächer der Stadt[42], gesehen vom Zaubermantel aus, der sich über sie hinbewegt. Hoch an einem gotischen Kirchturm vorbei. Über der Spitze schwenkt die Kamera schnell, ins Bild kommt etwas von dem schwarzen Stoff, im Winde flatternd, der Anschluß für 230.

**230.** Halbnah (in Bewegung). Mephisto und Faust stehen, nach vorn geneigt, auf dem Mantel, der die Lüfte durchweht. Mephistos weiter Umhang flattert hinter ihm im Wind.

**231.** Totale. Vor dem Hintergrund des bewölkten Himmels ziehen der Teppich und seine Passagiere, von hinten gesehen, über die Leinwand, sich von rechts nach links entfernend.

**232.** Totale (in Bewegung). Vom Mantel aus gesehen eine Landschaft. Es ziehen vorüber: im Vordergrund waagerecht die Zweige einer Zeder oder Lärche, dann im Mittelgrund bewaldete Bergrücken aus Tannen und Fichten, im Hintergrund ein verschneiter Gipfel. Im Vordergrund, nackt, verschlungene Zweige, Dünste, die aus einem Krater aufsteigen, dessen wilder Rand schwarz schimmernd in den Vordergrund tritt.

**233.** Halbnah (in Bewegung). Der Mantel mit den Reisenden durchquert den Dunst.

**234.** Totale (in Bewegung). Im Vordergrund ein Rund aus schwärzlichen nackten Felsen.

**235.** Totale (in Bewegung). Andere Felsen mit kümmerlichen Bäumen und karger Vegetation. Dann kommt man zu einem verschneiten Gipfel, vor dem Nebel flattern.

**236.** Halbnah (in Bewegung). Faust und Mephisto, den Umhang im Wind, mit unscharfen Silhouetten vor einem Hintergrund von schimmernden Wolken.

**237.** Totale. Ein Fels im Vordergrund, der zunächst die ganze Einstellung ausfüllt. Dann im Mittelgrund Felsen, gebrochene Zweige, Wasserfälle, danach Tannenwipfel und Baumstämme im Vordergrund, ein Sturzbach und noch ein Wasserfall im Mittel- und Hintergrund, ein Aussichtsturm und eine Wiese im Vordergrund, dann im Mittelgrund Schirmpinien, hinter denen man, tiefer gelegen, das Meer sieht; eine Kuppel im Vordergrund von oben und weitere Bauten im italienischen Stil im Mittel- und

---

42 Ein Modell, wie die ganze Landschaft, die Faust und Mephisto überfliegen.

Hintergrund, umgeben von Zypressen und den Kapitellen eines Säulengangs, hinter dem das Meer auf den Strand stößt.

**238.** Groß. Kamerafahrt auf die Sanduhr zu, die schon bis zur Hälfte gefüllt ist.

**239.** Nah (in Bewegung). Mephisto, den Umhang im Wind, hat Faust, der vorgebeugt dasteht, die Hand auf die Schulter gelegt.

**240.** Totale (in Bewegung). Die Nacht fällt. Der Mantel fliegt über eine Stadt mit hohen Bauten, die aus dem Nebel aufragen. Sie ist auf einen vom Meer umspülten Felsen gebaut. Ein Schiff schaukelt nah dem Ufer, zwei Feuer durchdringen den Nebel.

**241.** Halbnah (in Bewegung). Der Mantel und die Reisenden. Mephisto streckt den Arm vor.

**242.** Totale (in Bewegung). Ein Schwarm von Zugvögeln, einige ganz im Vordergrund, ziehen am Himmel entlang, der Flugrichtung der Reisenden entgegengesetzt.

**243.** Nah (in Bewegung). Faust schaut beunruhigt.

**244.** Totale (in Bewegung). Im Vordergrund zieht, unscharf, von unten gesehen, ein Vogelschwarm[43] vorbei, eine dicke schwarze Wolke bildend.

---

43 Die plausibelste Erklärung, die Formen sind nicht identifizierbar.

Mitten darin entsteht eine Öffnung, durch die man ganz unten die Türme eines Palastes sieht.

**245.** Nah (in Bewegung). Faust, zunächst nach vorn gebeugt, richtet sich ein wenig auf. Mephisto wendet ihm den Kopf zu. Er spricht.

Titel     *Das Hochzeitsfest der Herzogin von Parma: der schönsten Frau Italiens.*

Faust beugt sich wieder vor.

**246.** Totale (in Bewegung). Ein riesiges Feuer im Innenhof des Palastes mit lodernden Flammen nach allen Seiten. Die Reisenden gleiten durch sie hindurch.

**247.** Totale (in Bewegung). Abstieg ins Innere des Hofs, der von Säulengängen umgeben ist, hinter denen man im unteren Teil des Hauses eine große Schar von Tänzerinnen erblickt. Der Rauch, dann die Flammen eines Feuers rücken in den Vordergrund.

**248.** Totale. Hohe Flammen, wie von außerhalb des Bildes bewegten Fackeln, ziehen einen Augenblick lang ganz vorn, von links nach rechts über die Leinwand.

Die Herzogin von Parma sitzt im Mittelgrund auf einer Marmorbank, inmitten einer Gruppe von Höflingen. Auf ihren Knien ruht, den Körper nach hinten ausgestreckt, der Kopf des Herzogs. Zwei Pagen, von hinten, rechts im Vordergrund, scheinen auf Befehle zu warten. Auf ein Wort von ihr verneigen sie sich tief, gehen nach links ab und kommen Stufen herab, die zwei Diener, Gerichte tragend, von hinten gesehen, hinaufgehen. Diese beiden gehen an der Herzogin vorbei und rechts eine Treppe hinab. Dahinter, unterhalb der podiumsähnlichen Erhöhung, auf der wir uns befinden, sieht man die Reihen mit glitzernden Tänzerinnen, links vor ihnen eine Anzahl offener Feuer.

**249.** Halbnah (gleiche Achse wie 248). Während eine Hofdame, die hinter der Bank steht, sich diskret abwendet, hebt der Herzog seinen Arm bis zum Nacken der Herzogin und zieht ihren Kopf zu sich. Kuß.

Zwei Pagen, die Barette tragen, kommen rechts die Treppe heraus und knien vor dem Paar nieder.

Titel     *Seltsame Gäste!*

**250.** Halbnah. Die Hochzeitsgäste eilen herbei, gruppieren sich im Vordergrund auf den Stufen und schauen einem Zug von in weiße Gewänder und Turbane gekleideten Männern entgegen, die zwei riesige weiße Elefanten eskortieren. Hinten rechts ein Feuer.

**251.** Totale (wie 248). Die Hochzeitsgäste weichen zurück, um Mephisto Platz zu machen, der rechts die Stufen heraufkommt. Er sinkt vor der Herzogin auf die Knie und weist mit dem Arm auf die Eskorte.

Titel　　*Der höchsten Schönheit huldigend, bringt Euch mein Herr die Schätze seiner Reiche!*

**252.** Halbnah. Mephisto in der Mitte, von der Seite gesehen, auf den Knien vor der ebenfalls von der Seite gesehenen Herzogin ganz links. Er erhebt sich, wirft einen Blick nach rechts und stellt sich neben die Herzogin, während schwarze Diener mit nackten Oberkörpern, Turbane auf den Köpfen, einen Teppich auf dem Boden entrollen, sich auf die Knie werfen und dann weggehen.

**253.** Halbnah. Im Vordergrund, an beiden Seiten der Einstellung, Rüssel, Stoßzähne und Flanken der beiden Elefanten. Dahinter Faust in weißem Gewand mit Turban; er entsteigt einer Sänfte und tritt vor.

**254.** Totale (wie 248 und 251). Faust, von links kommend und durch das Geländer verdeckt, erscheint am Fuß der Treppe. Er kommt herauf, bleibt oben einen Augenblick stehen, kniet auf dem Teppich nieder und verbeugt sich vor der Herzogin, während der Herzog den Arm hebt.

**255.** Halbnah (wie 252). Hinter dem knienden Faust kommt ein schwarzer Diener die Stufen herauf. Er trägt auf einem Kissen ein Geschenk. Er bleibt vor Mephisto stehen, der mit seiner Rechten langsam den Zwischenraum zwischen dem Kissen und der Herzogin füllt.

Dann streckt er unvermittelt den linken Arm über dem Gegenstand aus.

**256.** Groß. Mephistos Hand, flach ausgestreckt über einer Art metallischer Blume, die auf dem Kissen liegt.

Die Blume öffnet sich, ein intensives Licht geht von ihr aus und bildet einen Kegel, dessen Spitze die Handfläche berührt.

**257.** Halbnah. Die Herzogin sitzt rechts, der Herzog steht in der Mitte. Links von hinten eine Hofdame.

Alle außer der Herzogin sind geblendet und verbergen den Kopf in den Armen. Der Herzog setzt sich wieder.

**258.** Totale (wie 248, 251 und 254). Die Herzogin sitzt, den Kopf nach hinten, im Strahlenlicht der leuchtenden Blume. Faust steht auf und betrachtet sie. Mephisto nähert sich ihr.

**259.** Nah. Die Herzogin von vorn mit gesenkten Lidern. Mephisto nähert sich ihr und flüstert ihr etwas ins Ohr. Sie schlägt die Augen auf.

**260.** Groß. Faust, von vorn, betrachtet sie.

**261.** Nah (wie 259). Mephisto, von vorn, wirft einen Blick aus den Augenwinkeln auf die faszinierte Herzogin. Sie bedeutet durch eine Geste, sie wolle sich erheben.

**262. Nah.** Die Blume mit dem Lichtkegel darüber und rechts der Kopf des Negers, der das Kissen trägt.

**263. Halbnah.** In Untersicht. Die Herzogin hat sich erhoben. Faust, rechts, reicht ihr die Hand und zieht sie an sich. Er küßt sie und hält sie umschlungen, dann geht er mit ihr die Stufen hinunter, unter dem Blick Mephistos, der sich weit über die Treppe hinausbeugt.

**264. Groß.** Die Sanduhr (wie am Ende von 238). Sie ist dreiviertel gefüllt.

**265. Halbnah** (wie 263). Faust und die Herzogin sind unten an der Treppe angelangt und verschwinden nach links hinter dem Geländer, immer unter Mephistos wachsamem Blick.

**266. Halbnah.** Der Herzog, daliegend, verbirgt weiter sein Gesicht, ebenso die Damen, die hinter der Bank stehen.

**267. Halbnah** (wie 263 und 265). Mephisto, über das Geländer gebeugt, dreht sich um. Während er weiter nach links, zur Bank hinschaut, streckt er seine Hand rechts nach der Blume aus, die wie ihr Träger langsam wegblendet. Dann kreuzt er die Arme.

**268. Nah.** Die Bank, von Mephisto aus gesehen. Der Herzog, schräg von hinten, richtet sich auf.

**269. Totale** (die Achse weiter links als in 258). Der Herzog hat sich ganz aufgerichtet. Er merkt, daß der Platz neben ihm leer ist. Er springt auf, schräg von hinten gesehen, mustert Mephisto, schräg von vorn, weicht einen Schritt zurück, während Mephisto gebeugt vortritt. Der Herzog zieht seinen Degen aus der Scheide und durchbohrt ihn. Mephisto fällt zu Boden, der Degen steckt in seinem Körper, er rollt nach vorn ins Bild.

**270. Groß.** Der Herzog, das Gesicht der Leiche Mephistos zugewandt. Er weicht ein wenig zurück, ohne aufzuhören, ihn zu betrachten.

**271. Totale** (weiter als 269). Im Vordergrund auf den Stufen Mephistos Leiche, vom Degen durchbohrt. Im Hintergrund schauen Gäste und Tänzerinnen unbeweglich.

Ein lebender Mephisto blendet, stehend, neben dem toten auf, während man bei den Anwesenden ein Zeichen erschreckten Zurückweichens bemerkt. Er lacht höhnisch, zieht den Degen aus dem Körper – der wegblendet – und durchbohrt den Herzog, ganz links außen im Bild. Der fällt nach vorn, und es wird dunkel. Nur Gesicht, Gewand und Degen Mephistos und die Feuer im Hintergrund leuchten in der Dunkelheit.

Mephisto blendet weg, das Licht kommt wieder. Alle fliehen. Die Tänzerinnen im Hintergrund laufen von der Treppe links aus dem Bild. Die

Höflinge durchqueren die Einstellung mit den Rücken zur Kamera und steigen vom Podium herab. Nur die Leiche des Herzogs liegt im Vordergrund auf den Stufen.

272. Nah bis total. Mephisto taucht von rechts hinter einem Lüster auf. Er bläst, der Lüster strahlt auf und beleuchtet hell sein Gesicht. Er greift mit einer Hand nach ihm und läßt ihn hin- und herpendeln, während die Kamera zurückfährt und man ein Schlafzimmer sieht, ausgestattet mit verbrämten Stoffen, auf die zuweilen Strahlenbündel fallen. Mephisto versteckt sich hinter einem Vorhang. Die Kamera fährt noch weiter zurück, bis man Faust sieht, von hinten, die Herzogin umarmend. Das Paar geht in den Hintergrund des Zimmers und bleibt vor dem Bett stehen.

273. Nah. Der Lüster erscheint und verschwindet, ganz im Vordergrund, angeschnitten. Faust, im Profil, hält die Hände der Herzogin in den seinen. Hingerissen neigt sie sich zurück und setzt sich auf den Bettrand. Er küßt sie, während die Kamera ihrer Bewegung leicht nach unten folgt.

274. Halbnah. Die Sanduhr auf Fausts Arbeitstisch. Eine Hand blendet im Bild auf und ergreift sie. Dann verschwinden Hand und Sanduhr auf dieselbe magische Weise.

275. Nah (wie am Ende von 273). Noch ein Kuß in dem schwingenden Licht. Faust dreht sich um, als ob er die Gegenwart einer dritten Person spüre. Er springt nach vorn rechts.

276. Totale. Faust kommt links ins Bild und zieht heftig an dem Vorhang, hinter dem Mephisto sich versteckt hat, während die Kamera, ihn in seiner Bewegung ein wenig begleitend, kaum merklich nach rechts geht. Der Hintergrund des Zimmers ist jetzt vollständig durch den Vorhang verdeckt. Die beiden schauen einander an. Mephisto hält die Sanduhr, die er in der Hand hat, hoch. Er spricht.

Titel    *Der Probetag ist um! Das Glas ist voll! Sei der Du warst!*

Faust fällt vor Mephisto, der immer noch die Sanduhr hochhält, auf die Knie. Aus dem Hintergrund blendet auf dem Vorhang nach und nach die Gestalt des alten Faust auf. Sie geht auf die des jungen zu, der den Kopf in seinen Armen verbirgt, während die Kamera mit ihm kaum merklich nach rechts schwenkt.

277. Groß. Unter dem schwankenden Licht des Lüsters die Herzogin ohnmächtig auf ihrem Bett, den Kopf zurück, die Lider geschlossen, die Lippen leicht geöffnet.

278. Halbnah (wie 276). Sehr kurz[44] Fortsetzung von 276.

44 In B länger: Faust breitet die Arme aus und spricht.

Titel    *Die Jugend ... Laß mir die Jugend!!*

Faust hat den Kopf zu Mephisto hin gehoben. Mephisto spricht.

Titel    *Auf ewig mir verfallen?!*

Mephisto macht eine Handbewegung, und der alte Faust blendet weg. Faust erhebt sich und geht nach links ab. Mephisto schaut ihm nach, kreuzt die Arme und blendet weg.

279. Halbnah. Der Baldachin teilt die Einstellung horizontal in zwei Teile. Unten umarmt Faust die Herzogin. Oben erscheint Mephisto. Er steckt den Kopf über den Rand, betrachtet einen Augenblick das Paar, nimmt die Arme auseinander und fügt, wie einen Theatervorhang, die beiden Ecken seines Umhangs gegeneinander. So entzieht er das Bett unseren Blicken. Abblende.

# Sequenz 6

**280.** Halbnah. Faust sitzt, von links gesehen, auf einem felsigen Gipfel rechts im Bild. Nebel wallen um ihn herum.

Wenn sie sich zerstreuen, taucht hinter seinem Rücken Mephisto auf, hinter einem Felsen ganz rechts. Er spricht.

Titel   *Du hast das Leben gründlich durchgekostet, Faust! Von Rausch zu Rausch, ein Taumel ohnegleichen, doch nichts befriedigt Dich!*

**281.** Halbnah (gleiche Achse, etwas enger). Mephisto spricht weiter.

Titel   *Willst Du ein Weib, ein Kartenspiel, ein Bacchanal? Was Du Dir wünschst, ich muß es Dir erfüllen!*

Mephisto beugt sich vor, während er spricht. Den Kopf Faust zugewandt, schaut er ihn von unten an und streckt ihm seine offene Hand hin.

Titel   *Willst Du des Kaisers Krone?*

**282.** Nah (gleiche Achse). Rechts Faust im Profil. Zu seiner Linken, etwas unter ihm Mephisto – von vorn, das Gesicht schief –, unten links seine Hand ausgestreckt, in der eine schimmernde Krone aufblendet. Faust, den Blick verloren in die Ferne gerichtet, scheint sie nicht zu sehen. Nach einem kurzen Augenblick senkt er den Kopf und greift sich an die Stirn. Die Krone verschwindet, wie sie erschien.

283. Halbnah (gleiche Achse). Mephisto richtet sich auf und nimmt seine anfängliche Stellung hinter Faust wieder ein, der langsam den Kopf hebt.

Im Hintergrund, im Nebel, der über den Bergen liegt, blenden Gruppen von Leuten auf einer Straße auf.

284. Nah. Faust schaut starr auf die Erscheinung und breitet die Arme aus.

Titel     *Heimat!*

285. Halbnah. Faust im Vordergrund, von hinten, die Arme ausgebreitet, die Vision betrachtend, die den Hintergrund füllt. Er steht auf, breitet die Arme noch weiter aus und hebt sie langsam bis zur Höhe seines Kopfes. Plötzlich läßt er sie fallen, geht auf Mephisto zu und zeigt mit dem Finger in die Ferne.

Titel     *Zur Heimat bring mich! Und im Augenblick!*

Nebel steigen hoch und verdecken allmählich die Szene. Abblende.

**286.** Totale. Aufblende. Auf ein Stadttor hinführend eine Landstraße, gesäumt von einem breiten Brückengeländer, das einen einspringenden Winkel bildet. Von hinten gesehen: viele Männer, Frauen und Kinder kommen vorbei. Der Winkel des Brückengeländers bestimmt den Verlauf ihres Wegs. Faust und Mephisto treten auf. Ans Geländer gelehnt schauen sie einem Zug von Kindern zu, die Lilien tragen. Dann gehen sie weiter.
**287.** Halbnah (gleiche Achse). Die Kamera ist jetzt jenseits des Geländerwinkels. Faust kommt von links ins Bild und legt einem Bauern die Hand auf die Schulter; der Bauer führt ein Pferd am Halfter, auf dem eine Frau oder ein Mädchen und ein Junge mit einer Lilie hocken. Der Mann wendet sich um.

Titel     *Ist heute ein Fest in Eurer Stadt?*

**288.** Nah. Der Bauer – Kopf, Profil von rechts, die Hand, die das Halfter in seiner ganzen Länge durch das Bild zieht – bricht in Lachen aus.

Titel     *Ihr kommt wohl aus dem Türkenland, daß Ihr von heiligen Ostern nichts gehört?*

Der Bauer lacht weiter, während er sich den Reitern außerhalb des Bildes zuwendet. Dann setzt er seinen Weg fort.
**289.** Totale. Straße rechts begrenzt von Mauerverstrebungen einer Kirche. Die Gruppe der Kinder mit den Lilien kommt vorüber, von hinten gesehen.
**290.** Halbnah. Gretchens Haus. Das Schlafzimmer der Mutter. Die Einstellung in Untersicht läßt einen Teil der Decke erkennen. Die fliehende linke Wand hat ein Fenster, auf dessen Bank eine Blumenvase steht. Die Wand im Hintergrund, von vorn gesehen, ist weiß und nackt.

Links im Vordergrund, halbschräg von vorn, sitzend die Mutter. Sie faltet über ihren Knien ein Taschentuch. Dann wendet sie sich ihrer Tochter zu. Gretchen steht im Hintergrund des Zimmers, im Profil, vorm Fenster, sie nimmt gerade Blumen, Margeriten, aus der Vase und bindet sie zu einem Strauß; dann schiebt sie ihn unter das Gesangbuch, das sie in der linken Hand hält. Sie kommt und kniet zu Füßen der Mutter nieder, die Gretchens Kopf in die Hände nimmt, ihr schnell die Haare streichelt, sie auf die Stirn küßt und ihr Ermahnungen gibt. Gretchen stimmt zu, erhebt sich, küßt die Mutter auf die Wange. Die Mutter reicht ihr das Taschentuch. Gretchen geht hinten rechts aus dem Bild.

**291. Totale.** Eine treppenförmige Straße, nach hinten abfallend, zwischen hohen Dächern. Links die Ecke von Gretchens Haus, mit Verstrebungen aus Stein, an denen ein Rosenstock hochwächst. Eine Gruppe von Bürgersleuten kommt gerade die letzten Stufen herunter.[45] Gretchen kommt von links ins Bild, von hinten gesehen, geht ums Haus herum und verschwindet unten an der Treppe. [...] Dann kommt von rechts ein Kind vorüber, von hinten gesehen, in einer Hand eine Kerze, in der anderen eine Lilie, gefolgt von ihrer Mutter.

**292. Totale.** Die Menge der Gläubigen, man erkennt die Gruppe der Kinder mit den Lilien, sie gehen, von hinten gesehen, in ein gotisches Portal. Ihnen entgegenkommend zwei Nonnen, die Kollekte machen.

**293. Totale.** Das Innere des Vorraums von der Seite. Die Kindergruppe geht von rechts nach links die Stufen hinauf.

**294. Nah (gleiche Achse).** Detail der rechten Seite der voraufgehenden Einstellung: die Stufen unten. Im Vordergrund gehen die Kinder vorbei. Im Mittelgrund kommt Faust ins Bild, gefolgt von Mephisto. Sie bleiben stehen. Faust lächelt und streichelt die Haare erst eines Kindes, dann eines zweiten, die vorübergehen. Er wendet sich an Mephisto, der eine säuerliche Miene aufgesetzt hat und spricht mit einer weiten Geste.

Titel     *Als steht das Leben immer still: Alles ist noch wie einst!*

Faust geht weiter und nach links aus dem Bild. Mephisto dreht den Kopf nach hinten und schaut einer Frau nach, die im Vordergrund in Begleitung eines Mannes daherkommt. Er geht ihr nach und aus dem Bild.

**295. Totale.** Der Kirchplatz. Hinten links sieht man eine der Kirchentüren. Ein von zwei Stufen markierter Höhenunterschied teilt ihn in zwei Abschnitte. Die Kindergruppe, schräg von hinten gesehen, kommt von rechts nach links durchs Bild, während die Kamera entgegengesetzt nach rechts fährt und man oben die Treppe sieht, die Faust eben erreicht. Er tritt auf den höheren Abschnitt und lehnt sich an die Mauer. Hinter den Kindern kommen Bürger, unter ihnen Mephisto, der immer noch die Frau anschaut, der er jetzt um einige Schritte voraus ist. Er bleibt stehen und stellt sich neben Faust.

**296. Halbnah (gleiche Achse).** Die Frau geht vor Mephisto her. Er folgt ihr mit den Blicken, während sie aus dem Bild geht. Dann wendet er den Kopf zur Treppe, die Gretchen gerade heraufkommt. Als sie an ihnen vorbeigeht, spricht er sie an. Sie wendet sich um und läßt, überrascht, das

---

45 In B fehlt der Schluß der Einstellung.

Gesangbuch fallen, ihr Taschentuch und ihren Strauß. Faust bückt sich schnell. Er hebt das Gesangbuch auf, während Gretchen sich ihrerseits bückt.

297. Nah (gleiche Achse). Gretchen richtet sich auf und nimmt das Gesangbuch, das Faust ihr hinhält. Dann bückt sie sich wieder, Faust ebenfalls, fast berühren sich ihre Köpfe am unteren Rand des Bildes. Gretchen, sich aufrichtend, senkt die Augen vor Faust, der sich langsam aufrichtet, sie hingerissen betrachtet und ihr Taschentuch und Strauß hinhält. Sie nimmt beides und läuft weg, Faust ist noch auf den Knien.

298. Halbnah (wie 296). Gretchen läuft links aus dem Bild. Faust steht auf und will ihr folgen. Mephisto hindert ihn daran, indem er ihn, nach hinten zurückgebogen, festhält.

Titel    *Ein Unschuldslärvchen, das zum Pfaffen läuft ... Sie ist nichts für Dich!*

Faust macht sich los und läuft davon. Mephisto blickt ihm nach, die Hand auf dem Knauf seines Degens, der dadurch hinten waagerecht hochgestellt ist wie ein Schwanz.

299. Totale. Das Kirchenportal ist weit geöffnet, rechts begrenzt von einem dunklen Mauerstück. Ein verschwommenes Licht, das schräg oben aus dem Kirchenschiff fällt, beleuchtet im Gegenlicht die Gemeinde der

Gläubigen, hinter denen man, von hinten gesehen, Gretchen erkennt, ihre Silhouette umgeben von einer Lichtaura. Faust kommt rechts ins Bild, geht vor bis zur Schwelle und beugt sich ins Innere der Kirche. Dann weicht er zurück, nimmt sein Barett vom Kopf und lehnt sich gegen die dunkle Umrahmung.

**300.** Totale. Der Chor, erleuchtet von hellen Strahlen, die schräg aus hohen Fenstern fallen, außerhalb des Bildes rechts. Im Hintergrund auf dem Altar sind die Kerzen angezündet. Von links tritt der Bischof ein und bleibt dem Altar gegenüber stehen.

**301.** Nah.[46] Faust im Profil gegen den Türrahmen. Seine Hände umklammern sein Barett, er steckt leicht den Kopf in der Richtung vor, in der Gretchen steht.

**302.** Totale. Das Kirchenschiff aus Fausts Sicht. Im Vordergrund hebt sich Gretchen, schräg von hinten gesehen, ab. Sie betet und neigt dabei leicht den Kopf.

**303.** Nah (wie 301). Faust schaut, das Gesicht vorgestreckt.

**304.** Halbnah. Der Kirchenvorraum von einem Pfeiler in der Mitte zweigeteilt. Die Tür befindet sich verdeckt im Inneren, im rechten Teil. Mephisto, von hinten, kommt mit vorsichtigen Schritten und im Zickzack, mit der rechten Seite die kleinen Säulen berührend.

**305.** Nah. Kinderchor, vor den Orgelpfeifen, singend.

Titel     *Te Deum laudamus. Herr Gott Dich loben wir.*

**306.** Nah. Mephisto vor den Säulchen. Als er den Gesang hört, knirscht er mit den Zähnen und verstopft sich die Ohren.

46 In B groß.

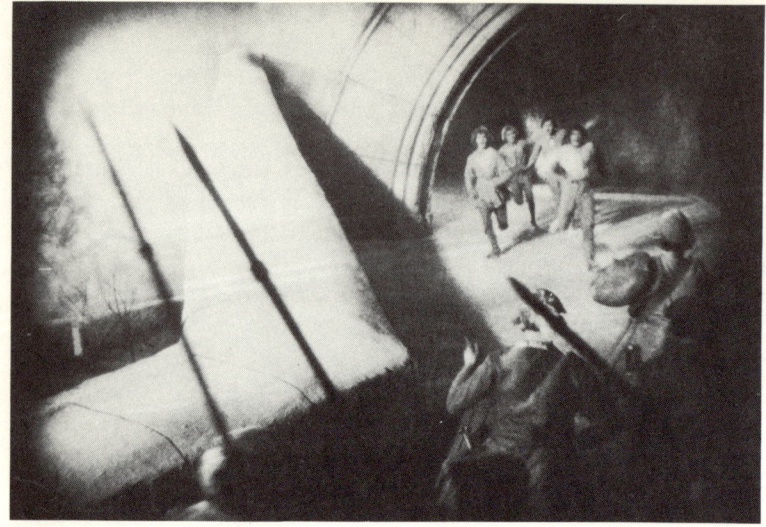

307. Totale. Das Stadttor. Ein Trupp Lanzenträger, von hinten gesehen, zieht fahnenschwenkend vorbei und in das Tor. Eine begeisterte Menge, vor allem Frauen, läuft den Soldaten entgegen, tritt in ihre Reihen und feiert sie.

308. Halbnah. Gretchens Haus. Schlafzimmer der Mutter. Die Achse ist weiter rechts als in 290. Das Fenster, nicht mehr angeschnitten, ganz links im Bild. Rechts in der Mauer, im Hintergrund eine Tür. Die Mutter, links am unteren Bildrand, sitzt immer noch am selben Platz.

Die Tür öffnet sich, Valentin tritt ein, breitet die Arme aus. Die Mutter dreht sich um und streckt ihm die Arme entgegen.

Titel     *Urlaub, Mutter!*

Mutter und Sohn fallen einander in die Arme und halten sich fest. Während die Mutter ihn mit Küssen bedeckt, hebt Valentin sie zum Spaß hoch. Er schwenkt sie herum und wiegt sie.

309. Totale (enger als 299 und mehr nach rechts). Gretchen im Mittelgrund links, von hinten. Faust im Vordergrund, schräg von hinten, gegen die Torumrandung gelehnt, schaut ins Innere.

310. Totale (weiter als 300). Der Chor, erleuchtet von Kerzen und diagonal durchquert von zwei schräg einfallenden Lichtstrahlen. Es ist der Augenblick des Segens. Der Bischof, der zuvor kniete, erhebt sich.

186

**311.** Totale (wie 299). Die Gläubigen knien nieder. Faust im Vordergrund rechts wendet sich heftig ab. Er zeigt ein beunruhigtes Gesicht. Er verschränkt die Arme über Brust und senkt die Augen.

**312.** Totale. Der Bischof hebt die Monstranz in Form einer strahlenden Sonne auf einem Kreuz aus schimmerndem Gold. Er macht mit ihr das Zeichen des Kreuzes.

**313.** Halbnah. Mephisto, der sich zur Tür hinein gebeugt hat, fährt zurück und hält sich die Arme vor die Augen. Er flüchtet nach rechts in den Schatten der Säulen, das Gesicht zur Mauer gewandt.

**314.** Nah. Mephisto, den Kopf in die Arme vergraben, gegen die Mauer gelehnt. Er wendet sich um, schaut angewidert in Richtung des Kirchenschiffs; den Kopf nach hinten, die Lider gesenkt, stößt er einen langen Seufzer aus. Dann wirft er wieder einen Blick nach links.

**315.** Halbnah (wie 309). Gretchen, die vorher kniete, steht auf. [...] Faust macht einen Schritt nach links und betrachtet die Gemeinde. Von hinten gesehen, hebt er sich vom beleuchteten Hintergrund des Schiffs ab. Die Gläubigen knien erneut nieder, erheben sich wieder und verlassen die Kirche.

Faust tritt zurück, um sie vorbeizulassen, er geht aus dem Bild. Gretchen kommt bis in den Vordergrund.

[**316.** Halbnah.[47] Der Vorraum. Gläubige gehen vorüber nach vorn rechts. Gretchen, die zunächst verdeckt war, sieht man, wenn sie im Mittelgrund erscheint.]

**317.** Totale. Der Vorraum. Die Gläubigen kommen zu beiden Seiten nach vorn heraus. Faust taucht im Hintergrund auf, im rechten Ausgang, rückwärts gehend. Er lehnt sich mit dem Rücken an den Mittelpfeiler und schaut weiter ins Innere.

**318.** Halbnah (gleiche Achse). Faust im Vordergrund links, schräg von hinten, schaut zurück über die Köpfe der Gläubigen hinweg, die aus der Kirche kommen. Schließlich zeigt Gretchen sich. Sie zögert einen Augenblick und wirft ihm einen tiefen, aber ängstlichen Blick zu.

[Ein junger Mann stößt sie an. Sie geht nach vorn rechts weg.[48] Faust folgt ihr mit den Augen.

**319.** Totale (mehr rechts als 317). Mephisto, im Vordergrund rechts, und Faust, im Mittelgrund links, sehen Gretchen zwischen sich vorkommen. Sie geht vorüber, Faust will ihr folgen. Mephisto legt ihm die Hand auf die Schulter.

47 Fehlt in B und D.
48 In B vor Gretchens Abgang geschnitten.

Titel    *Ich weiß Dir gefälligere Dirnen!]*

**320.** Nah. Faust im Profil, schaut Mephisto an. Mit einer Schulterbewegung macht er sich los.

Titel    *Ich will nur sie! Du tust was ich befehle!*

**321.** Halbnah (gleiche Achse). Faust geht hinter Gretchen her nach vorn weg.[49] Mephisto blickt zunächst wütend, dann stemmt er die Hände in die Hüften und bricht in ein wieherndes Lachen aus. Er geht weg.

**322.** Totale (etwas weiter als 291). Die Straße hinter Gretchens Haus. Gretchen kommt die Treppe heraufgelaufen und verschwindet links aus dem Bild.

**323.** Halbnah. Das Schlafzimmer der Mutter – in Untersicht, auf das Fenster zu, das fast den ganzen Hintergrund ausfüllt. Die Mutter sitzt im Vordergrund, ganz links außen, von der Seite gesehen; Valentin weiter zurück, von vorn. Beide lachen.[50]

Valentin holt einen Schal aus seinem Sack, den er auf den Knien hält, und bedeckt damit, während er in den Vordergrund tritt, die Schultern

49 In B spricht Faust zuerst weiter.
50 In B anders gespielt.

seiner Mutter. Er bindet ihn; die Mutter berührt den Stoff, schaut begeistert zu ihrem Sohn, legt ihm die Hände auf die Wangen. Sie umarmen sich.

**324.** Totale. Ein Platz vor dem Haus. Passanten überqueren ihn und gehen vorn aus dem Bild. Gretchen kommt von hinten rechts um die Hausecke gelaufen und verschwindet in der Bildmitte in der Tür, die sie heftig hinter sich schließt.

**325.** Halbnah (wie 323). Valentin, der immer noch die Mutter umarmt hält, schaut aufhorchend nach rechts.

Dann sehen Mutter und Sohn einander lachend an.

**326.** Halbnah. Gretchens Schlafzimmer. Die Tür links im Hintergrund des Zimmers öffnet sich. Gretchen kommt herein und legt ihr Gesangbuch auf ein Möbel, im Anschnitt rechts. Dann bleibt sie nachdenklich stehen.

**327.** Nah (wie 325). Valentin steht auf und geht, unter dem belustigten Blick der Mutter, aus dem Bild.

**328.** Halbnah (wie 326). Gretchen sitzt jetzt links, den Kopf gesenkt, die Augen ziellos. Die Tür geht auf. Valentin erscheint im Hintergrund, hinter ihrer Schulter. Er kommt auf Zehenspitzen und lehnt sich rechts gegen die Wand. Dann springt er plötzlich auf Gretchen zu und verdeckt ihr die Augen mit den Händen. Sie macht sich los, indem sie seine Gelenke ergreift, um die Hände wegzunehmen. Sie dreht sich um und sieht ihren Bruder, der sie anlacht, die Arme weit geöffnet. Sie steht auf und läuft auf ihn zu. Sie umarmen einander.

Titel    *Bruder Valentin!*

**329.** Totale.[51] Der Flur. In Hintergrund eine Wendeltreppe. Links die geöffnete Tür, durch die man die Mutter in ihrem Zimmer sitzen sieht. Valentin und Gretchen kommen rechts herein, gehen durchs Bild und in das Zimmer der Mutter, die Tür schließt sich hinter ihnen.

**330.** Totale (wie 322). Die Straße. Mephisto, in der Hand eine kleine Schatulle, steigt die Treppenstufen hinauf und drückt sich mit dem Rükken gegen die Hausverstrebungen.

Er wendet sich um und macht Faust, unten an der Treppe, ein Zeichen zu kommen.

**331.** Halbnah. Die Hausecke, links angeschnitten, die Verstrebungen und der Kletterrosenstrauch. Mephisto, schräg von hinten gesehen, schaut zu

---

51 In B halbnah, Fortsetzung von 326.

Faust, der hinter ihm auftaucht, die letzten Stufen heraufsteigend. Mit der rechten Hand, in der er die Schatulle hält, weist er auf etwas vorn im Bild. Faust springt erfreut nach vorn. Mephisto hält ihn mit seiner freien Hand zurück und zeigt ihm die Schatulle. Durch einen Knopfdruck öffnet sich der Deckel.

Titel     *Hat sie dies goldne Kettlein erst im Haus, wird sie die Teufelskraft schon spüren.*

Mephisto geht eilig nach vorn links weg.
332. Totale (wie 324). Mephisto tritt vorsichtig hervor und geht um die Hausecke, kommt bis an die Haustür, wirft einen langen Blick hinter sich und tritt ins Haus.
333. Halbnah. Gretchens Schlafzimmer. Achse eindeutig dieselbe wie in 326, aber spürbar in Untersicht. Mephisto, von der Seite gesehen, schleicht an der Wand entlang. Er bleibt rechts stehen, wirft einen Blick nach vorn, betrachtet einen Augenblick lang die Schatulle, dann schaut er nach links und macht einen Schritt in der Richtung.

334. Halbnah. Ein anderer Teil des Zimmers. Entlang der Wand rechts, von vorn nach hinten: die Vorhänge des Betts, eine Nische mit einer

kleinen Muttergottesstatue, ein Fenster. Mephisto kommt von links, geht zu den Vorhängen und zieht sie auseinander.

**335. Nah.** Die Vorhänge gehen auseinander[52], man sieht das Bett.

**336. Halbnah** (wie 334). Mephisto läßt die Vorhänge wieder fallen. Er grinst und wirft einen Blick nach links, dann macht er eine Kehrtwendung und sieht sich genau der Muttergottes gegenüber. Erschrocken weicht er zurück.

**337. Groß.** Rechts die kleine Statue in der Nische. Links das Fenster mit einer Blumenvase auf der Fensterbank.

**338. Groß.** Mephisto, von vorn, schließt die Augen und senkt säuerlich den Kopf.

**339. Nah.** Mephisto, im Profil von links, schaut mit gerunzelten Brauen wieder zur Muttergottes, rechts. Er wendet sich ab, als sei ihm der Anblick schwer erträglich, riskiert erneut einen Blick, dann schließt er die Augen und wendet abrupt den Kopf, wie geblendet von einer zu großen Helligkeit.[53]

**340. Groß.** Der Kopf der Muttergottes mit dem Jesuskind, von einer Lichtaureole umgeben.

**341. Halbnah.** Mephisto wagt über den Kragen seines Umhangs hinweg einen schrägen Blick auf die Muttergottes im Vordergrund, angeschnitten, von rechts. Weiter hin und wieder einen Blick zu ihr werfend, läßt er den Öffnungsmechanismus der Schatulle spielen, die er in die Schublade einer Kommode stellt. Dann geht er weg, ohne die Kommode zu schließen.

**342. Nah.** Tür zu Gretchens Zimmer, vom Flur aus gesehen. Sie öffnet sich und Mephisto kommt heraus, den Kopf gesenkt und schnellen Schritts. Er geht nach vorn rechts ab.

**343. Halbnah.** Das Zimmer der Mutter. Valentin sitzt im Vordergrund ganz links, von der Seite gesehen, die Mutter im Hintergrund in der Mitte, von vorn gesehen. Sie reicht Gretchen, die vor ihr steht mit dem Rücken zur Kamera, einen weißen Schal, den diese sich um die Schultern legt, während Valentin von seinem Platz aufsteht, nach rechts geht und lacht. Gretchen schiebt den Schal unter ihre Zöpfe, kreuzt ihn über ihrer Brust[54] und macht eine Drehbewegung.

---

52 In B sind die Vorhänge auseinandergenommen.
53 In B wirft Mephisto noch einen weiteren Blick auf die Muttergottes.
54 In B Schluß von 343.

**344.** Nah. Blick auf die rechte Wand. Links ein weißes Wandstück, von dem Gretchens Kopf sich abhebt. Rechts die Hälfte eines Fensters mit einem Strauß im Gegenlicht auf der Fensterbank. Gretchen, lächelnd, beendet ihre Halbkreisbewegung von links nach rechts. Dann wendet sie von neuem den Kopf zu ihrem Bruder und lacht ihm zu.[55]

**345.** Nah. Valentin, vor dem Bettvorhang sitzend von vorn, schaut seiner Schwester zu und lacht herzlich.

Titel      *Potzblitz wie hübsch Du bist!*

**346.** Nah (wie 344). Gretchen setzt ihre Drehbewegung zu einem vollen Kreis fort[56] [...] und schaut wieder wie vorher zu ihrem Bruder.

**347.** Nah (wie 345). Valentin, lachend.

**348.** Halbnah (wie 343). Valentin sitzend, streckt die Arme aus, zieht Gretchen an sich und auf seine Knie.

Titel      *Wie steht's denn mit dem Freiersmann?*

**349.** Nah. Gretchen, auf Valentins Knien sitzend, schaut verärgert drein. Valentin lacht weiter. Heftig nimmt sie den Schal ab, steht auf und geht rechts aus dem Bild.

**350.** Totale. Die Straße vor dem Haus, von dem, links von der Verstrebung, ein Mauerstück mit einem Fenster zu sehen ist. Auf der untersten Stufe, in abwartender Haltung, scheint Faust auf Geräusche aus dem Haus zu horchen. Mephisto steht hinter ihm.

**351.** Nah. Die Tür von Gretchens Zimmer. Sie geht auf, Gretchen tritt herein, den Schal in der Hand. Sie bleibt stehen, schnuppert und wirft einen beunruhigten Blick ins Zimmer. Sie stürzt nach vorn und geht rechts aus dem Bild.

**352.** Halbnah. Gretchen kommt von links gelaufen, macht einen Bogen um die Kommode und stürzt zum Fenster im Hintergrund. Sie öffnet es.

---

55  In B lacht Gretchen nicht.
56  In B lacht Gretchen zuerst. Die ganze Szene ist eindeutig anders gespielt.

353. Totale (wie 350). Die Straße. Gretchen hat das Fenster ganz geöffnet und schaut nach draußen. Sie sieht Mephisto, der durch den Mauervorsprung verdeckt ist, nicht; aber sie sieht Faust, der sie mit einer Verbeugung grüßt. Sie schaut ihn starr an, schließt dann schnell das Fenster wieder. Währenddessen beginnt Mephisto, die Treppe herabzusteigen, dabei zu Faust umgewandt, der ihm schließlich nachkommt.

354. Nah. Gretchen nachdenklich vor dem Fenster, im Profil, den Kopf zur Schulter geneigt. Sie richtet ihn langsam auf, ein schüchternes Lächeln auf dem Gesicht. Dann wirft sie einen Blick nach links, außerhalb des Bildes auf die Kommode.

355. Groß. Die Schublade aus Gretchens Sicht. Die Schatulle steht auf strahlend weißer Wäsche. Der geöffnete Deckel läßt innen eine Kette erkennen.

356. Nah (wie 354). Gretchen schaut überrascht, macht einen Schritt nach vorn und neigt den Kopf zur Kommode.

357. Halbnah (wie 352). Gretchen macht einen weiteren Schritt und beugt sich über die Schatulle. Langsam taucht die Hand ins Innere der Schublade und holt die Kette heraus. Sie betrachtet sie hingerissen und hebt sie bis in Augenhöhe. Dann plötzlich, wie überrascht durch ein Geräusch von draußen, legt sie den Schmuck in die Schatulle zurück, macht die Schublade zu, wobei sie mit der Hüfte nachhilft, und stützt

sich, die Hände hinterm Rücken, von vorn gesehen, gegen den schmalen Teil der Kommode, ganz links außen im Bild.

**358.** Halbnah. Die Tür von vorn, die Mutter kommt herein, auf einen Stock gestützt.

**359.** Halbnah. Die Achse ist, verglichen mit 357, von Anfang an leicht nach links verschoben, die Kamera schwenkt noch einmal weiter nach links auf die Mutter zu, die eben hereinkommt. Sie geht vor bis zu Gretchen.

Titel    *Was hast Du Kind?*

**360.** Halbnah (gleiche Achse). Die Mutter links, im Profil, streichelt, während sie spricht, Gretchen von vorn rechts die Haare.[57] Dann weist sie auf die Muttergottes, rechts außerhalb des Bildes.

**361.** Groß (wie 337). Die Muttergottes in der Nische.

**362.** Halbnah (wie 360). Die Mutter spricht, mit ausgestrecktem Finger.

Titel    *Sag es der Mutter Gottes, wenn Du's mir nicht sagen willst.*

Gretchen stimmt zu. Die Mutter geht aus dem Bild, gefolgt von den Augen der Tochter.

**363.** Halbnah (wie 358). Die Mutter wirft einen letzten Blick in Gretchens Richtung und schließt die Tür.

**364.** Nah (die Achse mehr rechts als in 360). Gretchen steht am selben Platz gegen die Kommode gelehnt, zunächst ganz links im Bild. Sie geht zurückweichend um die Kommode herum, macht Anstalten, sie zu öffnen und ändert dann wieder ihre Absicht. Sie setzt sich auf eine Bank im Fensterwinkel und bleibt einen Augenblick lang bewegungslos, den Rücken gegen die Wand gelehnt. Sie zieht ein Spinnrad zu sich heran, das durch die Kommode verdeckt war, überlegt weiter, den Oberkörper nach vorn gebeugt, steht dann auf und streckt die Hand nach der Schublade aus. Sie öffnet sie vorsichtig, holt die Schatulle heraus und stellt sie auf die Kommode. Sie nimmt die Kette, legt sie sich hingerissen um den Hals und legt sie wieder zurück an ihren Platz. Sie schließt die Schatulle heftig, nimmt sie aber nach einem letzten Zögern in die Hand und verbirgt sie hinter ihrem Rücken.

---

57 In B: 360a. Groß. Zwischenschnitt auf Gretchen.

365. Halbnah. Die Mutter sitzt, von der Seite gesehen, im Vordergrund. Die Tür im Hintergrund geht auf. Gretchen steckt den Kopf herein.

Titel     *Darf ich zur Muhme Marthe gehen?*

Gretchen schließt die Tür wieder.


**Sequenz 8**

Titel     *Frau Marthe Schwerdtlein.*

366. Groß. Eine Hand öffnet einen Schrank und holt einen kleinen Krug heraus.
367. Nah. Frau Marthe gießt den Inhalt des Krugs in ein Fläschchen, das sie dann einem jungen Mann reicht, der links steht.

Titel     *Drei Tröpflein von dem Liebestrank zur Nacht; und alle Weiber werden nach Dir toll!*

368. Groß. Der junge Mann, von vorn gesehen, lacht.
369. Nah (Achse weiter rechts als 367). Beide lachen. Frau Marthe, das Fläschchen jetzt in der rechten Hand, legt ihre linke auf den Arm des

195

Jungen. Dann faßt sie ihn unters Kinn und schiebt ihn, er weiß nicht, wie ihm geschieht, nach rechts; die Kamera folgt ihnen. Mit einer schnellen Geste gibt Frau Marthe dem jungen Mann einen letzten Stoß, dann läßt sie ihn los. Sie zuckt mit den Schultern und wendet sich halb um. Der Junge macht eine Geste nach dem Fläschchen. Sie zieht ihre rechte Hand zurück und hält ihm die andere hin, die Handfläche nach oben. Er durchwühlt seine Taschen und legt ihr eine erste Münze auf die Hand. Frau Marthe schaut hin und wendet den Kopf weg, um zu bedeuten, daß es nicht reiche. Er gibt ihr ein zweites Geldstück. Das gleiche Spiel Marthes. Er gibt ihr ein drittes Geldstück und greift fast gleichzeitig nach dem Fläschchen, das Marthe festhält. Sie beißt ihn in den Arm, er zieht ihn schnell zurück. Sie streckt von neuem ihre Hand aus und bewegt sie hin und her. Er gibt ihr ein letztes Geldstück. Marthe schaut; zufriedengestellt, reicht sie ihm das Fläschchen, schiebt ihn dabei mit Nachdruck nach draußen und schlägt die Tür hinter ihm zu. Sie zuckt die Achseln, bekundet mit einer kleinen Geste ihre Gleichgültigkeit und geht nach links aus dem Bild.

370. Nah. Marthe kommt von rechts ins Bild, wiederholt ihre Geste, beugt sich, um unterhalb des Bildes nach einer Börse zu greifen, in die sie das Geld tut, das sie von dem jungen Mann bekommen hat. Sie legt die Börse zurück, greift unterhalb des Bildes den Krug und schickt sich an, ihn nach links oben in den Schrank zurückzustellen; dann überlegt sie sich's anders, streckt ihre freie Hand nach einem Bord unter dem Schrank aus, zieht sie für einen Augenblick wieder zurück und schaut hinter sich; schließlich nimmt sie, beruhigt, ein Glas und beginnt, sich aus dem Krug einzuschenken.

371. Totale. Der Garten. Er füllt die linke untere Ecke aus, begrenzt durch eine diagonal verlaufende kleine Mauer, hinter einem Weg oben rechts.

Im Vordergrund eine Öffnung in der Mauer, halb verdeckt durch einen blühenden Baum, im Anschnitt, rechts.

Gretchen nähert sich auf dem Weg oben rechts, während im Garten eine Gruppe Kinder, die von links her aufgetaucht ist, zur Maueröffnung läuft. Die Kinder umringen Gretchen, sobald sie hereintritt, und hängen sich an sie. Sie lacht, versucht sich zu befreien, ohne dabei ihre Schatulle loszulassen, die sie mit beiden Händen fest an sich gedrückt trägt.

372. Nah (wie 370). Frau Marthe hat ihr Glas vollgegossen und trinkt. Dann schaut sie aufhorchend nach rechts.

373. Totale. Durch ein offenes Fenster sieht man im Garten Gretchen mit

den Kindern. Andere kommen von hinten herangelaufen, wo man unscharf Bäume erkennt. Schließlich macht sie sich los, geht nach vorn eine Stufe hinauf und links aus dem Bild, während die Kinder ihr nachwinken.
**374.** Nah (wie 370 und 372). Frau Marthe stellt rasch das Glas und den Krug weg. Sie schließt den Schrank und geht rechts aus dem Bild.
**375.** Halbnah. Eine Ecke des Zimmers. Im Hintergrund ein Fenster, rechts in einer Fensternische mit Rundbogen das andere, größere, offene Fenster (vgl. 373).

Marthe hat zwischen den beiden Fenstern Platz genommen, nimmt ihr Nähzeug und beginnt zu arbeiten. Sie wendet sich Gretchen zu, die von rechts hereinkommt. Sitzend empfängt sie sie mit weit offenen Armen.

Gretchen setzt sich neben sie und reicht ihr die Schatulle.

Titel     *Seht Muhme Marthe, was ich in meiner Lade fand.*

**376.** Nah (gleiche Achse). Gretchen zeigt die Schatulle mit geöffnetem Deckel. Marthe betrachtet sie mit gefalteten Händen, dann löst sie ihre Hände und legt sie mit einem Ausdruck der Bewunderung auf ihre Knie. Lachend richtet sie den Finger auf Gretchen.

Titel     *Ein reicher Schatz! Gesteh's!*

**377.** Groß. Gretchen, im Profil, lacht und spricht.

Titel     *Ich fand's in meiner Lade!*

**378.** Nah (wie 376). Marthe lacht, nimmt die Kette, hält sie hoch, rollt sie um ihr Handgelenk. Gretchen versucht sie zu greifen. Aber Marthe steht auf und legt sich den Schmuck um den Hals.
**379.** Halbnah (wie 375). Marthe ist ganz aufgestanden; die Kette sich umhaltend, geht sie, um sich in einem kleinen runden Spiegel zu betrachten, rechts an der Wand, die vor dem Fenster vorspringt. Gretchen tritt zu ihr, stellt sich links hinter sie. Marthe legt sich die Kette um und bewundert weiter. Sie wendet sich um, Gesicht zur Kamera, zieht die Kette zurecht, macht kokette Bewegungen. Gretchen berührt ihren Arm.

Titel     *Ein einziges Mal nur laßt mich die schöne Kette umnehmen!*

Marthe beugt sich erneut zum Spiegel. Gretchen erwischt sie beim Arm und veranlaßt sie, sich herumzudrehen. Marthe läßt sich schließlich die Kette abnehmen. Sie reicht sie Gretchen, die sie umlegt und sich betrachtet.
**380.** Groß. Gretchen betrachtet sich und tut dabei schön.

**381.** Groß. Frau Marthe macht sie nach und verzieht dabei spöttisch den Mund.

**382.** Groß (wie 380).[58] Gretchen bewundert sich weiter. Sie hält die Kette ein wenig höher, so daß das kleine Herz an der Kette auf ihrem weißen Hals richtig zum Strahlen kommt.

**383.** Halbnah (wie 379).[59] Gretchen, lächelnd zum Spiegel geneigt, hebt plötzlich den Kopf und schaut nach vorn.

**384.** Totale. Der Garten durch das offene Fenster gesehen. Kurze Überblendung.[60] Die Kinder tanzen einen Ringelreihen um zwei ihrer Kameraden, von hinten gesehen.

**385.** Nah. Im Anschluß an 384. Zwei der kleinen Mädchen aus dem Ringelreihen singen, gegenüber den beiden Kindern, die in der Mitte stehen, im Anschnitt, von hinten gesehen.

Titel   *Ein Sträußchen für den Bräutigam, ein Kränzlein für die Braut.*

Das kleine Mädchen links legt dem Kind ihm gegenüber einen Blumenkranz auf den Kopf, während das rechts seinem Gegenüber einen Strauß hinhält.

**386.** Halbnah (wie 379 und 383). Gretchen läuft unter Frau Marthes interessiertem Blick links aus dem Bild.

**387.** Totale. Im Garten der Ringelreihen. Die beiden Kinder in der Mitte, der Junge links und das bekränzte Mädchen rechts, Gesichter zur Kamera, den Rücken zum Haus, dessen Ecke mit einem Fenster man im Hintergrund wahrnimmt. Der Kreis dreht sich, die Kinder singen. Gretchen kommt um die Ecke gelaufen, die Stufen herunter (vgl. 373), nimmt das kleine Paar in die Arme und legt ihnen die Hand auf den Mund. Die Kinder drängeln sich um sie herum und ziehen sie nach rechts.

**388.** Totale (wie 371). Mephisto tritt oben am Weg hinter einem Torbogen hervor und schaut über die Mauer in den Garten. Er wendet sich um und macht Faust ein Zeichen zu kommen. Die beiden kommen den Hang herab.

**389.** Halbnah. Ein Torbogen, der auf eine Öffnung hinausgeht, durch die man hinten links den Garten sieht. Mephisto schaut und überläßt dann Faust seinen Platz.

---

58 In B halbnah. Das Spiel ist anders.
59 Fehlt in B.
60 Die Überblendung zeigt wahrscheinlich an, daß es sich um eine akustische und nicht um eine optische Wahrnehmung handelt, da sich das Fenster, wenn es noch das aus 373 ist, *hinter* Gretchen befindet.

**390.** Totale. Zweige angeschnitten im Vordergrund rechts, begrenzt durch einen halbrunden Durchgang, in dem, von links kommend, Gretchen und die Kinder Platz nehmen. Die Kinder setzen sich im Kreis hin. Gretchen steht einen Augenblick in ihrer Mitte, dann setzt auch sie sich hin.

**391.** Halbnah. Der Durchgang vom Garten aus gesehen. Faust kommt heran und bleibt aufmerksam stehen, die Hand gegen die Umrandung gestützt. Mephisto gleitet in den Mittelgrund, das Auge fest auf ihn gerichtet. Er nähert sich ein wenig seinem Gesicht und sagt etwas. Faust reagiert verärgert, wobei sein Arm sich heftig nach unten richtet.

Mephisto weicht zurück, wendet sich um, verschwindet ein wenig im Türbogen und legt das Ohr an eine Tür, die sich seitlich links im Bild befindet.

**392.** Halbnah. Frau Marthe, mit dem Rücken zum Fenster sitzend[61], wiegt den Kopf. Dann wendet sie sich um und erhebt sich ein wenig, um einen Blick in den Spiegel rechts über ihr zu werfen. Sie setzt sich wieder hin, schüttelt den Kopf, schlägt sich mit einem kräftigen Schlag auf die Schenkel, steht auf und geht links aus dem Bild.

**393.** Halbnah. Gegenschuß. Frau Marthe kommt von rechts ins Bild und bewegt sich auf den Schrank oben links zu. Sie nimmt den Krug heraus und gießt sich zu trinken ein. Im Augenblick, als sie das Glas an die Lippen führt, geht das Guckloch oben rechts in der Tür auf und Mephistos Kopf erscheint. Er spricht.

Titel    *Verzeihung schöne Frau, ich suche Frau Marthe Schwerdtlein!*

**394.** Nah. Frau Marthe, den Krug in der einen Hand, das Glas in der anderen, erwidert vergnügt den Gruß.

**395.** Nah. Mephisto, wie gerahmt durch das kleine Fensterchen, neigt lächelnd den Kopf.

**396.** Halbnah (wie 393). Frau Marthe stellt Glas und Krug auf einen Tisch unten links, außerhalb des Bildes, und schickt sich an zu öffnen. Sie tritt zurück und verbeugt sich, um Mephisto einzulassen, der ebenfalls eine Verbeugung macht. In der Hand trägt er eine kleine Schatulle. Geziere auf beiden Seiten: Jeder bittet mit großer Geste wiederholt den anderen, sich zuerst zu setzen.

---

61 Vgl. 373.

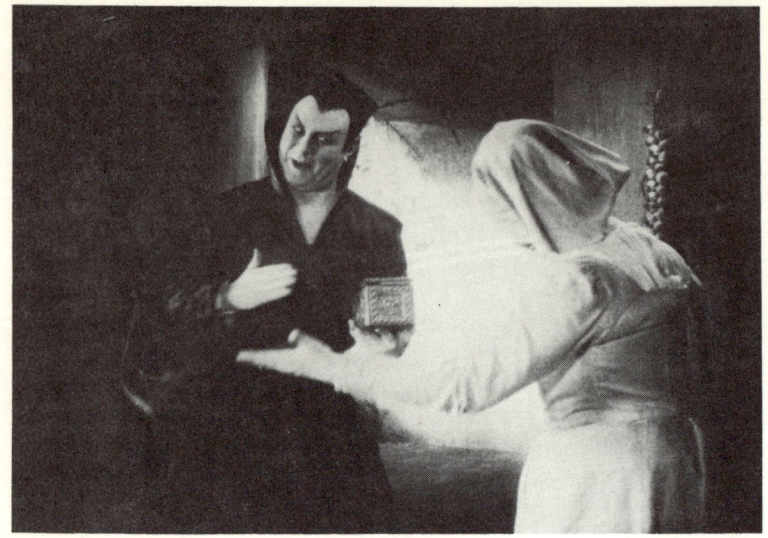

**397. Nah.**[62] Mephisto, im Profil, kommt rechts ins Bild, stellt die Schatulle Marthe – im Profil, von links – vor Augen. Er drückt auf einen Knopf, und der Deckel öffnet sich. Frau Marthe stößt einen Schrei der Bewunderung aus und hebt leicht die Arme.

Titel     *Von Eurem Vetter aus der Lombardei!*

**398. Groß.** Sehr enge Einstellung. Frau Marthe, die den Mund schließt und, den Kopf neigend, Mephisto fragend anschaut.

**399. Nah.** Mephisto, von vorn, greift in die Schatulle und holt eine Kette aus Medaillen daraus hervor, die er langsam ausbreitet und Frau Marthe hinhält.

Titel     *Er gab mir diese Kette zum Geschenk für Euch.*

**400. Nah** (wie 397). Mephisto hat die Kette hingehalten, Marthe nimmt sie und geht nach vorn rechts aus dem Bild. Er folgt ihr mit den Augen und kneift dabei eins zu.

**401. Halbnah** (wie 392). Frau Marthe steht rechts vor dem Spiegel. Sie legt sich die Kette um den Hals und versucht, sie hinten zu schließen. Sie schafft es nicht. Sie nimmt sie herunter, dreht sie um und schaut sie an.

---

62 In B Fortsetzung von 396.

Zweiter erfolgloser Versuch. Sie hält sie wieder auseinander, diesmal in Richtung Mephisto. Der kommt links ins Bild, stellt sich hinter sie, legt ihr die Kette um, schließt sie, dann fährt er mit seinen Händen unter ihren Armen durch, arrangiert die Kette auf ihrem Busen, den er bei dieser Gelegenheit betatscht. Sie lehnt sich gegen ihn, streichelt seine Wange.

Aber Mephisto, als sei ihm ihr Atem unangenehm, läßt sie los. Mit einer schwelgerischen Bewegung dreht sie sich zum Spiegel um und betrachtet sich.

**402.** Nah. Faust, gegen einen Baumstamm gelehnt, schaut nach links.

**403.** Halbnah. Gretchen inmitten der Runde sitzend, legt einem Kind einen Kranz auf den Kopf, dann einem anderen und küßt es auf die Stirn.

**404.** Nah (näher als 402). Faust schaut.

**405.** Totale (gleiche Achse wie 403, aber sehr viel weiter; man sieht, daß die Gruppe mit Gretchen an einem Abhang sitzt). Plötzlich, als sei es ein Spiel, zerstreuen sich die Kinder in alle Richtungen, und Gretchen bleibt allein.

**406.** Totale (gleiche Achse wie 404, aber sehr viel weiter; im Hintergrund die Hausecke). Faust, ganz im Bild, nähert sich vorsichtig. Dann springt er nach vorn und hängt sich an einen Zweig, angeschnitten im Vordergrund. Noch einmal macht er einen Sprung nach vorn.

**407.** Totale (gleiche Achse wie 405, aber von weiter oben). Gretchen sitzt unten links und schaut einen Kranz an. Faust kommt oben links ins Bild und langsam den Hang hinter ihr herunter. Dann, plötzlich rechts abschneidend, läuft er zu ihr und steht ihr gegenüber. Sie fährt hoch, steht auf und will weglaufen. Er ergreift ihr Handgelenk, während die Kinder herbeigelaufen kommen, sich bei den Händen nehmen und einen Kreis um das Paar bilden.

Titel  *Wen wir schließen im Ringelreihn,*
*Der soll unser Liebster sein!*

**408.** Halbnah (näher und mehr nach links als 407). Inmitten des Kreises der lauthals singenden Kinder lacht Faust und hält Gretchen, die ihnen ärgerlich bedeutet aufzuhören.

Titel   *Eins, zwei, drei. Mach Dich frei!*

**409.** Totale (wie 407). Der Kreis löst sich auf. Gretchen macht heftig ihren Arm los und läuft zum oberen Teil des Rasens, bis sie in eine Hecke gedrückt stehenbleibt. Faust folgt ihr mit den Blicken, ohne sich zu bewegen. Ein kleines Mädchen kommt zu ihm zurück und gibt ihm drei kleine Schläge auf den Rücken. Er dreht sich lachend um, während das Kind wegläuft, dann läuft er Gretchen nach, die vor ihm flieht und links oben aus dem Bild verschwindet. Faust und dann die Kinder, die rechts unten auftauchen, verfolgen sie.

**410.** Halbnah. Frau Marthe, links von vorn, vor dem Schrank, füllt ein Glas aus ihrem Krug. Sie reicht es Mephisto, von vorn rechts. Er hebt es hoch und riecht daran. Er scheint nicht zufrieden zu sein.

Titel   *Verzeiht: mein Magen ist zu schwach für solch ein feuriges Getränk!*

Mephisto spricht.

Titel    *Erlaubt, daß ich mir selbst ein Tränklein mische, wie ich's in Padua gelernt!*

Er dreht sich um, öffnet den Schrank, nimmt einen Krug heraus, schnuppert daran, schüttelt den Kopf, stellt ihn zurück, öffnet einen anderen Schrank, ganz rechts, holt einen zweiten Krug heraus, riecht daran, macht eine zustimmende Gebärde, gießt einen Tropfen in sein Glas, stellt ihn zurück, nimmt noch einen Krug, dasselbe Spiel, schließt mit der flachen Hand sein Glas, dreht es um, schüttelt es wie einen »shaker« unter Frau Marthes neugierigem Blick.

**411.** Groß. Mephisto, das Glas schüttelnd. Sein Kopf, schräg von vorn, ist in der Einstellung links, seine Hand rechts unten. Er zieht sie einen Moment lang zurück, hohe Flammen schießen aus dem Glas.

**412.** Halbnah (wie 410). Er macht weiter.

**413.** Halbnah. Angeschnitten im Vordergrund beide Flügel des geöffneten Fensters. Im Hintergrund der Garten; Gretchen läuft vorbei, gefolgt von Faust.

**414.** Halbnah (wie 412). Mephisto stellt sein Glas in Marthes Hand und geht nach links aus dem Bild. Nach vorn gebeugt folgt sie ihm mit den Blicken.

**415.** Nah. Frau Marthe im Profil, nach links gebeugt. Sie stellt den Krug, den sie noch in Händen hält, unterhalb des Bildes ab, riecht zweimal genüßlich an dem Glas, trinkt, verzieht das Gesicht, schüttelt die Arme, ballt vor Schmerz die Fäuste, macht sie wieder auf, schüttelt ihre verkrampften Hände, als ob die Flüssigkeit sie innerlich verbrenne.

**416.** Nah. Im Anschnitt rechts der Spiegel. Mephisto, gegen den geöffneten Fensterflügel gelehnt, schaut zu Marthe.

**417.** Nah (wie 415). Marthe wedelt immer noch mit den Armen, hält dann perplex inne, verzieht das Gesicht noch immer vor Schmerz, dann löst sich ihre Verkrampfung langsam in einen Seufzer, schließlich in ein Lachen voll höchster Zufriedenheit. Sie wirft die Arme zum Himmel.

**418.** Totale (gleiche Achse wie 375, aber weiter, ein Tisch füllt den Vordergrund aus). Mephisto sieht, wie Marthe, von links kommend, ihm entgegenstürzt, geht ihr entgegen und weicht ihr aus, nach vorn um den Tisch herumgehend. Sie streckt die Arme nach ihm aus und verfolgt ihn um den Tisch herum.

**419.** Halbnah. Ein Kamin aus Ziegeln, um den herum die Verfolgung weitergeht. Mephisto läuft vorbei, dann Marthe, dann wieder Mephisto, der an der Ecke ankommt, sich umwendet und ihr einen Kuß zuwirft. Weiter Verfolgung.

**420.** Halbnah. Die offene Tür. Durch sie verschwindet Mephisto in den Garten.

**421.** Groß. Das Zimmer gegenüber dem Kamin, rechts, um den Marthe noch immer herumläuft. Sie bleibt stehen und schaut vorsichtig nach allen Seiten.

**422.** Nah. Mephisto, von außen, schiebt den Fensterflügel weg, den er vorher, als er auf Frau Marthe zuging (vgl. 418), geschlossen hatte. Er steckt den Kopf herein und wirft ihr eine Kußhand zu.

**423.** Totale (wie 421). Marthe läuft nach vorn, den Rock mit beiden Händen raffend.

**424.** Totale. Der Hauseingang, vom Garten aus gesehen. Frau Marthe läuft, ihre Röcke raffend, bis zur Schwelle und schaut nach rechts.

**425.** Totale. Der Garten. Faust und Gretchen verfolgen einander um einen schiefen Baumstamm herum.

**426.** Halbnah (gleiche Achse wie 424). Frau Marthe betrachtet belustigt das Treiben der Verliebten, hebt die Arme hoch, schüttelt den Kopf und stemmt die Fäuste in die Hüften. Mephisto kommt links ins Bild, bleibt hinter ihr stehen und macht, den Finger auf den Lippen, psst. Sie wendet den Kopf zu ihm.

Titel        *Mein Freund, ein Prinz aus edelstem Geblüt.*

**427.** Halbnah (die Achse gegenüber 426 nur etwas verschoben; das Fenster kommt links ins Bild). Marthe, die Fäuste noch in den Hüften, hört Mephisto, der ihr die Hand auf die Schulter gelegt hat, aufmerksam zu. Plötzlich schaut sie nach rechts.

**428.** Halbnah (gleiche Achse wie 425). Faust läuft Gretchen weiter um den Baum herum nach. Um sie zu täuschen, bleibt er unvermittelt stehen, macht eine Kehrtwendung, hat das Mädchen in seinen Armen und küßt die Widerstrebende.

**429.** Halbnah (etwas näher als 427). Frau Marthe, beim Anblick der Szene in Lachen ausbrechend, springt Mephisto an den Hals, er bleibt steif, den Kopf hoch erhoben. Sie legt ihre Wange an seine Brust und hängt sich an seine Schultern, ohne ihn erweichen zu können. Schließlich stülpt er ihr ihre Haube über die Augen und rettet sich nach vorn. Sie bleibt ganz verwirrt zurück.

**430.** Nah. Faust zieht Gretchen, die sich loszumachen versucht, an sich und küßt sie. Er hebt den Kopf, während sie hingerissen in seinen Armen liegt.

**431. Groß.** Gretchen, schräg von vorn, unten rechts im Bild, öffnet die Augen und schaut verliebt zu Faust, schräg von hinten, oben links. Sie lächelt, schließt erneut die Augen und senkt den Kopf.

**432. Nah (wie 430).**[63] Sie hat jetzt ihr Gesicht gegen Fausts Brust gelehnt. Dann wendet sie sich ab in leichter Drehung, so daß man sie jetzt von hinten sieht. Faust beugt sich zu ihr und küßt sie von neuem.

Unvermittelt taucht Mephistos Kopf spöttisch lächelnd hinter dem Baumstamm auf. Gretchen flieht erschrocken. Wütend wendet Faust sich zu Mephisto um, mustert ihn, beschimpft ihn und läuft dann dem Mädchen nach.

**433. Totale.** Der Garten. Gretchen kommt von hinten angelaufen. Sie bleibt stehen, dreht sich um, geht die Stufe hinauf, die im Vordergrund durch ein Margeritenbeet verdeckt wird, pflückt eine Blume und steigt zwei weitere Stufen nach vorn hinauf.

**434. Halbnah.** Ein Gartenabsatz, hinten begrenzt durch einen blühenden Heckenrosenstrauch; rechts von ihm erkennt man hinten das Haus. Gretchen kommt von rechts ins Bild, bleibt in der Nähe einer Steinbank, links im Bild, stehen, wirft einen Blick nach hinten, lächelt und setzt sich hin; dabei betrachtet sie die Blume. Sie rupft ihr ein Blütenblatt aus.

Titel        *Er liebt mich . . .*

**435. Groß.** Ihre Hand, unten in der Einstellung, rupft noch ein Blatt aus.

Titel        *Liebt mich nicht . . .*

**436. Nah.** Die Einstellung erfaßt die rechte Seite von 434. Im Hintergrund rechts das Haus mit seinem Ziegeldach. Links im Vordergrund die Zweige des Rosenstrauchs, hinter dem Faust den Hang heraufkommt. Er bleibt im Vordergrund rechts stehen und betrachtet Gretchen, links, außerhalb des Bildes.

**437. Nah.** Durch die Zweige des Rosenstrauchs. Gretchen, schräg von hinten gesehen, zupft weiter die Blume aus.

Titel        *Liebt mich . . .*

**438. Halbnah (wie 434).** Faust, ganz links im Bild, betrachtet Gretchen,

---

63 Zu lockerer Anschluß in D, zu knapper in B.

die links sitzt. Plötzlich stürzt er vor, kniet vor ihr hin und nimmt ihre Hände.

Titel    *Ja von ganzem Herzen liebt er Dich!*

**439.** Nah (gleiche Achse). Faust hält Gretchens Hände. Sie lächelt. Er küßt ihre Hände. Sie erstarrt vor Freude.

[**440.** Totale. Der Garten. Mephisto kommt links ins Bild und geht die Erdstufe hinauf; als er Marthe von rechts kommen sieht, macht er eine Kehrtwendung, flieht nach vorn, klammert sich an einen Baumstamm im Vordergrund, macht eine Wendung und verdrückt sich, während Marthe ihm die Treppe hinunter entgegenläuft, ihre Röcke raffend.

**441.** Totale. Rechts im Anschnitt das Haus. Mephisto, schräg von hinten, betrachtet Marthe, die aus dem Hintergrund herangelaufen kommt.[64] Außer Atem lehnt sie sich gegen den Zaun am Eingang. Währenddessen pflückt Mephisto eine zum Trocknen aufgehängte Sonnenblume.

**442.** Halbnah. Mephisto, rechts, knabbert Sonnenblumenkerne und spuckt die Reste aus.[65] Dann beginnt er, während Marthe sich ihm nähert, Blätter auszuzupfen.

Titel    *Sie liebt mich . . .*

Er treibt sein Spiel weiter, während Marthe hingerissen ihre Hände zusammenlegt.

Titel    *Sie liebt mich nicht . . .*

Das gleiche Spiel.

Titel    *Sie liebt mich . . .*

**443.** Nah. Marthe läuft zu ihm hin, legt ihm die Hände auf die Schultern und schaut ihn streng an.]

**444.** Groß.[66] Gretchen von vorn, den Kopf nach hinten, die Augen geschlossen, lächelt ekstatisch.

**445.** Groß. Faust im Profil, Gretchens Hand haltend. Er streichelt ihre Finger, hebt sie an seine Lippen und küßt sie.

**446.** Groß (wie 444). Gretchen, weiter lächelnd, hebt die Augen und senkt sie vor Faust.

---

64 In B: 441a. Halbnah. Zwischenschnitt. Marthe kommt.
65 In B: 442a. Nah: Mephisto zupfend.
66 In B: Halbnah. Faust und Gretchen im Profil, dann jeder von beiden in Großaufnahme.

**447.** Groß (wie 445). Faust hebt ihr schmachtend den Kopf entgegen.

Titel   *Auf ewig bin ich Dein!*

**448.** Nah (wie 439). Er streckt ihr die Arme entgegen, sie stürzt sich hinein. Er umarmt sie fest und küßt sie, läßt sie wieder los. Sie richtet sich langsam lächelnd auf, betrachtet ihn, nimmt seinen Kopf in beide Hände, küßt ihn einen Augenblick lang, dann macht sie ihre Lippen von den seinen los und drängt sich erneut an seine Schulter.[67]

**449.** Halbnah (wie 434 und 438). Gretchen macht sich los, steht auf, macht einen Schritt nach rechts und wendet sich um. Faust, der sitzen geblieben war, steht seinerseits auf und folgt ihr.

**450.** Totale. Der Garten. Im Vordergrund ein Abhang. Im Hintergrund ein Weg, der zu einem Zaun führt.

Gretchen, von hinten ins Bild kommend, wendet sich zu Faust, bedeutet ihm stehenzubleiben und läuft dann weiter.

[**451.** Halbnah. Im Hintergrund das Haus. Mephisto kommt rechts ins Bild, er reicht Marthe den Arm. Dann läßt er sie wieder los, macht ein paar Schritte nach vorn, wendet sich zu ihr um, wirft ihr eine Kußhand zu und geht links aus dem Bild. Marthes überraschte Miene: sie betrachtet die Blume, die Mephisto ihr in die Hand gedrückt hat.

**452.** Nah. Marthe betrachtet die Blume, sie zupft ihre Blätter aus.

Titel   *Er liebt mich ...*

Sie läßt einen Kern in ihr Leibchen gleiten, legt die Hand auf den Busen und schaut selig drein.

**453.** Totale.[68] Die Gartenmauer, die zum Eingang führt (vgl. 371). Mephisto kommt, von hinten gesehen, ins Bild, geht den Hügel hinauf, wendet sich um, wirft eine Kußhand und geht durch das Tor im Hintergrund weg.]

---

67 In B fällt sein Unterarm herunter.
68 Fehlt in B.

**454.** Nah. Gretchens Mutter mit offenen Augen auf dem Bett liegend.[69]

**455.** Totale (wie 251). Die Straße hinter dem Haus. Es ist Nacht. Das Fenster von Gretchens Zimmer ist erleuchtet.

**456.** Halbnah. Gretchens Zimmer. Hinten das Fenster, darunter das Spinnrad. Links im Anschnitt auf einem Tisch liegen Kleidungsstücke. Rechts das Bett, die Vorhänge aufgezogen. Im Vordergrund Gretchen im weißen Nachthemd, sie sitzt, von vorn gesehen, auf einer Truhe und öffnet sich die Zöpfe. Einen Augenblick hält sie nachdenklich inne, den Zopf in beiden Händen, die Lippen halb offen, die Augen zum Himmel gehoben. Dann senkt sie langsam den Kopf und geht wieder ihrer Beschäftigung nach.

**457.** Halbnah (mehr von unten und näher als 455). Übertrieben gestreckt gleitet Mephistos gespaltener Schatten am Fuß des Hauses über den Boden. Dann erscheint er, von rechts kommend, in Person, macht drei Schritte, bleibt stehen und schaut zu dem erleuchteten Fenster.

**458.** Nah. Gretchen, von der Seite gesehen vor den aufgezogenen Vorhängen ihres Bettes, springt auf und drückt die Arme gegen die Brust.

**459.** Halbnah (wie 457). Mephisto wie vorher, den Blick zum Fenster gerichtet. Faust kommt rechts hinter ihm ins Bild, geht zwei Schritte weiter als Mephisto und bleibt in der Mitte der Einstellung stehen, dem Fenster gegenüber; auch er schaut.

**460.** Halbnah (wie 458). Gretchen drückt die gekreuzten Arme gegen die Brust. Auf ihrem erst ängstlich verzerrten Gesicht erscheint langsam ein ekstatisches Lächeln. Sie hebt die Augen zum Himmel, läßt die Arme fallen, und, immer noch lächelnd und nachdenklich, wirft sie ihre aufgelösten Zöpfe nach hinten auf den Rücken. Dann legt sie die Hände aufeinander, betrachtet sie, hebt sie bis an die Lippen und küßt sie.

**461.** Halbnah (wie 459). Mephisto macht einen Schritt nach vorn und schaut über Fausts Schulter. Er spricht.

Titel    *Was wartest Du? Das Liebchen leuchtet selbst Dir auf den Weg.*

**462.** Faust dreht sich heftig um zu Mephisto, der über seine Schulter gebeugt ist. Er spricht.

---

69 In B beginnt die Sequenz mit der Totale: Hausecke, Nacht.

Titel  *Verfluchter Kuppler!*

Mephisto bricht in Gelächter aus, gibt Faust einen leichten Schlag auf die Schulter und geht weg.

Titel  *Ich halt indes den Bruder fern.*

**463.** Halbnah (wie 461). Mephisto entfernt sich auf der Straße. Faust bleibt ein paar Sekunden unbeweglich mit zusammengelegten Händen, dann weicht er, nach hinten geneigt, einen Schritt zurück.

**464.** Halbnah. Das Schlafzimmer hinter dem Fenster, aus der Untersicht, die Decke ist sichtbar. Gretchen von vorn, mit erhobenem Kopf. Ihr Körper ist in derselben schrägen Haltung wie Faust am Ende von 463.

Die linke Hand auf dem Halsansatz, sie lächelt. Dann steht sie auf und reckt sich, die Hände zu Fäusten geballt. Immer noch lächelnd nimmt sie ihren Nacken in beide Hände und dreht sich um.

**465.** Halbnah. Im Hintergrund links das Fenster von vorn. Rechts die fliehende Wand. Unten im Anschnitt das Spinnrad. Gretchen kommt, von hinten gesehen, ins Bild und geht das Fenster öffnen. Ohne den Griff loszulassen, weicht sie zurück und lehnt sich rechts gegen die Wand. Sie atmet tief, den Kopf nach hinten, die Augen geschlossen.

Faust erscheint, von links kommend, hinter dem Fenster; Gretchen streckt vor Überraschung die Arme aus, dann stößt sie heftig die beiden Flügel zu und lehnt sich mit ihrem ganzen Gewicht gegen sie, um sie geschlossen zu halten.

**466.** Nah. Die Straße. Vor dem hellen Grund des Fensters Faust von hinten, die Hände gehoben und in Schulterhöhe flach auf die Scheibe gelegt. Unter ihrem Druck öffnet sich das Fenster ein wenig und läßt Gretchens ängstliches Gesicht sehen. Heftig schiebt sie die Flügel zu. Faust läßt seine Hände ein wenig höher über die Scheibe gleiten, etwa da, wo ihr Kopf ist. Er drückt mit seinem ganzen Gewicht. Das Fenster öffnet sich erneut ein wenig.

**467.** Halbnah (wie 465). Gretchen versucht, die Schulter gegen die Fensterflügel gedrückt, sie geschlossen zu halten. Aber sie geben nach, und sie wird bis rechts an die Wand geschoben, gegen die sie hart mit dem Rükken anstößt, während ihre Arme heruntersacken. Faust betrachtet sie von draußen.

**468.** Totale. Eine Schenke. Rechts ein riesiges Faß. Unten an einem kleinen runden Tisch sitzt Valentin, er trinkt und würfelt mit zwei Kumpanen. Unter ihnen, im Anschnitt, ein zweites Faß, es bildet zusammen mit dem ersten ein offenes V, dessen Spitze auf Valentins Kopf führt.

Zwischen den beiden Fässern geht der Wirt umher und schenkt ein, während über ihm, durch eine spitzbogige Öffnung in der Wand im Hintergrund, Mephisto erscheint. Er kommt über die Schwelle hinter dem rechten Faß und beugt sich darüber. Er streckt einen Becher aus. Der Wirt dreht sich um und füllt ihm den Becher aus seinem Krug. Mephisto prostet den Anwesenden zu.

Titel    *Dem hübschesten Mädchen in der Stadt!*

**469.** Halbnah (gleiche Achse wie 468). Valentin und seine Genossen schauen zu Mephisto.

Titel    *Kein Mädchen gibt's, das Deiner Schwester gleicht: Gretchen soll leben!*

Valentins Begleiter heben ihr Glas und gratulieren ihm. Auch er hebt sein Glas, sie trinken.
**470.** Nah. Mephisto, den Becher in der Hand und auf das Faß gestützt, betrachtet sie ironisch und spricht.

Titel    *Ein hübsches Mädchen ist nicht brav.*

**471.** Groß. Die Zecher mustern Mephisto.

Titel    *Gretchen soll leben!*

Wütend springt Valentin auf und versucht über das Faß an Mephisto heranzukommen.
472. Nah (wie 470). Mephisto streckt seinen Becher vor.

Titel    *Dein Gretchen soll leben!*

473. Totale. Valentins Begleiter versuchen vergeblich, ihn zu beruhigen. In dem Augenblick, in dem er versucht, Mephistos Arm zu greifen, hebt der seinen Becher hoch und gießt ihn vor den Tisch aus. Eine ungeheure Flamme schießt hoch. Die drei Zecher fallen um, einer nach vorn, an den Fuß des ersten Fasses, Valentin und sein anderer Kumpan gegen das linke Faß, die Arme erhoben, um sich gegen das Feuer zu schützen.

Titel    *Beeil' Dich, eh' aus Gretchens Kammer ihr Buhle schleicht!*

Mephisto flieht durch die Tür im Hintergrund. Die Zecher fangen sich wieder. Valentin fuchtelt wütend mit den Armen in der Luft, während die beiden anderen versuchen, ihn zu beruhigen.
474. Halbnah. Die Straße hinterm Haus. Mephisto kommt aus dem Hintergrund hoch und bleibt aufmerksam im Schatten des Rosenstrauchs stehen. Dann steigt er die letzten beiden Stufen hoch, biegt schnell um die Hausecke und geht hastig auf das Fenster zu. Er schaut nach innen.
475. Nah. Das Zimmer. Faust, dessen Haar und Schultern zunächst das Bild verstellen, hebt den Kopf nach rechts und betrachtet, schräg von hinten gesehen, Gretchens Gesicht, das, im Profil, auf seinen Armen ruht. Mit einer weit ausholenden Geste, die diagonal über die Leinwand geht, legt sie ihm den Arm um den Hals und küßt ihn.
476. Nah. Mephisto beugt sich ins Fenster und grinst. Er richtet sich langsam wieder auf, geht auf leisen Sohlen am Haus entlang und links aus dem Bild. Seine lange Feder hinter ihm zieht einen schwarzen Strich quer über die erleuchteten Scheiben.
477. Totale (vgl. 324). Der Platz. Mephisto kommt rechts aus dem Hintergrund mit schnellen Schritten um die hell erleuchtete Hausecke herum und tritt in den Schatten unter einem Erker, von links. Die Kamera folgt ihm und bleibt auf ihm, bis er eins der Fenster erreicht, durch das er schaut.
478. Nah. Gretchens Mutter, die in ihrem Bett schläft.
479. Nah. Mephisto von vorn. Er preßt die Lippen aufeinander, läßt die Backen anschwellen und bläst.

**480.** Groß. Durch Mephistos Blasen öffnen sich die Fenster und beginnen zu schlagen. Die Blätter eines Buches, das auf einem Schemel liegt, bewegen sich.

**481.** Halbnah. Im Vordergrund unten, von der Rückseite des Bettes her gesehen, der Rand des Kissens, auf dem der Kopf der Mutter gelegen hat. Darüber bewegt sich schlagend ein Vorhang und dahinter links ein weiterer. Sie lassen in Abständen das Fenster im Hintergrund erkennen. Die Mutter ist aufgewacht und hat sich erschrocken aufgerichtet. Die Vorhänge so gut sie kann auseinanderziehend und beide Arme schützend über ihren Kopf gehalten, läuft sie zum Fenster.

**482.** Nah (wie 479). Mephisto bläst weiter.

**483.** Totale. Der Vorraum. Im Vordergrund hat sich die Tür zum Schlafzimmer geöffnet und schlägt. Im Hintergrund sieht man, wie die Mutter sich bemüht, das Fenster wieder zu schließen und die Vorhänge wegzuschieben, die ihr ums Gesicht schlagen. Sie schafft es nicht und verläßt darauf das Zimmer, wobei der Wind ihr Nachthemd aufbläht. Sie geht durch den Flur – die Kamera folgt ihr und erfaßt sie immer von neuem –

und schleppt sich zur Tür von Gretchens Zimmer. Sie versucht sie zu öffnen, indem sie den Griff bewegt, dann klopft sie.

**484.** Groß. Mephistos Gesicht, immer noch blasend.

**485.** Nah (gleiche Achse wie am Schluß von 483). Die Tür geht unvermittelt auf, wodurch die Mutter nach hinten geschoben wird. Überrascht hebt sie die Arme hoch.

**486.** Groß. Gretchen, von vorn, sitzt auf ihrem Bett; hinter ihr oben rechts erkennt man Fausts Kopf. Mit verzerrten Zügen, die Augen gesenkt, zieht sie mit beiden Händen die Decke hoch und versteckt sich darunter, so daß die Decke schließlich das ganze Bild ausfüllt. Darüber sieht man nur noch Fausts überraschtes Auge.

**487.** Halbnah. Die Tür, vom Zimmer aus gesehen. Die Mutter sinkt gegen die Stiege, im Anschnitt rechts, dann gegen die Wand im Hintergrund des Flurs. Sie gleitet zu Boden. Gretchen kommt, von hinten gesehen, herbeigelaufen und wirft sich auf den Boden, neben die Mutter, sie halb verdeckend.

**488.** Totale (weiter als 477). Der Platz. Valentin kommt an, von hinten gesehen, den Degen in der Hand. Er läuft zum Haus und tritt ein, indem er die Tür aufstößt, die hinter ihm zufällt.

**489.** Halbnah (gleiche Achse). Anschluß an 488. Die Hausfront, Tür links, Fenster rechts. Die Tür öffnet sich. Faust kommt rückwärts heraus, die Klinge kreuzend mit Valentin. Er weicht weiter zurück und rechts aus dem Bild.

**490.** Halbnah. Linker Teil von 488. Versteckt im Schatten eines Erkers betrachtet Mephisto die Szene. Er macht Faust die Gesten vor, er inspiriert sie.

**491.** Totale (etwas weiter nach rechts als 488). In dem beleuchteten Teil rechts schlagen sich weiter Faust und Valentin.

**492.** Nah (gleiche Achse wie 490). Mephisto zieht langsam seinen Degen, den Kampf immer mit den Augen verfolgend. Ihn waagerecht haltend, eine Hand am Griff, die andere auf der Spitze, wie einen Bogen leicht gekrümmt, läßt er den Degen einen Viertelkreis nach links beschreiben.

**493.** Halbnah (wie 489).[70] Die Kämpfenden machen eine Drehbewegung. Die Kamera folgt ihnen ein wenig nach rechts.

**494.** Nah (wie 492). Mephisto hebt den Griff seines Degens auf die Höhe seines Ohrs, die andere Hand immer noch auf der Spitze.

**495.** Nah. Die beiden Kämpfer drehen sich weiter, immer noch die Klinge kreuzend. Die Kamera folgt ihnen.

---

70 In B nah. Die Kamera schwenkt nicht mit.

**496.** Halbnah. Links im Schatten Mephisto, er hält seinen Degen noch wie zuvor und spornt Faust mit Gesten und Worten an.

Rechts ein schmaler beleuchteter Streifen, Valentin tritt jetzt hinein, verläßt ihn wieder und kommt erneut hinein. In dem Augenblick stößt Mephisto ihm seinen Degen in den Rücken. Valentin hebt den Arm, macht eine Vierteldrehung um sich selbst, so daß man ihn jetzt von vorn sieht, bäumt sich nach hinten, dann knicken seine Knie zusammen, er fällt nach vorn, richtet sich wieder auf und hebt mit Mühe seinen Degen gegen Faust.

**497.** Halbnah (der Bildausschnitt setzt den von 496 nach rechts fort). Faust betrachtet regungslos mit gestrecktem Degen, wie Valentin von links herankommt und sich ihm nähert. Der nimmt die Arme hoch auseinander und kommt, immer noch den Degen in der Hand, vor bis zu Faust, dreht sich dann leicht, läßt den Degen fallen und verdeckt sein Gesicht mit dem linken Arm, sackt auf die Knie und rutscht nach rechts auf den Boden; die Kamera folgt. Faust beugt sich über Valentin, dann weicht er nach rechts zurück.

**498.** Totale (gleiche Achse). Faust macht drei Schritte nach links[71], lehnt sich an die erleuchtete Mauer und schaut auf Valentin zu seinen Füßen. Mephisto, der einen Augenblick nach vorn gebeugt stehengeblieben ist, läuft mit großen Schritten zu ihm, um die Leiche herum. Er flüstert ihm ins Ohr.

Titel     *Fort ... fort. Du hast ihn ermordet!*

Mephisto läuft weg hinter die Hausecke.

**499.** Totale. Die ansteigende Straße. Man sieht nur einen First und hohe schräg abfallende Dächer. Mephisto steigt von hinten kommend die Stufen hinauf. Er hebt den Kopf, formt mit den Händen einen Trichter vor dem Mund und schreit.

Titel     *Mord!*

Mephisto läuft nach links aus dem Bild. Oben in einem Giebel geht in einem Fenster ein Licht an.

**500.** Totale. Aufsicht auf eine Brücke, Mephisto kommt, im Profil, links im Vordergrund ins Bild. Er stellt einen Fuß auf das Geländer, sein Umhang flattert im Wind, er macht mit seinen Händen einen sehr breiten Trichter und schreit von neuem.

---

71 Fehlt in B.

Titel    *Mord ... Mord!!*

Er verschwindet nach rechts. Im Hintergrund links geht an einer Hausfront ein Licht an.
**501.** Totale. Eine ansteigende Straße zwischen sehr hohen und geschwungenen Dächern. Ein Arm, der eine Laterne hält, erscheint im Vordergrund. Leute kommen die Stufen herauf, unter ihnen noch jemand mit
einer Laterne.
**502.** Halbnah. Der Flur vor der Wendeltreppe (vgl. 329). Gretchen,
schräg von hinten gesehen, immer noch neben der Leiche der Mutter
liegend, richtet sich plötzlich auf und schaut nach rechts zu ihrem
Zimmer.
**503.** Nah. Das Schlafzimmer. Im Vordergrund rechts die Muttergottesstatue. Links im Hintergrund das Fenster. Mephisto macht es von außen
auf, steckt den Kopf herein und schreit.

Titel    *Mord ... Mord ... Mord ...!!*

**504.** Nah (gleiche Achse wie 502). Gretchen, die noch die Hand ihrer
Mutter hielt, läßt sie los, richtet den Oberkörper auf ihren Fersen sitzend
auf und schaut verschreckt nach rechts.
**505.** Totale. Eine Straße, die vorn im Bild weitergeht und im Hintergrund

bei einer herunterkommenden Treppe aufhört. Links im Mittelgrund der Fuß der ansteigenden Treppe. Rechts im Anschnitt ein gotischer Strebepfeiler. Die Laternenträger, zu denen die von links herunterkommende Menge stößt, kommen unterhalb des Horizonts die letzten Stufen herauf und laufen nach vorn rechts in einer geschwungenen Linie aus dem Bild.

506. Halbnah (wie Schluß 497). Faust immer noch an derselben Stelle (vgl. 498), die Arme ausgebreitet, die Hände auf der Mauer, ein wenig über Valentins Körper gebeugt. Mephisto kommt um die Hausecke herum und ruft ihn an.

Titel     *Fort, fort! Die Häscher suchen den Mörder!*

Er nimmt Faust bei der Hand, der macht sich los. Daraufhin umfaßt er ihn mit beiden Armen und stößt ihn mit Gewalt vor sich her, in die Richtung, aus der er kam.[72]

507. Totale[73] (gleiche Achse wie 498, aber weiter und mehr in Aufsicht). Vorn links der Erker, der erste Stock und der Dachrand eines Hauses. Im Hintergrund rechts, mitten in einem Kreis aus Licht, die Ecke des Hauses und der am Boden liegende Valentin. Vom unteren Rand der Einstellung her läuft die Menge auf Valentin zu. Sie verteilen sich an der beleuchteten Stelle in einem Halbkreis um ihn herum.

508. Halbnah. Im Vordergrund, unten in der Einstellung und parallel zu deren Rand, liegt Valentin, im Profil gesehen. Die Leute haben sich hinter ihm niedergekniet, dann weichen sie ein wenig zur Seite, um Gretchen Platz zu machen, die die Tür öffnet, nach vorn gelaufen kommt und sich über den Körper des Bruders wirft, seinen Kopf in ihre Hand nimmt und ihr Gesicht an seines drückt. Plötzlich, mit einer schroffen Bewegung der Schulter, stößt er sie heftig weg, so daß sie nach hinten fällt. Er spricht.

Titel     *Rühr mich nicht an, Du Dirne, Dein Buhle stach nach mir!*

Gretchen hat sich wieder hingekniet, aber Valentin fällt, weg von ihr, nach hinten zurück und schließt die Augen.

509. Nah. Valentin, von vorn, hebt sich ein wenig hoch, so daß seine Stirn den oberen Rand der Einstellung erreicht. Er spricht.

Titel     *Lest mir die Totenmesse erst! Dann: an den Pranger mit der Dirne!*

72 In B geht Mephisto weg; Faust bleibt am gleichen Platz.
73 In B vorher Totale der Straße mit rennenden Leuten.

**510.** Nah. Valentins Oberkörper im Profil, halb aufgerichtet auf den Ellbogen. Mit schmerzverzogenem Gesicht fällt er nach hinten zurück, einer der Anwesenden hält seinen Kopf, während Gretchen ihre Stirn in beide Hände nimmt und schluchzt. Abblende.

## Sequenz 10

**511.** Totale (in Bewegung). Der Himmel. Zwei Reiter auf einem riesigen Roß, halb verdeckt durch schwere Wolken, die hin und wieder von Sonnenstrahlen durchbrochen werden. Da sie von links nach rechts vorüberziehen, entsteht der Eindruck einer Bewegung in entgegengesetzter Richtung.

**512.** Halbnah (in Bewegung). Die beiden Reiter, Faust und hinter ihm hockend Mephisto. Faust beugt sich nach links und zeigt mit einem Finger auf einen weit entfernten Punkt auf der Erde.

Titel    *Gretchen, Gretchen!*

Mephisto greift ihn bei der Schulter und richtet ihn auf. Abblende.

**513.** Halbnah. Im Dom. Vor dem Chor. Oben im Kirchenschiff, an den beiden Seiten der Einstellung, sind zwei Särge aufgestellt. Ein schwarzes

Tuch, mit einem großen weißen Kreuz geschmückt, bedeckt sie. Zwischen ihnen, von hinten, ein Kirchendiener mit einer Hellebarde.

**514.** Totale (gleiche Achse). Vom vorherigen Ausschnitt, der den Hintergrund abgibt, hebt sich, im Vordergrund links auf der Schwelle kniend, Gretchen ab, schräg von hinten gesehen, den Kopf gegen den Pfeiler gelehnt, die gefalteten Hände vor dem Gesicht. Sie schluchzt. Ihre beiden langen Zöpfe fallen nach hinten auf ihr schwarzes Kleid. Ihr Ellbogen bildet einen hervorspringenden Winkel, der sich vom hellen Licht im Kirchenschiff abhebt.

**515.** Totale. Der Chor, von der Seite. Im Anschnitt unten die Oberteile der Särge. Im Mittelgrund, in der linken Hälfte, drei große Kerzen, die bis an den oberen Rand der Einstellung reichen. Dahinter eine Gruppe Sängerknaben, die sich von einem einheitlichen Lichthintergrund abheben.

Titel    *Erd und Weltall werden beben,*
           *Wenn die Toten sich erheben,*
           *Antwort ihrem Herrn zu geben ...*[74]

**516.** Nah. Gretchen auf den Knien. Ihr Unterarm steht nicht mehr vor. Er liegt flach, senkrecht an der kleinen Säule und bildet einen rechten Winkel mit Arm und Schulter, die ihrerseits auf der linken Seite senkrecht zu den beiden blonden Zöpfen stehen. Ihr Gesicht ist schmerzverzogen, die Augen sind geschlossen, ihr Atem geht heftig, langsam hebt sie den Kopf.

**517.** Nah. Die Sängerknaben schräg von vorn, eine Pyramide bildend, die nach links ansteigt, auf der Linie der durch die Beleuchtung betonten Nasen der beiden Gestalten im Vordergrund.

Titel    *Hat der Richter Platz genommen,*
           *Wird Verbergen nicht mehr frommen.*[75]

**518.** Nah (enger als 516). Gretchen, die Hände immer noch gefaltet, aber den Kopf nach hinten, mit vortretenden Augen, den Mund halb offen.

---

74 Freie Übersetzung der 4. Strophe von *Dies Irae:*
    *Mors stupebit et natura,*
    *Cum resurget creatura,*
    *Judicanti responsura.*
75 Vgl. 6. Strophe von *Dies Ireae,* Vers 1 und 3:
    *Judex ergo cum sedebit, ...*
    *Nil inultum remanebit.*

Langsam hebt sie den Kopf. Dann beugt sie ihn nach vorn und verbirgt ihn in den Armen.

**519.** Totale (gleiche Achse wie 514, aber etwas weiter). Gretchen kniet, von hinten gesehen, im Vordergrund, den Kopf gesenkt, gegen die Säulen der Umrandung des Eingangs gelehnt. Im Hintergrund setzt der Zug sich in Bewegung. Vorn zwei Chorknaben mit Kerzen, dann einer mit einem Kreuz, einer mit einem Weihrauchfaß, von dem Rauch aufsteigt, ein Priester mit gefalteten Händen, schließlich der Sarg, von Männern auf den Schultern getragen. In dem Augenblick hebt Gretchen den Kopf, streckt die Arme aus und bricht an dem Sarg zusammen. Man stößt sie weg. Sie fällt sitzend gegen den Türsockel, während der zweite Sarg erscheint.

**520.** Halbnah. Das Kirchenschiff von der Schwelle aus gesehen. Die Träger mit dem zweiten Sarg kommen nach vorn. Dahinter geht Frau Marthe in Trauerkleidung. Sie trocknet sich die Tränen mit einem Taschentuch.

**521.** Halbnah. Links der Rahmen aus Stein, an dessen Fuß Gretchen mit gesenktem Kopf kniet. Als Frau Marthe vorüberkommt, hebt sie ihn und streckt die Hände nach ihr aus. Marthe bleibt stehen, schaut sie voll Verachtung an und geht weiter. Gretchen läßt die Arme an den Körper zurücksinken und schluchzt, den Oberkörper aufrecht, den Kopf zurückgebeugt, während die Teilnehmer des Trauerzugs, die Hände gefaltet, den Kopf gesenkt, weiter an ihr vorbeiziehen.

**522.** Totale (Achse weiter rechts als in 521). Der Dom, durch den man bis zum Altar hin sieht, ist leer. Gretchen, höher und mehr am Rande des Bildes als vorher, kippt plötzlich nach vorn um und bleibt reglos am Boden liegen. Abblende.

# Sequenz 11

**523.** Totale. Aufblende. Ein Platz. Rechts im Vordergrund der Pranger, an dem Gretchen, schräg von hinten gesehen, angebunden ist, bekleidet mit einem Hemd, das Haar aufgelöst. Links in einem Halbkreis eine

---

76 Vgl. ebenda, Vers 2:
   *Quidquid latet apparebit.*

Gruppe von Gaffern. Sie betrachten sie grinsend. Aus dem Hintergrund kommt eine alte Frau.

**524.** Nah. Die alte Frau im Vordergrund, von vorn. Zu beiden Seiten im Mittelgrund zwei aufmerksam blickende Männerköpfe. Die Frau betrachtet Gretchen mitleidig.

**525.** Groß. Gretchens Kopf, auf die Schulter gesunken, die Augen gesenkt, die Lippen offen.

**526.** Nah (wie 524). Die alte Frau beginnt zu weinen, senkt den Kopf und wischt sich mit einem Finger die Tränen weg, während der junge Mann rechts hinter ihr lacht und die Schultern zuckt.

**527.** Nah. Ein Junge, schräg von vorn, schaut und ißt dabei ein Stück Brot.

**528.** Nah. Zwei Frauen ohne Kopfbedeckung, sich bei den Schultern haltend, schieben sich durch die Menge und stellen sich in den Vordergrund. Sie machen sich lustig über Gretchen und lachen vulgär.[77]

**529.** Totale (wie 523). Die Menge tritt beiseite, um den Büttel durchzulassen. Er steigt auf den Pranger und bindet Gretchens Arme los, die hinter ihrem Rücken an einem Ring befestigt waren.

**530.** Halbnah. Gretchen stehend im linken Viertel der Einstellung, die ganze rechte Hälfte der Leinwand ist leer. Ein dunkler Mauerhintergrund hinter dem Pranger. Ganz links im Bild der Büttel. Gretchen bleibt bewegungslos, die Augen geschlossen. Der Büttel stößt sie in den Rücken. Sie macht einen Schritt nach vorn, bleibt stehen und öffnet langsam die Augen.

**531.** Nah. Rechts der Junge mit dem Brot, links die beiden Frauen. Die Menge lacht. Die Kamera schwenkt ein wenig nach links.[78]

**532.** Halbnah (wie 530). Gretchen hebt ihre Hände ans Gesicht und bedeckt ihre Augen. Sie tritt vor.

77 In B Gretchen groß (wie 525) im Zwischenschnitt.
78 In B feste Einstellung mit den beiden Frauen; der Junge ist nicht im Bild.

**533.** Totale (wie 523 und 529). Schräg von hinten, die Hände weiter vor dem Gesicht, steigt sie vom Pranger herab und geht in einem Kreisbogen unter dem Gewitzel der Menge durch diese hindurch.

Als sie weggegangen ist, kommt auch der Büttel herunter, während die Leute, die beiden Dirnen vor allem, noch weiter spotten. Abblende.

**534.** Totale. Aufblende. Gretchens Haus: der Flur mit der Wendeltreppe. Gretchen kommt, im Hemd und mit offenen Haaren, von hinten gesehen, links herein; sie geht sehr langsam, die Arme kleben an ihrem Körper. Sie geht durchs Bild bis zur Tür ihres Zimmers, rechts.

**535.** Totale. Das Schlafzimmer vor der Tür, die Gretchen gerade geöffnet hat. Sie kommt mit demselben langsamen, schwankenden Gang weiter vor, bleibt auf der Schwelle stehen, geht weiter, bleibt wieder stehen und wendet sich um.

**536.** Halbnah (gleiche Achse wie 534). Gretchen geht, genauso wie vorher, aus dem Zimmer und durch den Flur. Die Kamera folgt ihr. Sie erreicht die Tür zum Zimmer der Mutter, öffnet sie und tritt ein.

**537.** Halbnah. Das Schlafzimmer der Mutter, mit Blick auf die Tür. Gretchen tritt ein, bleibt auf der Schwelle stehen, an den Türrahmen gelehnt, den Kopf geneigt. Dann öffnet sie die Augen und schaut vor sich.

**538.** Halbnah. Der Sessel der Mutter, schräg von vorn, bestrahlt von Licht. Die Mutter blendet darin auf. Sie schaut zur Tochter hin und öffnet die Arme.

**539.** Groß. Gretchen hebt den Kopf, verzieht schmerzvoll das Gesicht. Sie weint und schreit und stürzt nach vorn.

**540.** Halbnah. Der Sessel, von der Seite. Gretchen fällt vor ihm auf die Knie, wirft sich über ihn, den Kopf auf dem Sitz, die Arme links und rechts auf den Armlehnen. Man sieht nur noch ihren Ellbogen, ihr aufgelöstes Haar und, von der Seite, ihren Oberkörper, vom Schluchzen geschüttelt.

Titel     *Mutter! Mutter!*

Sie richtet sich ein wenig auf, umarmt die Sessellehne und nimmt dann ihre ursprüngliche Position wieder ein. Abblende.

## Sequenz 12

**541.** Totale. Aufblende. Der Eingang zum Dom, vom Vorplatz aus gesehen. Es schneit.

**542.** Halbnah. Überblendung von 541. Im Vordergrund die Krippe. Die Muttergottes, schräg von vorn, weiß gekleidet, hält in ihren Armen das Jesuskind, von Licht umstrahlt. Im Mittelgrund, von vorn gesehen, singt ein Kinderchor.

Titel    *Und hat ein Kindlein bracht mitten im tiefsten Winter.*

Die Kinder singen. Abblende.

**543.** Totale. Aufblende. In einem Stall mit eingefallenem Dach, in den durch alle Wände der Wind pfeift, sitzt Gretchen unten rechts auf dem verschneiten Boden. Sie hat sich über den Kopf wie eine Art Schleier ein Stück Stoff gezogen, im gleichen Grau wie ihr Kleid.

Sie drückt mit ihren Armen etwas gegen die Brust. Man errät, es ist ein Neugeborenes. Sie erschauert fröstelnd, hebt dabei den Kopf, schaut zu ihren Füßen, greift nach einer dunklen Decke, wickelt das Kind darin ein, drückt es, diesmal in der Schulterhöhlung, an sich und klopft es mit den

Fingerspitzen. Sie atmet heftig. Dann bläst sie auf ihre Finger, um sie zu wärmen und reibt sie aneinander.

**544.** Nah. Gretchen reibt die Hände aneinander, greift nach denen des Kindes und bläst sie an. Sie bedeckt sie mit ihren beiden zusammengefügten Händen, die sie an ihre Wange führt, dabei wiegt sie den Körper. Dann plötzlich hebt sie den Kopf, nimmt ihre Hände etwas auseinander und bläst hinein.

**545.** Groß (wie 543). Sie versucht, das Kind noch besser zu bedecken, drückt es an sich, dreht sich um, nimmt eine Ecke ihres Tuchs, bedeckt es damit. Dann erhebt sie sich mit Mühe und geht, nach vorn gebeugt, durch die runde Öffnung im Hintergrund nach draußen in das Unwetter, ins Schneetreiben.

**546.** Totale. Landschaft. Eine verschneite Ebene, deren Horizont nach rechts etwas ansteigt. Links im Mittelgrund ein Baum, vielleicht eine Kiefer, mit schiefem Stamm und unter der Schneelast sich biegenden Zweigen.

Gretchen kommt von rechts ins Bild, der Schnee umwirbelt sie. Als sie auf der Höhe des Baumes ist, sinkt sie in die Knie, richtet sich wieder auf, ohne das Kind losgelassen zu haben, und geht unten links aus dem Bild.

**547.** Totale. Aufblende. In Aufsicht die Schneelandschaft, begrenzt oben links, leicht schräg, durch die Mauer einer Hausecke, ein Fenster ist erleuchtet. Ein Zaun schließt sich an. Den erreicht Gretchen in der rechten oberen Bildecke und setzt stolpernd ihren Weg fort. Sie folgt dem Lichtstrahl, der aus dem Fenster fällt, und klopft an die Scheibe, während der Sturm immer heftiger wird. Da niemand antwortet, geht sie weiter, diesmal nach vorn. Sie stolpert über eine verschneite Böschung im Vordergrund rechts und fällt zu Boden.

Eine Tür öffnet sich am Rand der Einstellung, unten links, dabei fällt ein Lichtstrahl auf die Böschung. Eine Frau kommt näher und spricht Gretchen an, die den Kopf hebt und antwortet.

Titel    *Erbarmt Euch meines Kindes!*

Die Frau ist nähergekommen und scheint Gretchen zu erkennen. Sie zeigt mit dem Finger auf sie.

Titel    *Bist Du nicht Gretchen, das am Pranger stand?*

Entrüstet weicht sie zurück, macht eine Geste der Ablehnung, schließt schnell die Tür und verschwindet.

Gretchen steht wieder auf und setzt ihren Weg fort. Abblende.

**548.** Halbnah. Unten links in der Einstellung Gretchens Oberkörper, von rechts im Profil, bewegungslos im Schneesturm; auf ausgestreckten Armen hält sie ihr Kind. Dann erscheint auf der rechten Seite langsam der Giebel eines Hauses mit einem Fenster. Es öffnet sich und ein blendender Strahl fällt schräg heraus. Eine Frau beugt sich vor, Gretchen streckt ihr das Kind entgegen.

Titel    *Erbarmen! Erbarmen! Mein Kind stirbt!*

Die Frau schüttelt den Kopf und schließt das Fenster wieder. Gretchen krümmt sich, drückt das Kind an sich, zieht eine Tuchecke fester darum herum und geht nach vorn unten aus der Einstellung. Abblende.

**549.** Totale. Eine verschneite Landschaft, deren leicht geneigter Horizont den oberen Rand der Einstellung berührt. Unten links im Vordergrund über der Böschung ein Zaun aus drei riesigen Latten, fächerförmig in den Boden gerammt.

Gretchen kommt im Mittelgrund von rechts. Sie klettert die Böschung hinauf. Erschöpft stützt sie sich auf den Zaun, gleitet aus und fällt, sitzt auf der Erde.

**550.** Nah. Gretchen aus der Untersicht von vorn, Oberkörper und Kopf nach rechts geneigt, der Diagonale der Einstellung folgend. Die Augen geschlossen, die Lippen krampfartig bewegt, der Schal im Winde flatternd, erinnert sie an eine Mater Dolorosa. Sie legt ihre Wange gegen die Stirn des Kindes, das in den Falten des Tuchs verborgen ist, und wiegt es, indem sie den Oberkörper hin- und herbewegt.

[Sie richtet sich auf.] Sie hält sich gerade, unbeweglich, die Augen ziellos in die Ferne gerichtet.

551. Halbnah. Gretchen sitzt unterhalb des Zauns und blickt in die Ferne. Durch Doppelbelichtung erscheint auf dem Schnee der Böschung im Vordergrund eine Wiege in strahlendem Weiß. Drei Kerzen brennen zu ihren Füßen. Gretchen beugt sich lächelnd über die Wiege, legt ihr Kind hinein, lächelt ihm zu und wiegt es.

552. Groß. Überblendung von 551. Gretchen von vorn, mit vom Leiden zerstörten Zügen. Ihre Augen strahlen, Tränen laufen ihr übers Gesicht. Ihr Mund ist zu einem Grinsen verzogen. Ihr Kopf pendelt vor und zurück mit der Bewegung des Wiegens.

553. Groß (wie 552). Erst das Weiß, dann Überblendung auf Gretchens Gesicht, weinend und immer noch wiegend, die Augen geschlossen, tränenüberströmt.

554. Halbnah. Überblendung von 553. Gretchen sitzt bewegungslos, seitwärts geneigt, parallel zu der Zaunlatte, die links hinter ihr zu sehen ist. Sie ist eingeschneit. Die Wiege ist verschwunden.

555. Totale. Eine einförmige Schneefläche ohne Himmel. Von oben rechts kommen, entsprechend der Bilddiagonale, sechs Soldaten. Bis auf den Feldwebel, der ihnen voraufgeht, tragen sie Lanzen auf den Schultern.

556. Totale. Gretchen sitzt im linken Leinwanddrittel, in derselben schrägen Haltung wie zuvor, parallel zu den zwei sichtbaren Latten des Zauns.

Rechts erscheint auf dem Schnee der Schatten der Soldaten, dann der Trupp selbst. Der Feldwebel bleibt, als er Gretchen sieht, am Fuß der Böschung stehen. Er klettert rasch den Hang hinauf, bleibt einen Augenblick regungslos ganz rechts außen im Bild stehen und neigt sich dann zu Gretchen.

557. Halbnah. Der Feldwebel kniet neben Gretchen. Er legt ihr die Hände auf die Schultern und schüttelt sie. Sie reagiert nicht. Er sieht das Kind, nimmt es und betrachtet es. Er steht auf.

558. Halbnah.[79] Bildausschnitt genau über dem vorigen. Der Feldwebel

---

79 In B Totale, die 557 mit umfaßt. Der Feldwebel macht einen Schritt nach rechts.

ist aufgestanden, wirft einen Blick zu seinen Leuten im Hintergrund[80] und richtet – der Bilddiagonale entsprechend – anklagend seinen Arm auf Gretchen, unten links.

Titel    *Sie hat ihr Kind getötet. Packt die Mörderin!*

Der Feldwebel hält seinen Arm erhoben, während die Soldaten die Böschung heraufkommen.

**559. Groß.** Gretchen, aus ihrer Starre erwacht, Augen und Mund weit offen, hat sich ihm zugewandt. Dann blickt sie direkt in die Kamera, die schnell auf sie zufährt bis zu einer extremen Großaufnahme ihrer aufgerissenen Augen und ihres schreienden Mundes.

Titel    *Faust, Faust, hilf deinem Gretchen!*

**560. Groß und total** (in Bewegung), Doppelbelichtung. Fast die ganze Einstellung ausfüllend Gretchens entsetztes Gesicht und der wehende Schal. Sie reißt den Mund auf, riesig und schwarz. An der Stelle ihres Halses und der Schultern ziehen von vorn nach hinten Schnee und eine

---

80  In B: 558a. Halbnah: Anschluß in der Bewegung des Schritts.

Landschaft mit Tannen und Bergen vorüber, deren Gipfel sich im Schatten des Mundes verlieren.

**561.** Groß und halbnah bis groß (in Bewegung), Doppelbelichtung. Unten rechts Faust im Profil, auf einem Felsen sitzend. Oben links erscheint Gretchens Kopf, schreiend, von hinten nach vorn, inmitten der Wolken, die sich ein wenig auflösen, so daß man im Hintergrund ein Panorama aus spitzen Gipfeln sieht. Im Vordergrund angekommen verschwindet das Gesicht – durch Abblende – im Himmel. Faust, der nachdenklich dasaß, die Hand unterm Kinn, richtet sich plötzlich auf, den Arm erhoben.

Titel    *Mephisto!*

Faust steht auf, den Arm überm Kopf, Mephisto gegenüber, der von links ins Bild kommt. Er richtet den Zeigefinger auf ihn, während aus der Tiefe Rauch oder Gewölk aufsteigt.

Titel    *Du hast mich betrogen! Sie leidet! Sie leidet!*

Faust weiter mit ausgestrecktem Zeigefinger. Abblende.

**562.** Halbnah. Im Hintergrund Gretchen im Hemd in greller Beleuchtung. Ihr Kopf ist zur Seite geneigt. Ihre Arme hängen herab, ihre Hände sind mit einer am Boden schleifenden Kette gefesselt.

Im Gegenlicht vorn rechts ein Mann, von hinten gesehen, der mit beiden Händen einen Stab über seinen Kopf hebt.

Titel    *Der Kindsmörderin den Scheiterhaufen!*

**563.** Nah. Im Vordergrund, von hinten gesehen, der Kopf und die erhobenen Hände des Mannes, der den Stab bricht. Im Hintergrund schießt zu Gretchens Füßen die Flamme eines Scheiterhaufens empor. Gretchen fährt erschrocken zurück und bedeckt ihr Gesicht mit den Händen, wodurch die Kette durch die Luft fliegt. Abblende.

**564.** Halbnah. Mephisto, von vorn, im Vordergrund links, vor einem Hintergrund von aufsteigenden Wolken, schaut zur Erde. Faust, von vorn, im Hintergrund rechts auf einem Felsen sitzend, breitet bestürzt die Arme aus, führt die Hände ans Gesicht, krümmt sich, zieht sich schmerzvoll zusammen und streckt dann beide Arme Mephisto entgegen.

Titel    *Rette, rette Gretchen!*

**565.** Groß. Mephisto von vorn. Ein Lichtstrahl unterstreicht sein diabolisches Lachen, während er leicht den Kopf hebt. Er spricht.

Titel     *Zu spät! Man rüstet Deiner Buhle schon den Scheiterhaufen.*

**566.** Nah. Faust, von vorn, hebt den Arm und schreit wütend.

Titel     *Noch bist Du mein Knecht! Bring mich zu ihr, sonst ist der Pakt zerrissen.*

**567.** Halbnah (wie 564). Faust behält den Arm oben. Mephisto spricht.

Titel     *Mein Rappe wartet! Schnell, eh' sich der Morgen hebt.*

Er wendet sich zu Faust. Weißer Rauch steigt aus der Tiefe. Abblende.


## Sequenz 13

**568.** Halbnah. Aufblende. Verlies. Gretchen sitzt in einer leicht schrägen Haltung auf dem Stroh, die Schulter rechts gegen die Mauer gelehnt, ihr Kopf ist nach vorn gefallen, ihre zusammengeketteten Hände liegen auf den Knien. Ihre offenen Haare fallen zu beiden Seiten des Gesichts herab.

Sie öffnet die Augen, deren Blick in die Ferne irrt, hebt den Kopf, in Gedanken lächelnd, kreuzt die Arme über der Brust und macht mit einem sanften und irren Lächeln auf den Lippen eine Bewegung, als wiege sie ihr Kind.

Sie schaut auf ihre leeren Arme, richtet sich sitzend auf, ihre Miene verfinstert sich, sie fährt hoch, schreit und durchwühlt fahrig das Stroh um sich herum, trotz der Kette, die ihre Hände fesselt. Den Tränen nahe, läßt sie sich wieder gegen die Mauer fallen, lehnt ihren Kopf dagegen, traurig und fassungslos. Mit den Fingern bearbeitet sie eine Handvoll Stroh.[81]

**569.** Nah. Gretchens Schultern und ihr angstvolles Gesicht mit irrem Blick, die Lippen aufeinandergepreßt. Sie hebt ein wenig die Hände und man sieht, daß sie aus Stroh eine Krone flicht.

**570.** Halbnah (gleiche Achse wie 486, aber weiter). Im Hintergrund die düstere, mit Eisen vergitterte Tür. Ein Lichtstrahl fällt vom oberen linken Rand, erhellt Gretchen und zeichnet auf die rechte Wand einen hellen Streifen, schräg und gestreift vom Schatten der Gitter.

Gretchen richtet sich auf, den Kranz in der Hand. Jetzt blendet über die ganze Fläche der Einstellung in Doppelbelichtung eine Ansicht von Frau

---

81 In B beginnt Gretchen das Stroh zu flechten.

Marthes Garten auf und läßt den Dekor des Gefängnisses verschwinden; Gretchens Gestalt jedoch bleibt, um sie herum beginnt, von rechts ins Bild kommend, ein Ringelreihen. Der Garten blendet aus. Gretchen senkt die Hände, die den Kranz halten, und lehnt sich mit einer plötzlichen Bewegung nach hinten, mit dem Rücken an die rechte Wand. Sie bleibt aufrecht, die Hände zusammengelegt, den Kopf gesenkt.

571. Halbnah. Überblendung von 570. Frau Marthes Garten und darin, an derselben Stelle und in derselben Haltung wie das gefangene Gretchen in 570, das Gretchen von damals, im weißen Kleid und mit langen Zöpfen.

Die Hände noch immer gefaltet, richtet sie den Oberkörper auf, atmet tief, lächelt, neigt den Kopf leicht nach hinten, während Faust aus dem Hintergrund rechts herantritt, mit geöffneten Armen auf sie zugeht und sie umarmt, als sie sich zu ihm umdreht. Sie küssen sich lange.

572. Halbnah (wie 570). Überblendung von 571. Wieder das Gefängnis. Gretchen fällt jetzt nicht genau mit der Vision zusammen. Sie ist ein wenig mehr rechts und wendet den Kopf in die entgegengesetzte Richtung. Doch auch jetzt ist er zurückgeworfen wie in der ekstatischen Haltung des Kusses.

Dann geben ihre Knie nach und sie fällt vornüber aufs Stroh, in eine helle Zone.

573. Totale (in Bewegung). Faust und Mephisto reiten, oben in der Einstellung, auf ihrem riesigen Roß, von dem man nur die Mähne sieht, durch finstere Wolken.

574. Halbnah (wie 570 und 572). Das Verlies. Die Tür im Hintergrund wird von einem Wächter geöffnet, er trägt eine Fackel, die ein helles Licht in die Zelle wirft. Dadurch sieht man eine Treppe. Gretchen richtet sich heftig auf; ein Priester kommt die Treppe herunter und hält ihr ein Kreuz hin.

575. Totale. Männer, im Licht von Fackeln, haben eben den Scheiterhaufen aufgerichtet.

576. Halbnah. Faust auf dem Roß, ganz links im Bild, weit nach vorn gebeugt und hinter ihm Mephisto, vergnügt, triumphierend den Arm erhoben, sein Umhang im Winde flatternd.

Titel   *Schneller, schneller!*

577. Totale. Die Menge drängt sich vor dem Gefängnistor, das sie, bis auf ein kleines beleuchtetes Stückchen unter dem Bogen, vollständig verdeckt. Die Menge teilt sich, um erst den Fackelträgern Platz zu machen und

dann den Wärtern, die Gretchen, die sich sträubt und stolpert, in Ketten herbeischleifen. Dahinter der Priester.

578. Totale. Im Schein der Fackeln wird Reisig auf den Scheiterhaufen gepackt.

579. Halbnah. Über einen verschneiten Hang kommt Faust, von der Seite gesehen, unten links nach vorn und beugt sich vor. Mephisto steht, ganz rechts im Bild, aufrecht hinter ihm.

580. Totale. Über entlaubten Zweigen und Tannenästen in Aufsicht der Zug, von hinten gesehen, der durch die Menge schreitet.

581. Halbnah (wie 579). Faust hebt verzweifelt die geballten Hände, greift sich dann an den Kopf und schüttelt erneut die Fäuste.

Titel    *O hätt' ich nie die Jugend mir gewünscht, die solchen Jammer schuf! ... Verflucht der Wahn der Jugend!*

Nach einer letzten Geste der Verzweiflung dreht Faust sich um und ergreift die Flucht. Er verschwindet unten links aus der Einstellung. Mephisto, bis dahin ungerührt, macht eine große Geste, tut einen Schritt nach vorn und zieht unter seinem Umhang einen ovalen Spiegel hervor, den er mit ausgestrecktem Arm hält.

582. Nah. Mephisto hält den Spiegel mit ausgestrecktem Arm vor sich, dann führt er ihn an den Mund, atmet darauf mit einer grotesken Geste, säubert ihn mit der flachen Hand und hält ihn erneut von sich weg.

583. Groß. Der Spiegel zeigt den Kopf des alten Faust, der beunruhigt schaut.

584. Nah (wie 282). Mephisto hält den Spiegel, in der linken unteren Ecke der Einstellung. Die Linie seines Arms, seines Profils und seiner Feder unterteilt die Leinwand diagonal. Ein Baumstumpf mit gebrochenen Zweigen bildet hinter seinem Kopf einen seltsamen Federschmuck. Er grinst.

Titel    *Du hast die Jugend selbst verflucht. Was Du Dir wünschst, ich muß es Dir erfüllen.*

Mephisto, immer noch grinsend, nähert den Spiegel seinem Gesicht, dann schaut er nach unten.

585. Totale. Der Zug zieht vorbei, über einen Wegbuckel. Erst zwei Mönche, dann Gretchen, deren Gestalt sich, nachdem sie oben am Weg angekommen ist, gegen den dunklen Himmel abhebt, danach der Priester mit dem Kreuz und schließlich die Fackelträger.

586. Totale. In Aufsicht. Faust, von hinten gesehen, läuft, so schnell er

kann, den verschneiten Weg entlang, durch die Menge, die zur Hinrichtung strömt.

587. Groß. Mephisto, schräg von vorn, die linke Seite im Licht, die rechte im Schatten, schaut, das linke Auge halb geschlossen, das andere weit offen.

588. Totale. In Aufsicht die Menge, von hinten im Gegenlicht, eine düstere Masse, die rechts drei Viertel der Leinwand ausfüllt. Oben links zieht, in einer hellen Zone, der Zug vorbei, Gretchen an der Spitze. Die Fackeln beleuchten die Gruppe. Faust kommt von oben rechts und bahnt sich einen Weg durch die Menge, parallel zum Zug, den er zu erreichen versucht.

589. Nah (wie 582 und 584). Mephisto schaut weiter in Richtung des Zuges – außerhalb des Bildes unten –, hebt den Spiegel über seinen Kopf, der einen Augenblick lang aufglänzt, ehe er oben aus dem Bild verschwindet.

590. Totale. Im Vordergrund die dicht gedrängte Menge, die den Zug an sich vorüberziehen läßt. Im Hintergrund, auf einem anderen Buckel, kommt Faust, von hinten gesehen, ins Bild; er bahnt sich einen Weg durch die Menge, erreicht den Wegrand und hebt in dem Augenblick, in dem Gretchen mit gesenktem Kopf an ihm vorbeigeht, beide Arme.

591. Halbnah (etwas enger als 581). Mephisto aufrecht, in der Mitte der Einstellung, den Arm – außerhalb des Bildes – über den Kopf gehoben.

Titel    *Sei der Du warst: ein Greis!*

592. Halbnah (wie 581). Mephisto wirft mit Nachdruck den Spiegel zu Boden, so daß die Splitter hochfliegen. Durch den Rückschlag fährt sein Arm nach hinten.

593. Halbnah. Der alte Faust – man erkennt ihn am weißen Haar und am Mantel – im Vordergrund, von hinten gesehen, die Arme erhoben, wirft sich Gretchen zu Füßen, als sie vorübergeht.

594. Nah. Gegenschuß. In Aufsicht der am Boden liegende Faust, von dem man zunächst nur am Rand der Einstellung die gebeugten Schultern sieht. Er hebt langsam den Kopf, nach und nach erscheint sein graues Haar, seine hohe Stirn, dann sein Gesicht und sein langer Bart. Den Kopf nach rechts geneigt schaut er hoch zu Gretchen.

Titel    *Vergib ... vergib mir meine Schuld!*

595. Groß. Gretchen im Profil, den Kopf nach links geneigt entsprechend der Bilddiagonale, die Lider gesenkt, die Lippen murmeln ein Gebet.

**596.** Halbnah (wie 593, die Achse scheint ganz leicht nach rechts versetzt). Gretchen, von der Seite gesehen, bleibt bei Faust stehen, der zu ihren Füßen liegt, ganz unten in der Einstellung links. Ein Fackelträger gibt ihr mit der freien Hand einen heftigen Stoß in den Rücken. Sie stolpert weiter auf dem abschüssigen Weg und geht nach links weg, während Leute aus der Menge Faust an den Schultern ergreifen und nach hinten zerren.

**597.** Halbnah. Faust von vorn, auf den Knien, mit gekreuzten Armen, von seinen Nachbarn gehalten. Die vorüberziehende Menge wirft auf die Gruppe Licht und Schatten.

**598.** Totale. In Aufsicht die Menge, die zum Scheiterhaufen strömt, dessen Schichten im Vordergrund, am unteren Rand der Einstellung, sichtbar werden. Die beiden Mönche, die den Zug anführen, treten auseinander, jeder auf eine Seite des Scheiterhaufens, von dem der Büttel herabsteigt und auf Gretchen zugeht; als er bei ihr ist, bricht sie vor seinen Füßen zusammen. Er zerrt sie über den Schnee, wobei ihm ein Mann hilft, der von rechts herangeeilt ist. Die beiden ziehen sie hoch auf den Scheiterhaufen, wo oben ein dritter nach ihr greift und sie zieht, während links ganz im Vordergrund ein Arm erscheint, der waagerecht einen brennenden Strohwisch hält.

**599.** Halbnah (wie 597). Faust, der immer noch von seinen Nachbarn festgehalten wird, versucht sich loszumachen.

**600.** Totale. In seitlicher Aufsicht die Menge, die von rechts zur linken unteren Ecke auf den Scheiterhaufen – außerhalb des Bildes – zustrebt.

**601.** Halbnah. Gretchen, mit nach rechts geneigtem Kopf und entblößten Schultern, ist vom Büttel festgebunden worden; ein Gehilfe hält sie beim Arm und ein anderer wirft Reisigbündel vor ihre Füße.

**602.** Halbnah. In Aufsicht von vorn die Reihen der Bewaffneten mit senkrecht gehaltenen Hellebarden. Faust kommt aus dem Hintergrund, bahnt sich einen Weg bis in den Mittelgrund und richtet sich an einer Hellebarde zu voller Größe auf. Er schaut zu Gretchen und schreit.

Titel     *Gretchen!*

**603.** Nah. Gretchen von vorn, am Pfahl festgebunden. Die nackten Schultern und das zur Seite geneigte Gesicht in grellem Licht. Sie öffnet die Augen, reißt sie weit auf und schließt sie wieder.[82]

**604.** Halbnah (gleiche Achse wie 602, aber weiter). Faust versucht nach vorn zu stürzen, aber die Soldaten halten ihn zurück.

**605.** Nah. Im Vordergrund links aufgehäufte Reisigbündel. Zwei Fakkeln, von ausgestreckten Armen gehalten – von einem Mann, den man, von vorn, im Mittelgrund wahrnimmt, und einem zweiten außerhalb des Bildes im Vordergrund –, kommen von rechts und entzünden sie.[83] Eine Flamme schießt hoch und füllt die ganze Einstellung aus.

82  In B schließt Gretchen die Augen nicht.
83  In B brennen die Reisigbündel schon.

**606.** Halbnah (wie 604). Faust gelingt es, sich loszumachen; an zwei Hellebarden geklammert, die sich neigen und kreuzen, geht er nach vorn links weg.

**607.** Totale (links von 606). Im Vordergrund, angeschnitten, die aufgestellten Hellebarden, im Mittelgrund links Gretchen, im Profil, festgebunden auf dem Scheiterhaufen, während die Flammen zu ihr hochschlagen, so daß sie von ihnen umgeben ist. Faust kommt aus dem Hintergrund rechts gelaufen, gefolgt von den Soldaten. Er klettert auf den Scheiterhaufen, mitten in den Rauch und die Flammen, kniet zu Gretchens Füßen nieder und umfaßt ihre Hüfte.

**608.** Groß. Gretchens Gesicht, nach rechts zurückgeneigt und von Rauch umgeben. Sie neigt ein wenig den Kopf nach vorn, wobei ihr ein Wort (»Faust«?) über die Lippen kommt. Sie öffnet die Augen und blickt erstaunt.

**609.** Groß. Das Gesicht des alten Faust, an dessen Stelle nach und nach durch Überblendung das des jungen Faust tritt.

**610.** Groß (wie 608). Gretchen lacht, mit weit offenem Mund, den Kopf nach hinten werfend, dann läßt sie ihn mit geschlossenen Augen langsam nach vorn fallen.[84]

**611.** Nah. Gretchen und Faust, von der Seite, in Rauch getaucht, berühren einander mit den Lippen. Eine schwarze Rauchmasse steigt auf und verdeckt sie.

**612.** Totale. Im Vordergrund die aufgerichteten Hellebarden. Im Mittelgrund das riesige Feuer. Ganz rechts im Bild die Menge, die niederzuknien beginnt.

Plötzlich, wie durch einen Zauber[85], scheint die Flamme sich in eine riesige Kugel zu sammeln, die konzentrische Ringe und dünne Strahlen aussendet, die das ganze Bild ausfüllen. Schwarzer Rauch zieht vorüber und verdeckt sie.[86]

**613.** Totale. Danach kommt hellerer Rauch, auf den die Kamera zugeht und unter dem man, unten in der Einstellung, Mephisto sieht, mit entfalteten Flügeln, in der Hand eine Pergamentrolle.[87]

---

84 In B: 610a. Totale. Der Scheiterhaufen, im Vordergrund Hellebarden.

85 Durch Doppelbelichtung. Der Effekt ist kompliziert und schwer zu analysieren. Dieselbe Einstellung scheint mehrmals nacheinander wiederzukehren. Aber der Eindruck der Kontinuität ist so deutlich, daß wir alles unter einer Einstellungsnummer zusammengefaßt haben.

86 In B Schwenk zum bewölkten Himmel; ein blendender Fleck erscheint und verwandelt sich in eine strahlende und sich drehende Scheibe (vgl. 3).

87 In B Kamerafahrt vorwärts auf Mephisto zu, der den Pakt schwingt.

**614.** Halbnah. Weiße Wolken, in denen langsam die schimmernde Gestalt des Erzengels mit gezücktem Schwert sichtbar wird. Er spricht.

Titel      *Hier führt kein Weg für Dich!*

**615.** Halbnah. Gegenschuß. Hinter dem Flügel des Erzengels, im Anschnitt links, sieht man rechts unten Mephisto, die schwarzen Flügel ausbreitend, von denen sich die helle Rolle mit dem Pakt abhebt. Weißer Rauch steigt aus der Tiefe auf.

Titel      *Es gilt mein Pakt!*

**616.** Nah. Der Erzengel. Er hebt die Augen zum Himmel und spricht.

Titel      *Ein Wort macht Deinen Pakt zunichte!*

**617.** Nah. Mephisto, unten in der Einstellung, den linken Flügel aufgestellt. Er spricht.

Titel      *Wie heißt das Wort?*

Eine Wolke gleitet über Mephistos Gesicht und läßt durch den Kontrast seine Augen aufleuchten.

**618.** Groß. Der Erzengel, von vorn, hebt die Augen zum Himmel.

Titel     *Das Wort, das jubelnd durch die Schöpfung schallt, das Wort, das jeden Schmerz und Kummer stillt, das Wort, das alle Menschenschuld versühnt, das ewige Wort ... Du kennst es nicht?*

Der Erzengel.

**619.** Groß. Mephisto. Sein Schädel und seine Hörner blitzen, sein Kopf ist zur Hälfte in Schatten getaucht. Seine Züge sind verzerrt, er schaut den Erzengel von unten an. Er spricht.

Titel     *Wie heißt das Wort?*

Titel     *Liebe.*

**620.** Halbnah. Mephisto, von hinten, im Vordergrund, bedeckt sein Gesicht vor dem blendenden Erzengel.